# 应用随机过程

宋占杰　胡　飞　李晨龙　编著

科学出版社
北　京

# 内 容 简 介

本书内容包括：概率论的基本知识、随机过程的基本概念、更新过程、离散时间的Markov链、连续时间的Markov过程以及随机分析和平稳过程. 本书力求贯彻选材精当和叙述详细的原则，注重说明概念的直观背景和实际意义. 在基本理论和方法上力求通俗易懂、深入浅出、淡化证明. 书中收集许多结合实际问题的数学建模实例，章末配有适当习题,有助于读者把握随机过程精髓.

本书可供高等院校理工类研究生和数学与应用数学专业本科生用作教材，也可作为工程技术管理人员自学参考用书.

**图书在版编目(CIP)数据**

应用随机过程/宋占杰，胡飞，李晨龙编著.—北京：科学出版社，2019.1
ISBN 978-7-03-060231-2

Ⅰ. ①应… Ⅱ. ①宋… ②胡… ③李… Ⅲ. ①随机过程-高等学校-教材 Ⅳ. ①O211. 6

中国版本图书馆 CIP 数据核字(2018) 第 292125 号

责任编辑：王 静／责任校对：张凤琴
责任印制：吴兆东／封面设计：陈 敬

科学出版社 出版
北京东黄城根北街 16 号
邮政编码：100717
http://www.sciencep.com
北京富资园科技发展有限公司印刷
科学出版社发行 各地新华书店经销

2019 年 1 月第 一 版 开本: 720 × 1000 1/16
2024 年 8 月第五次印刷 印张: 13 1/8
字数: 265 000
**定价: 49.00 元**
(如有印装质量问题，我社负责调换)

# 前　言

应用随机过程是研究随时间或空间发生的随机现象的规律性, 建立数学模型并进行随机分析的一门应用学科. 这门学科有重要的应用价值. 因为在自然界, 随机现象远多于确定性现象, 加强随机数学的训练和培养在提高科技工作者能力和素质方面占重要地位.

本书旨在帮助科技人员了解随机过程的基本概念、基本模型和基本计算方法. 电子信息、精密仪器、建筑、化工、运筹学、管理科学、计算机科学及其他工程类各专业博士研究生和其他相关科技工作者均可学习本书. 主要内容为: 第 1 章介绍概率论的基本知识; 第 2 章介绍随机过程的基本概念; 第 3 章介绍更新过程; 第 4 章介绍离散时间的 Markov 链; 第 5 章介绍连续时间的 Markov 过程; 第 6 章介绍随机分析; 第 7 章介绍平稳过程.

为增强实用性内容, 所有例题均选自国内外著名大学有代表性的教材, 同时简述了编者团队近十年来在相关方面的最新理论成果, 以使其内容密切联系国际发展前沿, 增加读者的学习兴趣. 为与其他学科内容相衔接并取得一致, 还利用国内现行数学分析中 Fourier 变换与反变换统一了平稳过程自相关函数与谱密度之间的关系.

本书第 1、2 章由宋占杰编写, 第 3~5 章由胡飞编写, 第 6、7 章由李晨龙编写, 由宋占杰统一定稿. 同时本书得到了国家自然科学基金 (编号: 61379014, 91746107) 的支持, 得到了天津大学研究生院创新人才培养项目的支持, 还得到了科学出版社领导及相关人员的热忱帮助. 王勇博士、张硕博士参加了部分校对工作, 在此一并致以衷心的感谢!

编　者

2018 年 1 月

# 目　　录

# 第 1 章　概率论的基本知识

## 1.1　概 率 空 间

概率论中的最基本概念之一是**随机试验**(random experiment), 它具备以下三个特点:

(1) 可重复性, 即在相同的条件下可以重复进行;

(2) 不确定性, 即每次试验的结果不止一个, 且所有可能结果是预先可知的;

(3) 不可预见性, 即每次试验出现何种结果事先是未知的.

随机试验的所有可能结果 $\omega$ 组成的集合称为这个试验的**样本空间**(sample space), 记为 $\Omega$. $\Omega$ 中的元素 $\omega$ 称为**样本点**(sample point), 由样本点构成的单点集合称为**基本事件**(elementary event), 样本空间 $\Omega$ 的子集称为**随机事件**(random event), 简称事件. 称事件 $A$ 发生, 当且仅当 $A$ 中的一个样本点出现. 样本空间 $\Omega$ 也是一个事件, 称为**必然事件**(certain event). 空集 $\varnothing$ 称为**不可能事件**(impossible event).

由于事件是集合, 因此集合的运算 (**并**(union)、**交**(intersection)、**差**(difference)、**上极限**(limit superior)、**下极限**(limit inferior)、**极限**(limit) 等) 都适用于事件. 在实际问题中, 我们并非对所有的事件都感兴趣, 常常仅关心某些特定事件及其发生的可能性大小 (**概率**(probability)), 这样需要引入**事件域**(field of events) 的概念.

### 1.1.1　事件域

**定义 1.1.1**　设 $\Omega$ 是样本空间, $\mathcal{F}$ 是由 $\Omega$ 的一些子集构成的集类 (族), 如果它满足:

(i) $\Omega \in \mathcal{F}$;

(ii) 若 $A \in \mathcal{F}$, 则 $\bar{A} \in \mathcal{F}$;

(iii) 若 $A_i \in \mathcal{F}, i = 1, 2, \cdots$, 则 $\bigcup_{i=1}^{\infty} A_i \in \mathcal{F}$,

则称 $\mathcal{F}$ 为事件域, $\mathcal{F}$ 中的元素 $A$ 称为事件.

由定义 1.1.1 易知:

(1) $\varnothing \in \mathcal{F}$;

(2) 若 $A_i \in \mathcal{F}, i = 1, 2, \cdots$, 则 $\bigcup_{i=1}^{n} A_i \in \mathcal{F}, \bigcap_{i=1}^{n} A_i \in \mathcal{F}, \bigcap_{i=1}^{\infty} A_i \in \mathcal{F}$;

(3) 若 $A, B \in \mathcal{F}$, 则 $A - B \in \mathcal{F}$.

### 1.1.2　概率

**定义 1.1.2** (公理化定义)　设 $\Omega$ 是样本空间, $\mathcal{F}$ 是 $\Omega$ 的一个事件域, 定义在 $\mathcal{F}$ 上的实值**集函数**(set function)$P(\cdot)$ 如果满足:

(i) $\forall A\in\mathcal{F}$, 有 $P(A)\geqslant 0$;

(ii) $P(\Omega)=1$;

(iii) 若 $A_i\in\mathcal{F}, i=1,2,\cdots$, 且 $A_iA_j=\varnothing(i\neq j)$, 有

$$P\left(\bigcup_{i=1}^{\infty}A_i\right)=\sum_{i=1}^{\infty}P(A_i),$$

则称 $P(\cdot)$ 为 $\mathcal{F}$ 上的概率, $P(A)$ 为事件 $A$ 的概率, 并且称三元总体 $(\Omega,\mathcal{F},P)$ 为**概率空间**(probability space).

本书所指的事件都是指某一个事件域中的事件.

由定义 1.1.2 可知概率 $P$ 具有如下性质.

**性质 1**　$P(\varnothing)=0$.

**性质 2**　若 $A_i\in\mathcal{F}, i=1,2,\cdots,n$, 且 $A_iA_j=\varnothing(i\neq j)$, 则

$$P\left(\bigcup_{i=1}^{n}A_i\right)=\sum_{i=1}^{n}P(A_i).$$

**性质 3**　对任意事件 $A$, 有

$$P(A)=1-P(\bar{A}).$$

**性质 4**　设 $A,B$ 是任意两个事件, 且 $A\subset B$, 则

$$P(B-A)=P(B)-P(A),\quad P(A)\leqslant P(B).$$

**性质 5**　对任意事件 $A_i\in\mathcal{F}, i=1,2,\cdots,n$, 有

$$P\left(\bigcup_{i=1}^{n}A_i\right)\leqslant\sum_{i=1}^{n}P(A_i),$$

$$P\left(\bigcup_{i=1}^{n}A_i\right)=\sum_{i=1}^{n}P(A_i)-\sum_{1\leqslant i<j\leqslant n}P(A_iA_j)+\sum_{1\leqslant i<j<k\leqslant n}P(A_iA_jA_k)-\cdots+(-1)^{n-1}P(A_1A_2\cdots A_n).$$

### 1.1.3 条件概率

**定义 1.1.3** 设 $(\Omega, \mathcal{F}, P)$ 为概率空间, 事件 $B \in \mathcal{F}$, 且 $P(B) > 0$, 对任意的事件 $A \in \mathcal{F}$, 记

$$P(A \mid B) = \frac{P(AB)}{P(B)},$$

则称 $P(A|B)$ 为在事件 $B$ 发生的条件下, 事件 $A$ 发生的**条件概率** (conditional probability).

由条件概率的定义可得:

(1) **乘法公式**(formula of multiplication) 设 $A, B \in \mathcal{F}, P(B) > 0$, 则

$$P(AB) = P(B)P(A \mid B).$$

该公式可以扩展到 $n$ 个事件的情形. 一般地, 若 $A_i \in \mathcal{F}, i = 1, 2, \cdots, n$, 且 $P(A_1A_2\cdots A_n) > 0$, 则有

$$P(A_1A_2\cdots A_n) = P(A_1)P(A_2|A_1)P(A_3|A_1A_2)\cdots P(A_n|A_1A_2\cdots A_{n-1}). \tag{1.1}$$

(2) **全概率公式**(total probability formula) 设 $A \in \mathcal{F}, B_i \in \mathcal{F}, i = 1, 2, \cdots, n$, $B_iB_j = \varnothing (i \neq j)$, 且 $\bigcup_{i=1}^n B_i = \Omega, P(B_i) > 0$, 则

$$P(A) = \sum_{i=1}^n P(B_i)P(A \mid B_i). \tag{1.2}$$

(3) **贝叶斯公式**(Bayes formula) 设 $A \in \mathcal{F}, B_i \in \mathcal{F}, i = 1, 2, \cdots, n, B_iB_j = \varnothing (i \neq j)$, 且 $\bigcup_{i=1}^n B_i = \Omega, P(B_i) > 0, P(A) > 0$, 则

$$P(B_i \mid A) = \frac{P(B_i)P(A \mid B_i)}{\sum\limits_{i=1}^n P(B_i)P(A \mid B_i)}. \tag{1.3}$$

显然, 由条件概率公式、乘法公式和全概率公式就可以导出**逆概率(贝叶斯)公式**(inverse probability formula). 逆概率公式常用于计算产生该结果的各种可能原因的概率.

### 1.1.4 事件的独立性

**定义 1.1.4** 设 $(\Omega, \mathcal{F}, P)$ 为概率空间, $A, B \in \mathcal{F}$, 若

$$P(AB) = P(A)P(B),$$

则称事件 $A, B$ **相互独立**(mutually independence).

一般地, 设 $A_i \in \mathcal{F}, i = 1, 2, \cdots, n$, 若对任意的 $m(2 \leqslant m \leqslant n)$ 及任意的 $1 \leqslant k_1 < k_2 < \cdots < k_m \leqslant n$, 都有

$$P(A_{k_1}A_{k_2}\cdots A_{k_m}) = P(A_{k_1})P(A_{k_2})\cdots P(A_{k_m}),$$

则称事件 $A_1, A_2, \cdots, A_n$ 是相互独立的. $n$ 个事件独立, 需验证 $2^n - n - 1$ 个等式.

## 1.2 随机变量

### 1.2.1 随机变量及其分布函数

**随机变量**(random variable) 是概率论的主要研究对象, 随机变量的统计规律用**分布函数**(distribution function) 来描述.

**定义 1.2.1** 设 $(\Omega, \mathcal{F}, P)$ 是概率空间, $X = X(\omega)$ 是定义在 $\Omega$ 上的**实值函数**(real valued function). 若对任意实数 $x$, 都有

$$\{\omega : X(\omega) \leqslant x\} \in \mathcal{F},$$

则称 $X$ 是 $\mathcal{F}$ 上的一个随机变量, 并称

$$F(x) = P\{X(\omega) \leqslant x\}, \quad -\infty < x < \infty$$

为 $X$ 的分布函数.

分布函数 $F(x)$ 具有如下的性质:

(1) $0 \leqslant F(x) \leqslant 1$;

(2) $F(x)$ 单调不减, 即对任意的 $x_1 < x_2$, 有 $F(x_1) \leqslant F(x_2)$;

(3) $F(-\infty) = \lim\limits_{x\to-\infty} F(x) = 0, F(+\infty) = \lim\limits_{x\to+\infty} F(x) = 1$;

(4) $F(x)$ 右连续, 即任给 $x \in \mathbb{R}$, 有 $F(x+0) = F(x)$.

可以证明, 定义在实数域 $\mathbb{R}$ 上的实值函数 $F(x)$ 满足以上四条性质; 反过来, 如果 $F(x)$ 满足上述四条性质, 则 $F(x)$ 必为定义在某概率空间上某一随机变量 $X$ 的分布函数.

常见的随机变量分为两类: **离散型随机变量**(discrete random variable) 和**连续型随机变量**(continuous random variable).

若 $X$ 的所有可能取值是**有限个**(finite) 或**可列个**(countable infinite), 则称 $X$ 为离散型随机变量, 并称

$$P(X = x_i) = p_i, \quad i = 1, 2, \cdots$$

为离散型随机变量 $X$ 的概率**分布律**(distribution law) 或概率分布列.

若 $X$ 的分布函数为 $F(x)$, 且存在非负实值函数 $f(x)$, 使得对任意的实数 $x$, 都有

$$F(x)=\int_{-\infty}^{x} f(t)\mathrm{d}t$$

成立, 则称 $X$ 为连续型随机变量, 并称 $f(x)$ 为 $X$ 的**概率密度函数** (probability density function).

既不是连续型, 也不是离散型的随机变量称为**奇异型随机变量** (singular random variable).

### 1.2.2 随机向量

**定义 1.2.2** 设 $X_1(\omega),X_2(\omega),\cdots,X_n(\omega)$ 是定义在概率空间 $(\Omega,\mathcal{F},P)$ 上的 $n$ 个随机变量, 则称

$$\boldsymbol{X}(\omega)=(X_1(\omega),X_2(\omega),\cdots,X_n(\omega))$$

为 $n$ **维随机向量**($n$-dimensional random vector)(或 $n$ **维随机变量**($n$-dimensional random variable)), 简记为 $\boldsymbol{X}=(X_1,X_2,\cdots,X_n)$, 并称 $n$ 元函数

$$F(x_1,x_2,\cdots,x_n)=P\{X_1\leqslant x_1,X_2\leqslant x_2,\cdots,X_n\leqslant x_n\},$$

$$-\infty<x_1,x_2,\cdots,x_n<+\infty$$

为 $n$ 维随机变量 $(X_1,X_2,\cdots,X_n)$ 的**联合分布函数** (joint probability distribution function).

联合分布函数也具有类似于上述一维随机变量分布函数的所有性质.

若随机变量 $\boldsymbol{X}=(X_1,X_2,\cdots,X_n)$ 的所有可能取值只有有限个或可列个, 则称 $X$ 为 $n$ 维离散型随机变量, 并称

$$p_{i_1,i_2,\cdots,i_n}=P\{X_1=x_{1i_1},X_2=x_{2i_2},\cdots,X_n=x_{ni_n}\},\quad i_1,i_2,\cdots,i_n=1,2,\cdots,n$$

为 $n$ 维离散型随机变量 $\boldsymbol{X}=(X_1,X_2,\cdots,X_n)$ 的**联合分布律** (joint probability distribution law).

若随机变量 $\boldsymbol{X}=(X_1,X_2,\cdots,X_n)$ 的分布函数为 $F(x_1,x_2,\cdots,x_n)$, 且存在非负实值函数 $f(x_1,x_2,\cdots,x_n)$, 使得对任意的实数 $x_1,x_2,\cdots,x_n$, 总有

$$F(x_1,x_2,\cdots,x_n)=\int_{-\infty}^{x_1}\int_{-\infty}^{x_2}\cdots\int_{-\infty}^{x_n} f(t_1,t_2,\cdots,t_n)\,\mathrm{d}t_1\mathrm{d}t_2\cdots\mathrm{d}t_n,$$

则称 $\boldsymbol{X}=(X_1,X_2,\cdots,X_n)$ 为 $n$ 维连续型随机变量, 并称函数 $f(x_1,x_2,\cdots,x_n)$ 为 $\boldsymbol{X}=(X_1,X_2,\cdots,X_n)$ 的**联合概率密度函数** (joint probability density function).

### 1.2.3　随机变量的独立性

**定义 1.2.3**　设 $X_1, X_2, \cdots, X_n$ 是定义在概率空间 $(\Omega, \mathcal{F}, P)$ 上的 $n$ 个随机变量, 若对于任意的实数 $x_1, x_2, \cdots, x_n$, 都有

$$P\{X_1 \leqslant x_1, X_2 \leqslant x_2, \cdots, X_n \leqslant x_n\} = P\{X_1 \leqslant x_1\}P\{X_2 \leqslant x_2\}\cdots P\{X_n \leqslant x_n\}, \tag{1.4}$$

则称随机变量 $X_1, X_2, \cdots, X_n$ 是相互独立的.

(1.4) 式等价于

$$F(x_1, x_2, \cdots, x_n) = F_{X_1}(x_1)F_{X_2}(x_2)\cdots F_{X_n}(x_n), \tag{1.5}$$

其中 $F(x_1, x_2, \cdots, x_n)$ 是 $(X_1, X_2, \cdots, X_n)$ 的联合分布函数.

设 $(X_1, X_2, \cdots, X_n)$ 是 $n$ 维离散型随机变量, 则 (1.4) 式等价于

$$\begin{aligned}&P\{X_1 = x_1, X_2 = x_2, \cdots, X_n = x_n\}\\ =&P\{X_1 = x_1\}P\{X_2 = x_2\}\cdots P\{X_n = x_n\}.\end{aligned}$$

设 $(X_1, X_2, \cdots, X_n)$ 是 $n$ 维连续型随机变量, $f(x_1, x_2, \cdots, x_n)$ 是其联合概率密度函数, 则 (1.5) 式等价于

$$f(x_1, x_2, \cdots, x_n) = f_{X_1}(x_1)f_{X_2}(x_2)\cdots f_{X_n}(x_n). \tag{1.6}$$

可以证明, 若随机变量 $X_1, X_2, \cdots, X_n$ 相互独立, $g_i(x), i = 1, 2, \cdots, n$ 为 **Borel 可测函数**(Borel measurable function), 则 $g_1(X_1), g_2(X_2), \cdots, g_n(X_n)$ 也相互独立.

## 1.3　随机变量的数字特征

分布函数可以完整地描述随机变量, 但实际问题中求一个随机变量的分布函数多数情况下并非易事, 甚至有时不可能做到; 但对某些实际问题, 我们通常要求知道随机变量的某些概率特征即可, 并非真正需要知道其确切的分布. 本节介绍的数学期望、方差等概念正是刻画随机变量某些方面概率特征的数值指标.

**定义 1.3.1**　设 $F(x)$ 是随机变量 $X$ 的分布函数, 若 $\int_{-\infty}^{\infty} |x|\, \mathrm{d}F(x) < \infty$, 则称

$$E(X) = \int_{-\infty}^{\infty} x\, \mathrm{d}F(x) \tag{1.7}$$

为 $X$ 的**数学期望**(mathematical expectation)(**或均值**(mean value)).

若 $X$ 是离散型随机变量, 其概率分布列为

$$p_i = P\{X = x_i\}, \quad i = 1, 2, \cdots, \tag{1.8}$$

且 $\sum_i |x_i| p_i < \infty$, 则 $X$ 的数学期望为

$$E(X) = \sum_i x_i p_i. \tag{1.9}$$

若 $X$ 是连续型随机变量, 其概率密度函数为 $f(x)$, 且 $\int_{-\infty}^{\infty} |x| \, \mathrm{d}F(x) < \infty$, 则 $X$ 的数学期望是

$$E(X) = \int_{-\infty}^{\infty} x f(x) \mathrm{d}x. \tag{1.10}$$

**定义 1.3.2** 设 $X$ 是随机变量, 若 $E(X)$ 存在, 且 $E(X - E(X))^2 < \infty$, 则称

$$D(X) = E(X - E(X))^2 \tag{1.11}$$

为随机变量 $X$ 的**方差**(variance), 称 $\sqrt{D(X)}$ 为 $X$ 的**标准差**(standard deviation).

**定义 1.3.3** 设 $X$, $Y$ 是随机变量, $E(X^2) < \infty, E(Y^2) < \infty$, 则称

$$\mathrm{cov}(X, Y) = E[(X - E(X))(Y - E(Y))] \tag{1.12}$$

为 $X$ 与 $Y$ 的**协方差**(covariance), 并且称

$$\rho_{XY} = \frac{\mathrm{cov}(X, Y)}{\sqrt{D(X)}\sqrt{D(Y)}} \quad (D(X) > 0, D(Y) > 0) \tag{1.13}$$

为 $X$ 与 $Y$ 的**相关系数**(correlation coefficient). 若 $\rho_{XY} > 0$, 则称 $X$ 与 $Y$ 正相关; 若 $\rho_{XY} = 0$, 则称 $X$ 与 $Y$ 不相关; 若 $\rho_{XY} < 0$, 则称 $X$ 与 $Y$ 负相关.

随机变量的数字特征分别具有以下性质:

(1) $E(C) = C, D(C) = 0$, 其中 $C$ 为常数;

(2) $E(aX + bY) = aE(X) + bE(Y)$, 其中 $a, b$ 为常数;

(3) 若 $X$ 与 $Y$ 独立, 则 $E(XY) = E(X)E(Y)$;

(4) $D(X \pm Y) = D(X) + D(Y) \pm 2\mathrm{cov}(X, Y)$, 特别地, 当 $X$ 与 $Y$ 独立时, $D(aX \pm bY) = a^2 D(X) + b^2 D(Y)$;

(5) 对任意的实数 $x$, 有 $D(X) = E(X - E(X))^2 \leqslant E(X - x)^2$;

(6) (Schwarz 不等式) 若 $E(X^2) < \infty, E(Y^2) < \infty$, 则 $[E(XY)]^2 < E(X^2)E(Y^2)$;

(7) $\mathrm{cov}(aX_1 + bX_2, cY_1 + dY_2) = ac\mathrm{cov}(X_1, Y_1) + ad\mathrm{cov}(X_1, Y_2) + bc\mathrm{cov}(X_2, Y_1) + bd\mathrm{cov}(X_2, Y_2)$;

(8) $|\rho_{XY}| \leqslant 1$;

(9) $|\rho_{XY}| = 1$ 的充要条件是 $X$ 与 $Y$ **以概率 1 线性相关**(linearly dependent with probability one), 即存在常数 $a, b$, 且 $a \neq 0$, 使得

$$P\{Y = aX + b\} = 1;$$

(10) 若 $X$ 与 $Y$ 独立, 则 $\rho_{XY} = 0$.

对于多个不相互独立的随机变量, 其数学期望和方差由下式给出:

$$E\left[\sum_{i=1}^{n}(a_i X_i)\right] = \sum_{i=1}^{n} a_i E(X_i);$$

$$D\left[\sum_{i=1}^{n}(a_i X_i)\right] = \sum_{i=1}^{n} a_i^2 D(X_i) + 2\sum_{i<j} a_i a_j \mathrm{cov}(X_i, X_j).$$

**例 1.3.1** (Montmort 配对问题)　$n$ 个人参加一个聚会, 每个人所戴的帽子外观完全相同. 聚会结束时, $n$ 顶帽子放在一起次序完全混乱, 每人随机取一顶. 求选中自己帽子的人数 $X$ 的数学期望和方差.

**解**　设

$$X_i = \begin{cases} 1, & \text{第 } i \text{ 个人选中自己的帽子}, \\ 0, & \text{反之}, \end{cases} \quad i = 1, 2, \cdots, n,$$

则有

$$X = \sum_{i=1}^{n} X_i.$$

易知

$$P\{X_i = 1\} = \frac{1}{n}, \quad P\{X_i = 0\} = \frac{n-1}{n}, \quad i = 1, 2, \cdots, n.$$

因此

$$E(X_i) = \frac{1}{n} = E(X_i^2), \quad D(X_i) = E(X_i^2) - [E(X_i)]^2 = \frac{1}{n} - \frac{1}{n^2} = \frac{n-1}{n^2}.$$

又因为

$$X_i X_j = \begin{cases} 1, & \text{第 } i \text{ 个人和第 } j \text{ 个人都选中自己的帽子}, \\ 0, & \text{反之}, \end{cases} \tag{1.14}$$

其中 $i \neq j$, 所以

$$\begin{aligned} E(X_i X_j) &= 1 \times P\{X_i X_j = 1\} + 0 \times P\{X_i X_j = 0\} \\ &= P\{X_i = 1\} P\{X_j = 1 | X_i = 1\} = \frac{1}{n(n-1)}, \end{aligned}$$

$$\operatorname{cov}(X_i, X_j) = E(X_iX_j) - E(X_i)E(X_j) = \frac{1}{n^2(n-1)}.$$

因此,

$$E(X) = E\left(\sum_{i=1}^{n} X_i\right) = \sum_{i=1}^{n} E(X_i) = 1,$$

$$\begin{aligned} D\left[\sum_{i=1}^{n}(a_iX_i)\right] &= \sum_{i=1}^{n} a_i^2 D(X_i) + 2\sum_{i<j} a_ia_j\operatorname{cov}(X_i, X_j) \\ &= \frac{n(n-1)}{n^2} + \frac{2\mathrm{C}_n^2}{n^2(n-1)} = 1. \end{aligned}$$

上述结果与参加聚会的人数 $n$ 无关, 这是一个很有意思的结论.

因期望的计算公式与物理学中静力矩的计算公式相似, 借用物理学中"矩"的名字, $E(X)$ 称为**一阶矩**(first moment). 其中数学期望和方差作为随机变量最常用的数字特征, 它们都是某种**矩**(moment); 矩是最广泛的一种数字特征, 在概率论与数理统计中占重要地位. 最常用的矩有三种: **原点矩**(origin moment)、**中心矩**(central moment)、**混合矩**(mixed moment).

**定义 1.3.4** 设 $X$ 是随机变量,

(1) 若 $E(X^k), k=1,2,\cdots$ 存在, 则称它为 $X$ 的 $k$ **阶原点矩**($k$th origin moment), 简称 $k$ 阶矩. $E|X|^k$ 称为 $X$ 的 $k$ 阶绝对原点矩或 $k$ 阶绝对矩.

(2) 若 $E[X-E(X)]^k, k=2,3,\cdots$ 存在, 则称它为 $X$ 的 $k$ 阶中心矩. $E|X-E(X)|^k$ 称为 $X$ 的 $k$ 阶绝对中心矩.

$X$ 的一阶原点矩即为数学期望, 二阶中心矩即为方差.

注意到

$$|X|^k \leqslant |X|^{k+1} + 1, \qquad k = 1, 2, \cdots.$$

事实上, 当 $|X| > 1$ 时, 不等式显然成立. 当 $|X| \leqslant 1$ 时, $|X|^k \leqslant 1$, 故 $|X|^k \leqslant 1 \leqslant |X|^{k+1} + 1$ 也成立.

由以上不等式可推出

$$E(|X|^k) \leqslant E(|X|^{k+1} + 1) = E(|X|^{k+1}) + 1.$$

因此, 如果**高阶矩**(high-order moment)$E(|X|^{k+1})$ 有限, 则**低阶矩**(low-order moment) $E(|X|^k)$ 也有限, 从而低于 $k$ 阶的各阶矩都有限.

## 1.4 条件数学期望

**定义 1.4.1** 设 $(X, Y)$ 是二维离散型随机变量, 联合分布列是

$$P\{X = x_i, Y = y_j\} = p_{ij}, \quad i, j = 1, 2, \cdots,$$

则称

$$P\{X=x_i\}=\sum_{j=1}^{\infty}P\{X=x_i,Y=y_j\}=\sum_{j=1}^{\infty}p_{ij}=p_{i\cdot},\quad i=1,2,\cdots$$

为 $(X,Y)$ 关于 $X$ 的**边缘分布列**(marginal probability mass function); 称

$$P\{Y=y_j\}=\sum_{i=1}^{\infty}P\{X=x_i,Y=y_j\}=\sum_{i=1}^{\infty}p_{ij}=p_{\cdot j},\quad j=1,2,\cdots$$

为 $(X,Y)$ 关于 $Y$ 的边缘分布列; 并称

$$P\{X=x_i|Y=y_j\}=\frac{P\{X=x_i,Y=y_j\}}{P\{Y=y_j\}}=\frac{p_{ij}}{p_{\cdot j}},\quad i=1,2,\cdots$$

为在 $Y=y_j$ 条件下, 随机变量 $X$ 的**条件分布列** (conditional probability mass function); 称

$$P\{Y=y_j|X=x_i\}=\frac{P\{X=x_i,Y=y_j\}}{P\{X=x_i\}}=\frac{p_{ij}}{p_{i\cdot}},\quad j=1,2,\cdots$$

为在 $X=x_i$ 的条件下, 随机变量 $Y$ 的条件分布列.

**定义 1.4.2**　设 $(X,Y)$ 是二维连续型随机变量, 联合概率密度函数为 $f(x,y)$, 则称

$$f_X(x)=\int_{-\infty}^{\infty}f(x,y)\mathrm{d}y$$

和

$$f_Y(y)=\int_{-\infty}^{\infty}f(x,y)\mathrm{d}x$$

分别为 $(X,Y)$ 关于 $X$ 和 $Y$ 的**边缘概率密度函数** (marginal probability density function), 并称

$$f(x|y)=\frac{f(x,y)}{f_Y(y)}\quad (f_Y(y)>0)$$

为在条件 $Y=y$ 下 $X$ 的**条件概率密度函数**(conditional probability density function), 称

$$f(y|x)=\frac{f(x,y)}{f_X(x)}\quad (f_X(x)>0)$$

为在条件 $X=x$ 下 $Y$ 的条件概率密度函数.

**定义 1.4.3**　设 $(X,Y)$ 是二维离散型随机变量, 如果 $\sum\limits_{i=1}^{\infty}|x_i|P\{X=x_i|Y=y_j\}<\infty$, 则称

$$E(X|Y=y_j)=\sum_{i=1}^{\infty}x_iP\{X=x_i|Y=y_j\},\quad j=1,2,\cdots \tag{1.15}$$

为在 $Y=y_j$ 条件下 $X$ 的**条件数学期望**(conditional expectation).

**定义 1.4.4** 设 $(X,Y)$ 是二维连续型随机变量, 如果 $\int_{-\infty}^{\infty}|x|f(x|y)\mathrm{d}x<\infty$, 则称

$$E(X|Y=y)=\int_{-\infty}^{\infty}xf(x|y)\mathrm{d}x \tag{1.16}$$

为在 $Y=y$ 条件下 $X$ 的条件数学期望.

**定义 1.4.5** 设 $(X,Y)$ 是二维随机变量, 且对任意 $\varepsilon>0$, $P\{y-\varepsilon\leqslant Y\leqslant y+\varepsilon\}>0$, 如果

$$\lim_{\varepsilon\to 0^+}P\{X\leqslant x|y-\varepsilon\leqslant Y\leqslant y+\varepsilon\}$$

存在, 则称其为在 $Y=y$ 条件下随机变量 $X$ 的**条件分布函数**(conditional distribution function), 记为

$$F_{X|Y}(x|y)=P\{X\leqslant x|Y=y\}=\lim_{\varepsilon\to 0^+}P\{X\leqslant x|y-\varepsilon\leqslant Y\leqslant y+\varepsilon\}. \tag{1.17}$$

一般地, 由条件分布函数与条件数学期望的定义, 很自然地可得如下条件数学期望的定义.

**定义 1.4.6** 设 $(X,Y)$ 是二维随机变量, 在 $Y=y$ 条件下 $X$ 的条件分布函数为 $F_{X|Y}(x|y)$, 且 $\int_{-\infty}^{\infty}|x|\mathrm{d}F_{X|Y}(x|y)<\infty$, 则称

$$E(X|Y=y)=\int_{-\infty}^{\infty}x\mathrm{d}F_{X|Y}(x|y) \tag{1.18}$$

为在 $Y=y$ 条件下 $X$ 的条件数学期望.

显然定义 1.4.6 是定义 1.4.3 和定义 1.4.4 的统一表述, 因此有下面的关系式:

$$\begin{aligned}E(X|Y=y)&=\int_{-\infty}^{\infty}x\mathrm{d}F_{X|Y}(x|y)\\&=\begin{cases}\displaystyle\sum_x xP\{X=x|Y=y\}, & (X,Y)\ \text{是离散型的},\\ \displaystyle\int_{-\infty}^{\infty}xf_{X|Y}(x|y)\,\mathrm{d}x, & (X,Y)\ \text{是连续型的}.\end{cases}\end{aligned}$$

在上面的定义中, $E(X|Y=y)$ 是一个数, 这个数依赖于 $y$, 注意到 $y$ 是随机变量 $Y$ 所能取得的一个值, 所以可把 $E(X|Y=y)$ 看成是某一个随机变量所取的值, 这个随机变量记为 $E(X|Y)$, 称为随机变量 $X$ 对 $Y$ 的条件数学期望. 换言之, $E(X|Y)$ 是一个依赖于 $Y$ 的随机变量, 当 $Y=y$ 时取值为 $E(X|Y=y)$; 或可进一步

写为 $E(X|Y)(\omega)=E(X|Y=Y(\omega))$. 由数学期望的定义, 可以求随机变量 $E(X|Y)$ 的期望 $E[E(X|Y)]$.

**定理 1.4.1**　设 $X,Y,Z$ 是随机变量, $g(\cdot)$ 是可测函数, 且 $E(X),E(Y),E(Z)$ 及 $E[X\cdot g(Y)]$ 均存在, 则

(1) 当 $X$ 与 $Y$ 相互独立时, $E(X|Y)=E(X)$;

(2) $E[E(X|Y)]=E(X)$;

(3) $E[X\cdot g(Y)|Y]=g(Y)E(X|Y)$;

(4) $E[X\cdot g(Y)]=E[g(Y)E(X|Y)]$;

(5) $E(C|Y)=C, C$ 为常数;

(6) $E[g(Y)|Y]=g(Y)$;

(7) $E[(aX+bY)|Z]=aE(X|Z)+bE(Y|Z), a,b$ 为常数;

(8) $E[X-E(X|Y)]^2\leqslant E[X-g(Y)]^2$.

**证**　(1) 因为 $X$ 与 $Y$ 独立, 所以在 $Y=y$ 条件下的条件分布函数 $F(x|y)$ 与 $X$ 的 (无条件) 分布函数 $F_X(x)$ 相等. 于是, 对任意 $y$(使 $E(X|Y=y)$ 存在), 有

$$E(X|Y=y)=\int_{-\infty}^{\infty}x\mathrm{d}F_{X|Y}(x|y)=\int_{-\infty}^{\infty}x\mathrm{d}F_X(x)=E(X),$$

故 $E(X|Y)=E(X)$.

(2) 离散型情形. 设 $(X,Y)$ 的联合分布列为

$$P\{X=x_i,Y=y_j\}=p_{ij},\quad i,j=1,2,\cdots,$$

则

$$\begin{aligned}E[E(X|Y)]&=\sum_j E(X|Y=y_j)P\{Y=y_j\}\\&=\sum_j\left[\sum_i x_iP\{X=x_i|Y=y_j\}\right]P\{Y=y_j\}\\&=\sum_j\left[\sum_i x_iP\{X=x_i,Y=y_j\}\right]\\&=\sum_i x_iP\{X=x_i\}=E(X).\end{aligned}$$

由此可见, $E(X)$ 是在给定 $Y=y_j$ 时 $X$ 的条件期望的一个加权平均值, 每一项 $E(X|Y=y_j)$ 所加的权重是作为条件下的事件的概率. 因此称

$$E(X)=\sum_j E(X|Y=y_j)P\{Y=y_j\}$$

为**全数学期望公式**(law of total expectation).

连续型情形. 设 $(X,Y)$ 的联合概率密度函数为 $f(x,y)$, 则

$$\begin{aligned}
E[E(X|Y)] &= \int_{-\infty}^{\infty} E(X|Y=y) f_Y(y)\,\mathrm{d}y = \int_{-\infty}^{\infty}\left[\int_{-\infty}^{\infty} x f_{X|Y}(x|y)\,\mathrm{d}x\right] f_Y(y)\,\mathrm{d}y \\
&= \int_{-\infty}^{\infty}\left[\int_{-\infty}^{\infty} x f(x,y)\,\mathrm{d}x\right]\mathrm{d}y = \int_{-\infty}^{\infty} x\left[\int_{-\infty}^{\infty} f(x,y)\,\mathrm{d}y\right]\mathrm{d}x \\
&= \int_{-\infty}^{\infty} x f_X(x)\,\mathrm{d}x \\
&= E(X),
\end{aligned}$$

$$E(X) = \int_{-\infty}^{\infty} E(X|Y=y) f_Y(y)\,\mathrm{d}y$$

相应地也称为全数学期望公式.

一般地, $E[E(X|Y)] = \int_{-\infty}^{\infty} E(X|Y=y)\,\mathrm{d}F_Y(y) = E(X)$, 因此全数学期望公式的一般表达式为

$$E(X) = \int_{-\infty}^{\infty} E(X|Y=y)\,\mathrm{d}F_Y(y).$$

全期望公式表明, **条件期望的期望是无条件期望**.

(3) 只需证明对任意使 $E[g(Y)\cdot X|Y=y]$ 存在的 $y$, 都有

$$E[X\cdot g(Y)|Y=y] = g(y)E(X|Y=y).$$

因为 $E[X|Y=y] = \int_{-\infty}^{\infty} x\mathrm{d}F_{X|Y}(x|y)$, 故当 $y$ 固定时, 有

$$\begin{aligned}
E[X\cdot g(Y)|Y=y] &= \int_{-\infty}^{\infty} g(y)x\mathrm{d}F_{X|Y}(x|y) \\
&= g(y)\int_{-\infty}^{\infty} x\mathrm{d}F_{X|Y}(x|y) \\
&= g(y)E(X|Y=y).
\end{aligned}$$

(4) 由 (2) 和 (3) 得

$$E[X\cdot g(Y)] = E\{E[g(Y)\cdot X|Y]\} = E[g(Y)E(X|Y)].$$

(5) 把 $C$ 看成**退化的**(degenerate) 仅取 $C$ 的随机变量, 则

$$E(C|Y=y) = \int_{-\infty}^{\infty} x\mathrm{d}F_{X|Y}(x|y) = C\int_{-\infty}^{\infty}\mathrm{d}F_{X|Y}(x|y) = C.$$

(6) $E[g(Y)|Y] = E[g(Y)\cdot 1|Y] = g(Y)E(1|Y) = g(Y)$.

(7) 设 $F(x,y,z)$ 为 $(X,Y,Z)$ 的分布函数, 则对任意固定的 $z$, 有

$$\begin{aligned}&E[(aX+bY)|Z=z]\\=&\int_{-\infty}^{\infty}\int_{-\infty}^{\infty}(ax+by)\mathrm{d}F_{X,Y|Z}(x,y|z)\\=&\int_{-\infty}^{\infty}\int_{-\infty}^{\infty}ax\,\mathrm{d}F_{X,Y|Z}(x,y|z)+\int_{-\infty}^{\infty}x\int_{-\infty}^{\infty}by\,\mathrm{d}F_{X,Y|Z}(x,y|z)\\=&\int_{-\infty}^{\infty}ax\,\mathrm{d}F_{X|Z}(x|z)+\int_{-\infty}^{\infty}by\,\mathrm{d}F_{Y|Z}(y|z),\end{aligned}$$

故得

$$E[(aX+bY)|Z]=aE(X|Z)+bE(Y|Z),$$

其中 $F_{X,Y|Z}(x,y|z)=P\{X\leqslant x,Y\leqslant y|Z=z\},F_{X|Z}(x|z)=P\{X\leqslant x|Z=z\}$, $F_{Y|Z}(y|z)=P\{Y\leqslant y|Z=z\}$.

(8) 即要证对任一固定的 $y$, 当取 $g(y)=E[X-E(X|Y=y)]^2$ 时, $E[X-g(y)]^2$ 为最小.

由 (2) 得 $E[X-g(Y)]^2=E\{E[(X-g(Y))^2|Y]\}$, 而

$$\begin{aligned}&E[(X-g(Y))^2|Y]=E\{[X-E(X|Y)+E(X|Y)-g(Y)]^2|Y\}\\=&E\{[X-E(X|Y)]^2|Y\}+2E\{[X-E(X|Y)][E(X|Y)-g(Y)]|Y\}\\&+E\{[E(X|Y)-g(Y)]^2|Y\}.\end{aligned}$$

又因 $E(X|Y)-g(Y)$ 只是 $Y$ 的函数, 由 (3) 得

$$\begin{aligned}&E\{[X-E(X|Y)][E(X|Y)-g(Y)]|Y\}\\=&[E(X|Y)-g(Y)]E\{[X-E(X|Y)]|Y\}\\=&[E(X|Y)-g(Y)]\cdot[E(X|Y)-E(X|Y)]\\=&0,\end{aligned}$$

所以 $E[(X-g(Y))^2|Y]\geqslant E\{[X-E(X|Y)]^2|Y\}$. 两边取数学期望, 再由 (2) 得 (8) 成立:

$$E[X-E(X|Y)]^2\leqslant E[X-g(Y)]^2.$$

**例 1.4.1** (巴格达窃贼问题)　一窃贼被关在有 3 个门的地牢中, 第一个门通往一坑道走 3 小时可使他到达地面, 第二个门通向使他走 5 小时后又回到原地点的坑道, 第三个门通向使他走 7 小时后又回到原地点的坑道. 如果他在任一时刻都等可能地选中其中一个门, 试问他到达安全地点平均要花多长时间.

**解** 设 $X$ 表示窃贼到达地面所需时间, $Y$ 表示他选定的门的号数, 则有

$$P\{Y=1\}=P\{Y=2\}=P\{Y=3\}=\frac{1}{3};$$

$$E(X|Y=1)=3,\quad E(X|Y=2)=5+E(X),\quad E(X|Y=3)=7+E(X).$$

由全数学期望公式, 所求平均时数为

$$\begin{aligned}E(X)=E[E(X|Y)]&=E(X|Y=1)P(Y=1)+E(X|Y=2)P(Y=2)\\&\quad+E(X|Y=3)P(Y=3)\\&=\frac{1}{3}[3+(5+E(X))+(7+E(X))],\end{aligned}$$

所以, $E(X)=15$.

**注** 在实际情况中, 为了获得自由, 走过不通往地面的错误通道应该不会再走, 所以实际生活中到达安全地点平均所花时间为

$$E(X)=\frac{1}{3}\times 3+\frac{1}{3}\times\left[5+\frac{1}{2}\times 3+\frac{1}{2}\times(7+3)\right]+\frac{1}{3}\left[7+\frac{1}{2}\times 3+\frac{1}{2}\times(5+3)\right]=9.$$

**例 1.4.2** 设在某一天走进商店的人数是数学期望为 1000 的随机变量, 又设这些顾客在该商店所花的钱数都是数学期望为 100 的相互独立的随机变量, 并假设每个顾客花的钱数和进入该商店的总人数独立. 试问在给定的一天内, 顾客们在该商店所花的钱数的数学期望是多少?

**解** 设 $N$ 表示这天进入该商店的总人数, $X_i$ 表示第 $i$ 个顾客所花的钱数, 则 $N$ 个顾客所花钱的总数为 $\sum\limits_{i=1}^{N}X_i$, 下面求 $E\left(\sum\limits_{i=1}^{N}X_i\right)$.

由全数学期望公式有

$$\begin{aligned}E\left(\sum_{i=1}^{N}X_i\right)&=E\left[E\left(\sum_{i=1}^{N}X_i\right)\middle|N\right]\\&=\sum_{n=1}^{\infty}E\left(\sum_{i=1}^{N}X_i\middle|N=n\right)P\{N=n\}\\&=\sum_{n=1}^{\infty}E\left(\sum_{i=1}^{n}X_i\middle|N=n\right)P\{N=n\}\\&=\sum_{n=1}^{\infty}E\left(\sum_{i=1}^{n}X_i\right)P\{N=n\}\\&=\sum_{n=1}^{\infty}nE(X_1)\cdot P\{N=n\}\\&=E(NE(X_1))\\&=E(N)\cdot E(X_1).\end{aligned}$$

又由题设有 $E(N)=1000, E(X_1)=100$, 所以

$$E\left(\sum_{i=1}^{N} X_i\right)=1000\times 100=100000,$$

即该天顾客在该商店花费的钱数的期望值为 100000 元.

## 1.5 概率论中常用的数学变换

### 1.5.1 Newton 插值公式

利用采样值恢复和重构原始信号最早出现且比较实用的是英国数学家 Newton 和 Gregory 在 1668—1676 年给出的 **Newton 插值公式** (Newton interpolation formula). 当时的主要思想是利用函数 $f(t)$ 的非等距互异节点 $t_i(i=0,1,\cdots,n)$ 的函数值 $f(t_i)$ 定义**差商**(difference quotient), 或利用等距互异节点 $t_k=t_0+kh$ $(k=0,1,\cdots,n; h$ 为步长$)$ 的函数值 $f(t_k)$ 定义**差分**(difference) 来逼近已知信号.

差商及差分都需要**递推公式**(recurrence formula) 进行运算, 比较复杂. 所以此后不久, 英国的数学家 Waring(1734—1798) 于 1779 年给出了上述 $N_n(t)$ 的简洁形式, 即**原函数**(primitive function)$f(t)$ 的 $n+1$ 个**等距**(isometry) 或非等距节点的最佳**多项式逼近**(polynomial approximation).

$$P_n(t):=\sum_{i=0}^{n} f(t_i)l_k(t), \tag{1.19}$$

其中,

$$l_k(t):=l_{k,n}(t)=\frac{\omega_{n+1}(t)}{(t-t_k)\omega'_{n+1}(t_k)}, \tag{1.20}$$

$$\omega_{n+1}(t)=\prod_{k=0}^{n}(t-t_k). \tag{1.21}$$

不难验证 $l_k(t)$ 满足

$$l_k(t_v)=\delta_{k,v}=\begin{cases}0, & v\neq k,\\ 1, & v=k.\end{cases} \tag{1.22}$$

这一特性称为**插值性质**(interpolation), 或称 $l_k(t)$ 满足插值性质. 公式 (1.20)—(1.22) 对后来科学家们利用采样值重构或逼近确定性信号的研究工作产生了深远的影响.

但是, Waring 的工作当时并没有被引起重视. 法国著名数学家 Lagrange (1736—1813)1795 年在巴黎的一次演讲中再次提出了这一公式, 并得到了公认, 所以通常学术界称为 Lagrange 插值公式, 而不称 Waring 插值公式. 由于 Lagrange

插值公式只保证节点处函数值相同, 许多条件下不能满足工程实际需要, 后来法国著名数学家 Hermite(1822—1901) 又将 Lagrange 插值公式节点处函数值相同推广到不但节点处函数值相同, 而且节点处若干阶导数值也相等. 一直到今天, Newton 插值公式、Lagrange 插值公式和 Hermite 插值公式依然是工程中普遍使用的一种基本的数据处理方法.

另一方面, 瑞士数学家 Bernoulli 在 1753 年发现了**弦长度**(chord length) 为 π 的**简谐振动方程**(equation of simple harmonic motion):

$$f(x,t) = A\sin(nx)\cos(nt-\alpha), \tag{1.23}$$

其中, $A$ 是**振幅**(amplitude), $n$ 是**角频率**(angular frequency), $\alpha$ 是**初相位**(initial phase). 复合振动是若干简谐振动的叠加, 并发现 $\{\sin nx, n\in\mathbb{Z}\}$ 的正交性质

$$\int_0^{\pi}\sin(mx)\sin(nx)\mathrm{d}x = 0, \qquad m\neq n. \tag{1.24}$$

从而初步揭示了正弦、余弦函数的重要性. 这一思想开启了数学中常用变换 Fourier 变换之门.

### 1.5.2 Fourier 变换

1822 年, 法国数学家 Fourier(1768—1830) 在研究**热传导方程**(heat conduction equation) 时发现了著名的 **Fourier 级数展开**(Fourier series expansion). 他指出任何**周期函数**(periodic function) 均可以由一列**三角函数**(trigonometric function) 表示, 即对于任何 $f\in L^2[-\pi,\pi]$, 存在一个数列 $\{c_n : n\in\mathbb{Z}\}$, 使得

$$f(t) = \sum_{-\infty}^{+\infty} c_n \mathrm{e}^{\mathrm{i}2\pi nt}, \tag{1.25}$$

其中 $\{c_n\}\in l^2$ 称为函数 $f$ 的 Fourier 系数, 表示为

$$c_n = \int_{-\pi}^{\pi} f(t)\mathrm{e}^{-\mathrm{i}2\pi nt}\mathrm{d}t. \tag{1.26}$$

级数 (1.25) 在 $L^2[-\pi,\pi]$ 中收敛并在 $\mathbb{R}$ 上**一致收敛**(uniform convergence). 这一思想对后来的数学、物理、工程、电信等诸多领域产生了深远的影响, 诞生了在工程上应用广泛的 **Fourier 变换**(Fourier transform)

$$\mathcal{F}[f(t)] = \hat{f}(\omega) = \int_{-\infty}^{+\infty} f(t)\mathrm{e}^{-\mathrm{i}t\omega}\mathrm{d}t \tag{1.27}$$

及其**反变换**(inverse transform)

$$f(t) = \mathcal{F}^{-1}[\hat{f}(\omega)] = \frac{1}{2\pi}\int_{-\infty}^{+\infty}\hat{f}(\omega)\mathrm{e}^{\mathrm{i}t\omega}\mathrm{d}\omega, \tag{1.28}$$

其中 $f(t)$ 满足如下的 Fourier 积分条件:

(i) $f(t)$ 在任意有限区间 $[a,b]$ 上满足 Dirichlet 条件, 即 $f(t)$ 在 $[a,b]$ 上连续或只有有限个**第一类间断点**(discontinuity point of the first kind), 且至多只有有限个极值点.

(ii) $f(t)$ 在 $(-\infty,\infty)$ 上**绝对可积**(absolute integrability).

下面定义**卷积**(convolution)、**自相关函数**(autocorrelation function)、**互相关函数**(cross-correlation function)、**能量谱密度**(energy spectrum density) 的概念.

**定义 1.5.1**　若已知函数 $f_1(t), f_2(t)$, 称

$$f_1 * f_2(t) := \int_{-\infty}^{+\infty} f_1(\tau)f_2(t-\tau)\mathrm{d}\tau \tag{1.29}$$

为函数 $f_1(t)$ 与 $f_2(t)$ 的卷积, 卷积满足

$$f_1 * f_2(t) = f_2 * f_1(t) \tag{1.30}$$

及

$$f_1 * f_2(t) \leqslant |f_1| * |f_2|(t). \tag{1.31}$$

**定义 1.5.2**　若对两个不同函数 $f_1(t), f_2(t)$, 称

$$R_{1,2}(\tau) := \int_{-\infty}^{+\infty} f_1(t)f_2(t+\tau)\mathrm{d}t \tag{1.32}$$

为函数 $f_1(t)$ 与 $f_2(t)$ 的互相关函数. 互相关函数满足 $R_{2,1}(\tau) = R_{1,2}(-\tau)$.

若函数 $f_1(t) = f_2(t) = f(t)$, 称

$$R(\tau) := \int_{-\infty}^{+\infty} f(t)f(t+\tau)\mathrm{d}t \tag{1.33}$$

为函数 $f(t)$ 的自相关函数. 自相关函数是一个偶函数, $R(-\tau) = R(\tau)$.

**定义 1.5.3**　对函数 $f(t)$, 称其 Fourier 变换的平方

$$S(\omega) := |\hat{f}(\omega)|^2 \tag{1.34}$$

为**能量密度函数**, 简称**能量谱密度**. 对函数 $f_1(t)$ 与 $f_2(t)$, 称

$$S_{1,2}(\omega) = \overline{\hat{f}_1(\omega)}\hat{f}_2(\omega) \tag{1.35}$$

为**互能量密度函数**, 简称**互能量谱密度**.

互能量谱密度满足

$$S_{2,1}(\omega) = \overline{S_{1,2}(\omega)}. \tag{1.36}$$

Fourier 变换具有以下性质:

(1) **线性性质** $\mathcal{F}[\alpha f_1(t)+\beta f_2(t)]=\alpha\hat{f}_1(\omega)+\beta\hat{f}_2(\omega)$;

(2) **位移性质** $\mathcal{F}[f(t\pm t_0)]=\mathrm{e}^{\pm \mathrm{i}\omega t_0}\mathcal{F}[f(t)]$;

(3) **微分性质** $\mathcal{F}[f'(t)]=\mathrm{i}\omega\mathcal{F}[f(t)]$, 其中$f(t)$在 $\mathbb{R}$ 上连续或只有有限个可去间断点, 且

$$\lim_{|t|\to\infty} f(t)=0; \tag{1.37}$$

(4) **积分性质** $\mathcal{F}\left[\int_{-\infty}^{t} f(v)\mathrm{d}v\right]=\frac{1}{\mathrm{i}\omega}\mathcal{F}[f(t)]$, 其中 $\lim\limits_{t\to+\infty}\int_{-\infty}^{t} f(v)\mathrm{d}v=0$;

(5) **乘积定理**

$$\int_{-\infty}^{+\infty} f_1(t)f_2(t)\mathrm{d}t=\frac{1}{2\pi}\int_{-\infty}^{+\infty}\overline{\hat{f}_1(\omega)}\hat{f}_2(\omega)\mathrm{d}\omega=\frac{1}{2\pi}\int_{-\infty}^{+\infty}\hat{f}_1(\omega)\overline{\hat{f}_2(\omega)}\mathrm{d}\omega;$$

(6) **能量积分** $\int_{-\infty}^{+\infty}[f(t)]^2\mathrm{d}t=\frac{1}{2\pi}\int_{-\infty}^{+\infty}|\hat{f}(\omega)|^2\mathrm{d}\omega=\frac{1}{2\pi}\int_{-\infty}^{+\infty}S(\omega)\mathrm{d}\omega$ (也称为 Parseval 等式);

(7) **卷积定理** 若函数$f_i(t)$ $(i=1,2,\cdots,n)$ 满足 Fourier 积分条件, 则

$$\mathcal{F}[f_1*f_2(t)]=\hat{f}_1(\omega)\cdot\hat{f}_2(\omega),$$

$$\mathcal{F}^{-1}[\hat{f}_1(\omega)\cdot\hat{f}_2(\omega)]=f_1*f_2(t),$$

$$\mathcal{F}\left[\prod_{i=1}^{n} f_i(t)\right]=\frac{1}{(2\pi)^{n-1}}\hat{f}_1*\hat{f}_2*\cdots*\hat{f}_n(\omega);$$

(8) **能量变换** 自相关函数 $R(\tau)$ 和能量谱密度 $S(\omega)$ 构成一个 Fourier 变换对

$$R(\tau)=\frac{1}{2\pi}\int_{-\infty}^{+\infty} S(\omega)\mathrm{e}^{\mathrm{i}\tau\omega}\mathrm{d}\omega,$$

$$S(\omega)=\int_{-\infty}^{+\infty} R(\tau)\mathrm{e}^{-\mathrm{i}\tau\omega}\mathrm{d}\tau,$$

互相关函数 $R_{1,2}(\tau)$ 和互能量谱密度 $S_{1,2}(\omega)$ 构成一个 Fourier 变换对

$$R_{1,2}(\tau)=\frac{1}{2\pi}\int_{-\infty}^{+\infty} S_{1,2}(\omega)\mathrm{e}^{\mathrm{i}\tau\omega}\mathrm{d}\omega,$$

$$S_{1,2}(\omega)=\int_{-\infty}^{+\infty} R_{1,2}(\tau)\mathrm{e}^{-\mathrm{i}\tau\omega}\mathrm{d}\tau.$$

### 1.5.3 Laplace 变换

由于 Fourier 变换信号绝对可积的条件太强, 工程中许多信号不满足这一要求. 不久后, 法国数学家 Laplace (1749—1827) 将信号乘以一个**单位阶跃函数**(unit step function)

$$u(t)=\begin{cases}0, & t<0,\\ 1, & t\geqslant 0\end{cases}\tag{1.38}$$

使信号积分区间由 $(-\infty,\infty)$ 改为 $[0,\infty)$, 再乘一个**衰减函数**(attenuation function) $\mathrm{e}^{-st}$ 使之绝对可积, 即给出了应用广泛的 Laplace 变换

$$F(s)=\int_0^{+\infty} f(t)\mathrm{e}^{-st}\,\mathrm{d}t,\tag{1.39}$$

其中 $s=\beta+\mathrm{i}\omega$ 为**复数**(complex number).

同理可得 Laplace 逆变换

$$f(t)=\mathcal{L}^{-1}[F(s)]=\frac{1}{2\pi\mathrm{i}}\int_{\beta-\mathrm{i}\infty}^{\beta+\mathrm{i}\infty} F(s)\mathrm{e}^{st}\mathrm{d}s,\quad t>0.\tag{1.40}$$

这里的 $f(t)$ 仅要求满足 Laplace 积分条件:

(1) $f(t)$ 在任意有限区间 $[a,b](a>0)$ 上分段连续;

(2) 当 $t\to+\infty$ 时, 存在常数 $M>0, c\geqslant 0$, 使得 $|f(t)|\leqslant M\mathrm{e}^{ct}$.

Laplace 变换也具备下列好的性质:

(1) **线性性质**　$\mathcal{L}[\alpha f_1(t)+\beta f_2(t)]=\alpha\mathcal{L}[f_1(t)]+\beta\mathcal{L}[f_2(t)]$,

$\mathcal{L}^{-1}[\alpha F_1(s)+\beta F_2(s)]=\alpha\mathcal{L}^{-1}[F_1(s)]+\beta\mathcal{L}^{-1}[F_2(s)]$;

(2) **位移性质**　$\mathcal{L}[\mathrm{e}^{at}f(t)]=F(s-a)$;

(3) **微分性质**　$\mathcal{L}[f'(t)]=sF(s)-f(0)$;

(4) **积分性质**　$\mathcal{L}\left[\int_{-\infty}^{t} f(v)\mathrm{d}v\right]=\frac{1}{s}F(s)$;

(5) **延迟性质**　当 $t<0$ 时 $f(t)=0$, 则对任意 $\tau\geqslant 0$, 以下等式成立

$\mathcal{L}[f(t-\tau)]=\mathrm{e}^{-s\tau}F(s)$,

$\mathcal{L}^{-1}[\mathrm{e}^{-s\tau}F(s)]=f(t-\tau)$;

(6) **初值定理**　$\lim\limits_{t\to 0} f(t)=\lim\limits_{s\to\infty} sF(s)$;

(7) **终值定理**　若 $sF(s)$ 的所有奇点都在 $s$ 的左半部, 则

$\lim\limits_{t\to+\infty} f(t)=\lim\limits_{s\to 0} sF(s)$;

(8) **卷积定理** 若函数 $f_i(t), i=1,2,\cdots,n$ 满足 Laplace 积分条件, 则

$$\mathcal{L}[f_1 * f_2(t)] = F_1(s)\cdot F_2(s),$$
$$\mathcal{L}^{-1}[F_1(s)\cdot F_2(s)] = f_1 * f_2(t),$$
$$\mathcal{L}[f_1 * f_2 * \cdots * f_n(t)] = F_1(s)\cdot F_2(s)\cdot\cdots\cdot F_n(s).$$

至今, Fourier 变换和 Laplace 变换依然是精密仪器、机械工程、电子信息、建筑、水利等工科专业数学必修课, 是刻画函数空间、求解微分方程、进行数值计算、分析处理信号的基本工具.

### 1.5.4 随机变量函数的期望

设 $g(x)$ 为定义在随机变量 $X$ 的一切可能值 $x$ 的集合上的普通函数, 所谓 $X$ 的函数 $g(X)$ 指的是一个随机变量 $Y$, 当 $X$ 取值 $x$ 时, 它取值 $y=g(x)$, 记作 $Y=g(X)$. $Y$ 也可称为 $X$ 经 $g(x)$ 的变换而得到的随机变量. 下面要解决的问题是已知 $X$ 的分布时, 如何求 $Y=g(X)$ 的分布.

若 $X$ 是离散型随机变量, 则 $Y=g(X)$ 也是离散型的. 设 $X$ 的分布律为

$$P\{X=x_i\}=p_i, \quad i=1,2,\cdots,$$

则 $Y=g(X)$ 的分布律为

$$P\{Y=g(x_i)\}=p_i, \quad i=1,2,\cdots.$$

如果 $g(x_i)$ 中有相等的值, 那么 $Y$ 取该相等的值的概率就等于那些相应的概率值相加.

在连续型情形, 有下面的定理.

**定理 1.5.1** 设 $X$ 有概率密度 $f(x)$, 若 $y=g(x)$ 是严格单调函数且可导, 则 $Y=g(X)$ 是一个连续型随机变量, 其概率密度为

$$\psi(y)=\begin{cases} f(h(y))\mid h'(y)\mid, & \alpha<y<\beta, \\ 0, & \text{其他}, \end{cases}$$

这里 $h(y)$ 是 $g(x)$ 的反函数, $(\alpha,\beta)$ 是 $Y$ 的取值范围,

$$\alpha=\min\{g(-\infty), g(+\infty)\},$$
$$\beta=\max\{g(-\infty), g(+\infty)\}.$$

**证** 设 $y=g(x)$ 严格单增且可导, 此时它的反函数 $h(y)$ 在 $(\alpha,\beta)$ 内也严格单增且可导, $h'(y)>0$. 对 $y\in(\alpha,\beta)$, 有

$$\begin{aligned} F_Y(y) &= P\{Y\leqslant y\} = P\{g(X)\leqslant y\} \\ &= P\{X\leqslant h(y)\} = \int_{-\infty}^{h(y)} f(x)\,\mathrm{d}x. \end{aligned}$$

于是 $Y$ 的概率密度为

$$\psi(y) = F_Y'(y) = \begin{cases} f(h(y))\, h'(y), & \alpha < y < \beta, \\ 0, & \text{其他}. \end{cases}$$

$g(x)$ 严格递减的情形完全类似, 由读者自己完成.

注意, 如 $X$ 的概率密度 $f(x)$ 仅在其区间 $(a,b)$ 内大于 0, 则只需设 $y = g(x)$ 在 $(a,b)$ 上严格单调且可导, $(\alpha,\beta)$ 是当 $X$ 在 $(a,b)$ 上变化时 $Y = g(X)$ 的取值范围.

**定理 1.5.2**　设 $X$ 的概率密度为 $f(x)$, $f(x)$ 仅在 $(a,b)$ 上大于 0 ($a,b$ 是满足 $-\infty \leqslant a < b \leqslant \infty$ 的任意实数), 若 $y = g(x)$ 可导, 且 $(a,b)$ 可分为两个 $g(x)$ 的严格单调区间, 在其上 $g(x)$ 的反函数分别为 $h_1(y), h_2(y)$. 在两个区间上 $g(x)$ 的值域都是 $(\alpha,\beta)$, 则 $Y = g(X)$ 的概率密度为

$$\psi(y) = \begin{cases} f(h_1(y)) \mid h_1'(y) \mid + f(h_2(y)) \mid h_2'(y) \mid, & \alpha < y < \beta, \\ 0, & \text{其他}. \end{cases}$$

读者可以把定理 1.5.2 推广到 $g(x)$ 的反函数有 $n$ 个的情形, 这里就不多作说明了.

## 1.6　特殊随机变量函数的期望

### 1.6.1　母函数

在离散型随机变量中, 一类仅取非负整数值 $0,1,2,\cdots$ 的随机变量占有重要的地位. 二项分布、超几何分布、泊松分布、几何分布等离散型分布都对应取非负整数值的随机变量. 称取非负整数值的随机变量为整值随机变量. 对于整值随机变量的研究, 法国数学家 Laplace 于 1812 年引入了母函数 (或生成函数) 的概念, 它是研究整值随机变量非常有力的工具.

**定义 1.6.1**　设 $X$ 是整值随机变量, 分布列为

$$p_k = P\{X = k\}, \quad k = 0,1,2,\cdots,$$

则称

$$G(s) = E(s^X) = \sum_{k=0}^{\infty} p_k s^k \tag{1.41}$$

为 $X$ 的**母函数**(generating function).

母函数具有以下性质:

(1) 取非负整数值随机变量的分布列由其母函数唯一确定.

(2) 设 $G(s)$ 是随机变量 $X$ 的母函数, 若 $E(X)$ 存在, 则

$$E(X) = G'(1),$$

若 $D(X)$ 存在, 则

$$D(X) = G''(1) + G'(1) - [G'(1)]^2.$$

(3) 独立随机变量和的母函数等于各随机变量母函数的乘积.

(4) 若 $X_1, X_2, \cdots$ 是独立同分布的整值随机变量, $N$ 是与 $\{X_n\}$ 独立的取正整数值的随机变量, 则 $Y = \sum\limits_{i=1}^{N} X_i$ 的母函数为

$$H(s) = G(P(s)),$$

这里 $G(s), P(s)$ 分别为 $N, X_i$ 的母函数.

**证** (1) $G(s) = \sum\limits_{k=0}^{\infty} p_k s^k = \sum\limits_{k=0}^{n} p_k s^k + \sum\limits_{k=n+1}^{\infty} p_k s^k, n = 1, 2, \cdots$, 上式两边对 $s$ 求 $n$ 阶导数得

$$G^{(n)}(s) = n!p_n + \sum_{k=n+1}^{\infty} k(k-1)\cdots(k-n+1)p_k s^{k-n}.$$

令 $s = 0$, 则有 $G^{(n)}(0) = n!p_n$, 故 $p_n = G^{(n)}(0)/n!, n = 0, 1, 2, \cdots$.

(2) 由 $G(s) = \sum\limits_{k=0}^{\infty} p_k s^k$, 得

$$G'(s) = \sum_{k=1}^{\infty} kp_k s^{k-1}, \quad G''(s) = \sum_{k=2}^{\infty} k(k-1)p_k s^{k-2}.$$

当数学期望 $E(X)$ 和方差 $D(X)$ 存在时, 有

$$G'(1) = \sum_{k=1}^{\infty} kp_k = E(X), \quad G''(1) = \sum_{k=2}^{\infty} k(k-1)p_k = E[X(X-1)],$$

故 $D(X) = E(X^2) - (E(X))^2 = G''(1) + G'(1) - [G'(1)]^2$.

(3) 先证结论对两个独立随机变量成立.

设随机变量 $U$ 和 $V$ 相互独立, 均为整值随机变量, 概率分布列分别为 $\{a_k\}$ 和 $\{b_k\}$, 而相应的母函数为 $U(s)$ 和 $V(s)$, 则它们的和 $X = U + V$ 的分布列 $\{c_k\}$ 为

$$c_k = a_0 b_k + a_1 b_{k-1} + \cdots + a_k b_0, \quad k = 0, 1, 2, \cdots.$$

记 $X$ 的母函数为 $G(s)$, 则

$$G(s)=\sum_{k=0}^{\infty} c_k s^k.$$

又因为

$$\begin{aligned}U(s)V(s)&=\left(\sum_{l=0}^{\infty} a_l s^l\right)\cdot\left(\sum_{r=0}^{\infty} b_r s^r\right)=\sum_{l=0}^{\infty}\sum_{r=0}^{\infty} a_l b_r s^{l+r}\\&=\sum_{k=0}^{\infty}\left(\sum_{l=0}^{k} a_l b_{k-l}\right)s^k=\sum_{k=0}^{\infty} c_k s^k.\end{aligned}$$

因此 $G(s)=U(s)\cdot V(s)$, 即两个独立随机变量之和的母函数是这两个随机变量母函数的乘积.

上述结论可推广到 $n$ 个独立整值随机变量的情形.

(4)

$$\begin{aligned}H(s)&=\sum_{k=0}^{\infty} P\{Y=k\}\cdot s^k=\sum_{k=0}^{\infty} P\left\{Y=k,\bigcup_{l=1}^{\infty}(N=l)\right\}\cdot s^k\\&=\sum_{k=0}^{\infty}\sum_{l=1}^{\infty} P\{Y=k,N=l\}\cdot s^k\\&=\sum_{k=0}^{\infty}\sum_{l=1}^{\infty} P\{N=l\}\cdot P\left\{\sum_{i=1}^{N} X_i=k \middle| N=l\right\}s^k\\&=\sum_{k=0}^{\infty}\sum_{l=1}^{\infty} P\{N=l\}\cdot P\left\{\sum_{i=1}^{l} X_i=k \middle| N=l\right\}s^k\\&=\sum_{l=1}^{\infty} P\{N=l\}\sum_{k=0}^{\infty} P\left\{\sum_{i=1}^{l} X_i=k\right\}s^k\\&=\sum_{l=1}^{\infty} P\{N=l\}[P(s)]^l=G[P(s)].\end{aligned}$$

**例 1.6.1** 从装有号码分别为 1, 2, 3, 4, 5, 6 的小球的袋中, 有放回地取 5 个小球 (取出 1 个记下号码后放回, 再依次取), 求所得号码总和为 15 的概率.

**解** 令 $X_i$ 为第 $i$ 次取得的小球的号码, 诸 $X_i$ 是相互独立的, 则 $X=X_1+X_2+\cdots+X_5$ 为取得的 5 个小球号码的总和.

因为 $X_i$ 的母函数为 $G_i(s)=\dfrac{1}{6}(s+s^2+\cdots+s^6)$, 故 $X$ 的母函数

$$
\begin{aligned}
G(s) &= \frac{1}{6^5}(s+s^2+\cdots+s^6)^5=\frac{s^5}{6^5}(1-s^6)^5(1-s)^{-5}\\
&= \frac{s^5}{6^5}(1-5s^6+10s^{12}-\cdots)\cdot\sum_{k=0}^{\infty}\mathrm{C}_{-5}^{k}(-s)^k,
\end{aligned}
$$

又因为所求概率 $P\{X=15\}$ 为 $G(s)$ 展开式中 $s^{15}$ 的系数, 所以

$$
P\{X=15\}=\frac{1}{6^5}\left[\mathrm{C}_{-5}^{10}(-1)^{10}-5\mathrm{C}_{-5}^{4}(-1)^4\right]=\frac{651}{6^5}.
$$

### 1.6.2 矩母函数

由于母函数仅限于离散型分布且必须取非负整数值, 使用受限, 所以引入矩母函数有特别意义.

**定义 1.6.2** 设随机变量 $X$ 的分布函数为 $F(x)$, 则称

$$
g(t)=E\left(\mathrm{e}^{tX}\right)=\int_{-\infty}^{\infty}\mathrm{e}^{tx}\mathrm{d}F(x) \tag{1.42}
$$

为 $X$ 的**矩母函数**(moment generating function), 也称为**指数变换** (exponential transformation).

由定义 1.6.2 可知,

$$
g(t)=E(\mathrm{e}^{tX})=\begin{cases}\displaystyle\sum_x \mathrm{e}^{tx}P\{X=x\}, & X \text{ 是离散型的},\\ \displaystyle\int_{-\infty}^{\infty}\mathrm{e}^{tx}f(x)\,\mathrm{d}x, & X \text{ 是连续型的}.\end{cases} \tag{1.43}
$$

容易求得

$$
g^{(n)}(t)=E\left(X^n\mathrm{e}^{tX}\right),
$$

$$
g^{(n)}(0)=E\left(X^n\right),\quad n=1,2,\cdots,
$$

这里假定积分与微分次序是可交换的.

若 $X$ 的矩母函数存在, 则 $X$ 的矩母函数与其分布函数是一一对应的.

**例 1.6.2** 设 $X$ 和 $Y$ 相互独立, $X\sim N(\mu_1,\sigma_1^2), Y\sim N(\mu_2,\sigma_2^2)$, 则 $X+Y$ 的矩母函数为

$$
g_{X+Y}(t)=E(\mathrm{e}^{t(X+Y)})=E(\mathrm{e}^{tX})\cdot E(\mathrm{e}^{tY})=g_X(t)\cdot g_Y(t).
$$

由于

$$
\begin{aligned}
g_X(t) &= \int_{-\infty}^{\infty} \mathrm{e}^{tx} \frac{1}{\sqrt{2\pi}\sigma_1} \exp\left\{-\frac{(x-\mu_1)^2}{2\sigma_1^2}\right\} \mathrm{d}x \\
&= \exp\left\{\mu_1 t + \frac{\sigma_1^2 t^2}{2}\right\},
\end{aligned}
$$

类似地, $g_Y(t) = \exp\left\{\mu_2 t + \frac{\sigma_2^2 t^2}{2}\right\}$, 于是

$$
g_{X+Y}(t) = g_X(t) \cdot g_Y(t) = \exp\left\{(\mu_1 + \mu_2)t + \frac{(\sigma_1^2 + \sigma_2^2)t^2}{2}\right\}.
$$

由于随机变量的分布函数与其矩母函数是一一对应的, 上式表明 $X+Y$ 仍是正态随机变量, 其均值为 $\mu_1 + \mu_2$, 方差为 $\sigma_1^2 + \sigma_2^2$.

上述例子表明, 两个独立随机变量和的矩母函数等于各自矩母函数的乘积.

需要注意的是, 一个随机变量的矩母函数可能是不存在的. 为了保证存在性, 法国数学家 Levy 于 1919 年引入了特征函数.

### 1.6.3 特征函数

由于随机变量的特征函数和其概率分布之间存在一一对应关系, 并且特征函数有良好的分析性质, 因此特征函数就成为研究随机变量概率分布的一个重要工具. 本书为了保持特征函数与 Fourier 反变换的一致性, 在其原始定义基础上乘以因子 $\frac{1}{2\pi}$, 后面均照此定义使用, 不再说明.

**定义 1.6.3** 设随机变量 $X$ 的分布函数为 $F(x)$, 则称

$$
\phi(t) = E\left(\frac{1}{2\pi}\mathrm{e}^{\mathrm{i}tX}\right) = \frac{1}{2\pi}\int_{-\infty}^{\infty} \mathrm{e}^{\mathrm{i}tx}\,\mathrm{d}F(x) \tag{1.44}
$$

为 $X$ 的**特征函数**(characteristic function).

由定义 1.6.3 可知,

$$
\begin{aligned}
\phi(t) &= E\left(\frac{1}{2\pi}\mathrm{e}^{\mathrm{i}tX}\right) = \frac{1}{2\pi}\int_{-\infty}^{\infty} \mathrm{e}^{\mathrm{i}tx}\mathrm{d}F(x) \\
&= \begin{cases} \dfrac{1}{2\pi}\displaystyle\sum_x \mathrm{e}^{\mathrm{i}tx} P\{X = x\}, & X\text{是离散型的}, \\ \dfrac{1}{2\pi}\displaystyle\int_{-\infty}^{\infty} \mathrm{e}^{\mathrm{i}tx} f(x)\,\mathrm{d}x, & X\text{是连续型的}. \end{cases}
\end{aligned} \tag{1.45}
$$

特征函数 $\phi(t)$ 是实变量 $t$ 的复值函数, 由于 $|\mathrm{e}^{\mathrm{i}tx}| = 1$, 故随机变量的特征函数必然存在. 随机变量的特征函数具有如下性质:

(1) $\phi(t)$ 在 $\mathbb{R}$ 上**一致连续**(uniform continuity), 且

$$|\phi(t)| \leqslant \phi(0) = \frac{1}{2\pi}, \tag{1.46}$$

$$\phi(-t) = \overline{\phi(t)}. \tag{1.47}$$

(2) $\phi(t)$ **非负定**(nonnegative definite), 即对任意正整数 $n$, 任意 $t_i \in \mathbb{R}$ 及复数 $\lambda_i, i=1,2,\cdots,n$, 有

$$\sum_{k=1}^{n}\sum_{j=1}^{n}\phi(t_k - t_j)\lambda_k\overline{\lambda_j} \geqslant 0. \tag{1.48}$$

(3) 若 $X = \sum\limits_{i=1}^{n} X_i$, 且 $X_1, X_2, \cdots, X_n$ 相互独立, 则

$$\phi_X(t) = (2\pi)^{n-1}\prod_{i=1}^{n}\phi_{X_i}(t). \tag{1.49}$$

(4) 若 $X$ 的 $n$ 阶矩存在, 则 $\phi_X(t)$ 可微分 $k(k \leqslant n)$ 次, 且

$$\phi_X^{(k)}(0) = \frac{1}{2\pi}\mathrm{i}^k E(X^k). \tag{1.50}$$

(5) 若 $X$ 的特征函数为 $\phi_X(t), Y = aX + b, a, b$ 为常数, 则 $Y$ 的特征函数为

$$\phi_Y(t) = \mathrm{e}^{\mathrm{i}tb}\phi_X(at). \tag{1.51}$$

由特征函数的定义可见, 随机变量的概率分布唯一地决定随机变量的特征函数. 下述两个定理将表明, 随机变量的特征函数也唯一确定随机变量的概率分布.

(6)(逆转公式) 设 $X$ 的分布函数为 $F(x)$, 特征函数为 $\phi(t)$, 则对任意实数 $x_1, x_2$, 有

$$\begin{aligned}&\frac{F(x_2+0)+F(x_2-0)}{2} - \frac{F(x_1+0)+F(x_1-0)}{2}\\ =&\lim_{T\to\infty}\int_{-T}^{T}\frac{\mathrm{e}^{-\mathrm{i}tx_1} - \mathrm{e}^{-\mathrm{i}tx_2}}{\mathrm{i}t}\phi(t)\mathrm{d}t.\end{aligned} \tag{1.52}$$

特别地, 如果 $x_1$ 和 $x_2$ 是 $F(x)$ 的连续点, 则有

$$F(x_2) - F(x_1) = \lim_{T\to\infty}\int_{-T}^{T}\frac{\mathrm{e}^{-\mathrm{i}tx_1} - \mathrm{e}^{-\mathrm{i}tx_2}}{\mathrm{i}t}\phi(t)\mathrm{d}t.$$

(7)(唯一性定理) 随机变量 $X$ 的分布函数 $F(x)$ 由它的特征函数 $\phi(t)$ 所唯一决定.

(8) 若随机变量 $X$ 的特征函数 $\phi(t)$ 在 $\mathbb{R}$ 上绝对可积, 即 $\int_{-\infty}^{\infty}|\phi(t)|\mathrm{d}t<\infty$, 则 $F'(x)$ 在 $\mathbb{R}$ 上存在且有界、连续, 且对 $\forall x\in\mathbb{R}$, 有

$$F'(x)=\int_{-\infty}^{\infty}\mathrm{e}^{-\mathrm{i}tx}\phi(t)\mathrm{d}t. \tag{1.53}$$

若随机向量 $X=(X_1,X_2,\cdots,X_n)$ 的分布函数为 $F(x_1,x_2,\cdots,x_n)$, 则定义其特征函数为

$$\begin{aligned}\phi(t_1,t_2,\cdots,t_n)&=E\left(\frac{1}{(2\pi)^n}\exp\left\{\mathrm{i}\sum_{j=1}^{n}t_jX_j\right\}\right) &(1.54)\\ &=\frac{1}{(2\pi)^n}\int_{-\infty}^{\infty}\cdots\int_{-\infty}^{\infty}\mathrm{e}^{\mathrm{i}(t_1x_1+t_2x_2+\cdots+t_nx_n)}\mathrm{d}F(x_1,x_2,\cdots,x_n), &(1.55)\end{aligned}$$

其中 $t_i\in\mathbb{R},\ i=1,2,\cdots,n$.

采用向量记号 $\boldsymbol{t}=(t_1,t_2,\cdots,t_n)$, $\boldsymbol{x}=(x_1,x_2,\cdots,x_n)$, 则上式可以写成

$$\phi(\boldsymbol{t})=E\left(\frac{1}{(2\pi)^n}\mathrm{e}^{\mathrm{i}\boldsymbol{X}\boldsymbol{t}^{\mathrm{T}}}\right)=\frac{1}{(2\pi)^n}\int_{\mathbb{R}^n}\mathrm{e}^{\mathrm{i}\boldsymbol{x}\boldsymbol{t}^{\mathrm{T}}}\mathrm{d}F(\boldsymbol{x}),\quad \boldsymbol{t}\in\mathbb{R}^n. \tag{1.56}$$

$n$ 维随机变量的特征函数有类似于一维随机变量的特征函数的性质.

**例 1.6.3**　设 $X$ 和 $Y$ 相互独立, $X\sim B(m,p)$, $Y\sim B(n,p)$, 试证 $X+Y\sim B(m+n,p)$.

**解**　$X$ 和 $Y$ 的特征函数分别为

$$\phi_X(t)=\frac{1}{2\pi}(p\mathrm{e}^{\mathrm{i}t}+q)^m,\quad \phi_Y(t)=\frac{1}{2\pi}(p\mathrm{e}^{\mathrm{i}t}+q)^n,\quad q=1-p.$$

由特征函数的性质 (3) 知, $X+Y$ 的特征函数为

$$\phi_{X+Y}(t)=\phi_X(t)\cdot\phi_Y(t)=\frac{1}{(2\pi)^2}(p\mathrm{e}^{\mathrm{i}t}+q)^{m+n}.$$

因此 $X+Y$ 的特征函数是二项分布 $B(m+n,p)$ 的特征函数, 由唯一性定理有

$$X+Y\sim B(m+n,p).$$

**例 1.6.4**　设 $Y\sim N(\mu,\sigma^2)$, 求 $Y$ 的特征函数.

**解**　先求 $X\sim N(0,1)$ 的特征函数 $\phi_X(t)$. 由定义

$$2\pi\phi_X(t)=E\left(\mathrm{e}^{\mathrm{i}tX}\right)=\int_{-\infty}^{\infty}\mathrm{e}^{\mathrm{i}tx}\cdot\frac{1}{\sqrt{2\pi}}\mathrm{e}^{-\frac{x^2}{2}}\mathrm{d}x,$$

两边求导有

$$\begin{aligned}2\pi\phi'_X(t)&=\int_{-\infty}^{\infty}\mathrm{i}x\mathrm{e}^{\mathrm{i}tx}\cdot\frac{1}{\sqrt{2\pi}}\mathrm{e}^{-\frac{x^2}{2}}\,\mathrm{d}x\\&=\frac{\mathrm{i}}{\sqrt{2\pi}}\int_{-\infty}^{\infty}\mathrm{e}^{\mathrm{i}tx}(-\mathrm{d}\mathrm{e}^{-\frac{x^2}{2}})\\&=-\frac{\mathrm{i}}{\sqrt{2\pi}}\mathrm{e}^{\mathrm{i}tx-\frac{x^2}{2}}\Big|_{-\infty}^{\infty}-\frac{t}{\sqrt{2\pi}}\int_{-\infty}^{\infty}\mathrm{e}^{\mathrm{i}tx-\frac{x^2}{2}}\,\mathrm{d}x\\&=-2\pi t\phi_X(t).\end{aligned}$$

于是得微分方程

$$\phi'_X(t)+t\phi_X(t)=0,$$

且 $\phi_X(0)=\dfrac{1}{2\pi}$, 解得

$$\phi_X(t)=\frac{1}{2\pi}\mathrm{e}^{-\frac{t^2}{2}}.$$

由于 $Y=\mu+\sigma X$, 故

$$\begin{aligned}\phi_Y(t)&=E\left(\frac{1}{2\pi}\mathrm{e}^{\mathrm{i}tY}\right)=E\left[\frac{1}{2\pi}\mathrm{e}^{\mathrm{i}t(\mu+\sigma X)}\right]\\&=\frac{1}{2\pi}E(\mathrm{e}^{\mathrm{i}(t\sigma)X})\cdot E(\mathrm{e}^{\mathrm{i}t\mu})=\frac{1}{2\pi}\mathrm{e}^{\mathrm{i}t\mu}\phi_X(\sigma t)=\frac{1}{2\pi}\mathrm{e}^{\mathrm{i}t\mu-\frac{\sigma^2t^2}{2}}.\end{aligned}$$

**定理 1.6.1** (Bochner-Khintchine 定理) 函数 $\phi(t)$ 是特征函数的充要条件是 $\phi(t)$ 连续、非负定且 $\phi(0)=\dfrac{1}{2\pi}$.

此定理表明在特征函数 8 条性质中, 前两条性质是最重要的. 进一步研究可参看王梓坤著《概率论基础及其应用》[4].

根据这一定理和唯一性定理可知, 如果 $\phi(t)$ 是一连续、非负定且 $\phi(0)=\dfrac{1}{2\pi}$ 的函数, 那么必然存在一个分布函数 $F(x)$(有界、单调非降、右连续), 使得

$$\phi(t)=\frac{1}{2\pi}\int_{-\infty}^{\infty}\mathrm{e}^{\mathrm{i}tx}\mathrm{d}F(x).$$

这个结论在平稳随机过程的理论中起着重要的作用.

对复数序列有一与 Bochner-Khintchine 定理相类似的定理, 它在平稳过程中也要用到.

**定理 1.6.2** (Herglotz 定理) 复数序列 $\{Z_n\}$ 存在一个在 $[-\pi,\pi]$ 上有界、单调非降、右连续的函数 $H(x)$ 使得

$$Z_n=\int_{-\pi}^{\pi}\mathrm{e}^{\mathrm{i}nx}\mathrm{d}H(x)$$

成立的充要条件是 $\{Z_n\}$ 非负定.

### 1.6.4　熵

熵是度量随机变量不确定性的一个重要特征量，它是信息论之父香农 (Shannon) 在 1949 年引入的概念, 是现代信息论的基础.

**定义 1.6.4**　设连续型随机变量 $X$ 的概率密度函数为 $f(x)$, 令 $Y=-\ln f(X)$, 则称

$$H(X)=E[-\ln f(X)]=-\int_{-\infty}^{+\infty} f(x)\ln f(x)\mathrm{d}x$$

为随机变量 $X$ 的**熵**(entropy).

类似地, 如果记离散型随机变量 $X$ 的概率分布律为

$$f(x)=P(X=x_i)=\begin{cases} p_i, & x=x_i, \quad i=1,2,\cdots,n, \\ 0, & \text{其他}, \end{cases} \tag{1.57}$$

则可以定义离散型随机变量 $X$ 的熵为

$$H(X)=E[-\ln f(X)]=-\sum_{i=1}^{n} p_i \ln p_i .$$

### 1.6.5　偏度与峰度

**定义 1.6.5**　设 $Z$ 为随机变量, 其二、三阶中心矩存在, 称

$$\mathrm{sk}(X)=\frac{E[X-E(X)]^3}{[E(X-E(X)^2)]^{3/2}}$$

为随机变量 $X$ 的**偏度**(asymmetry coefficient), **或偏斜系数**(coefficient of skewness).

偏度是表示随机变量概率分布偏斜方向与偏斜程度的数字特征, 它是无量纲的数值, 其大小与随机变量的具体单位无关. $\mathrm{sk}(X)>0$, 表示 $X$ 的概率分布向左偏斜; $\mathrm{sk}(X)<0$, 表示 $X$ 的概率分布向右偏斜; $\mathrm{sk}(X)=0$, 表示 $X$ 的概率分布为对称型, $\mathrm{sk}(X)$ 的大小表示 $X$ 的偏斜程度大小.

**定义 1.6.6**　设 $X$ 为随机变量, 其四阶矩存在, 称

$$\mathrm{ck}(X)=\frac{E[X-E(X)]^4}{[E(X-E(X))^2]^2}-3$$

为随机变量的**峰度**(kurtosis) 或称**峰态系数**(coefficient of kurtosis).

峰度是表示随机变量概率分布陡峭程度的数字特征. 所以在工程上有时也将峰度称为峭度.

正态分布峰度 $\mathrm{ck}(X)=0$, 故可用它来描述连续型随机变量的变化情况. $\mathrm{ck}(X)>0$, 表示随机变量 $X$ 的概率密度曲线比正态分布曲线陡峭; $\mathrm{ck}(X)<0$, 表示随机变量 $X$ 的概率密度曲线比正态分布曲线平坦. $|\mathrm{ck}(X)|$ 越大, 表示随机变量与正态分布差别越大.

# 1.7 极限定理

概率法则是在对大量随机现象的考察中显现出来的, 而对于“大量的随机现象”的描述就要采用极限方法.

## 1.7.1 分布函数列的弱收敛性

$\{F_n(x)\}$ 是分布函数列, 如果存在一个函数 $F(x)$, 使

$$\lim_{n\to\infty} F_n(x) = F(x)$$

对 $F(x)$ 的每一连续点成立, 则称 $\{F_n(x)\}$ 弱收敛于 $F(x)$, 并记为

$$F_n(x) \xrightarrow{w} F(x).$$

**定理 1.7.1** 连续性定理 (Levy-Cramer).

(1) (正极限定理) 设分布函数列 $F_n(x)$**弱收敛**(weak convergence) 于分布函数 $F(x)$, 则相应的特征函数 $\{\phi_n(t)\}$ 收敛于特征函数 $\phi(t)$, 且在任一有限区间内该收敛是一致的.

(2) (逆极限定理) 设特征函数列 $\{\phi_n(t)\}$ 收敛于某函数 $\phi(t)$, 且 $\phi(t)$ 在 $t=0$ 连续, 则相应的分布函数列 $F_n(x)$ 弱收敛于某一分布函数 $F(x)$, 而且 $\phi(t)$ 是 $F(x)$ 的特征函数.

**例 1.7.1** 逆极限定理中, 条件 $\phi(t)$ 在 $t=0$ 连续不可少.

设 $f_n(x)$ 是服从 $[-n,n]$ 上均匀分布的随机变量 $X$ 的密度函数, 则其特征函数为

$$\phi_n(t) = \int_{-\infty}^{\infty} \mathrm{e}^{itx} f_n(x)\,\mathrm{d}x = \frac{1}{2n}\int_{-n}^{n} \mathrm{e}^{itx}\,\mathrm{d}x = \frac{\sin nt}{nt}, \quad t>0.$$

从而, $\phi_n(0)=1$, 而

$$\lim_{n\to\infty}\phi_n(t) = \phi(t) = \begin{cases} 1, & t=0, \\ 0, & t\neq 0, \end{cases}$$

这里 $\phi(t)$ 在 $t=0$ 不连续, 当然不是特征函数. 此时 $f_n(x)$ 对应的分布函数为

$$F_n(x) = \begin{cases} 0, & x\leqslant -n, \\ \dfrac{x+n}{2n}, & x\in(-n,n), \\ 1, & x\geqslant n, \end{cases} \tag{1.58}$$

显然,

$$\lim_{n\to\infty} F_n(x) = F(x) \equiv \frac{1}{2}, \quad x \in (-\infty, \infty),$$

从而 $F(x)$ 不是分布函数.

### 1.7.2　四种收敛性

**定义 1.7.1**　如果随机变量序列 $\{X_n\}$ 满足

$$P\{\lim_{n\to\infty} X_n(\omega) = X(\omega)\} = 1, \tag{1.59}$$

则称 $X_n$ **几乎处处收敛**(convergence almost surely) 于 $X$(或称 $X_n$ **以概率 1 收敛** (convergence with probability 1) 于 $X$), 记为 $X_n \xrightarrow{\text{a.s.}} X$.

**定义 1.7.2**　设 $E|X_n|^r < \infty, E|X|^r < \infty, r > 0$ 为常数, 若

$$\lim_{n\to\infty} E|X_n - X|^r = 0, \tag{1.60}$$

则称 $\{X_n\}$ $r$ **阶收敛**(convergence in the $r$th mean) 于 $X$, 并记为 $X_n \xrightarrow{r} X$.

在 $r$ 阶收敛中, 最重要的是 $r = 2$ 的情况, 这时称为**均方收敛**(convergence in mean square). $X_n$ **均方收敛**(limit in the mean) 于 $X$ 记为 $\text{l.i.m.}X_n = X$.

**定义 1.7.3**　若对任给的 $\varepsilon > 0$,

$$\lim_{n\to\infty} P\{|X_n(\omega) - X(\omega)| \geqslant \varepsilon\} = 0, \tag{1.61}$$

则称 $\{X_n\}$**依概率收敛**(convergence in probability) 于 $X$, 并记为 $X_n \xrightarrow{P} X$.

**定义 1.7.4**　设 $X_n$ 的分布函数为 $F_n(x)$, $X$ 的分布函数为 $F(x)$, 若 $F_n(x)$ 弱收敛于 $F(x)$, 即

$$F_n(x) \xrightarrow{w} F(x), \tag{1.62}$$

则称 $X_n$ **依分布收敛**(convergence in distribution) 于 $X$, 并记为 $X_n \xrightarrow{d} X$.

这几种收敛性有下面的关系:

几乎处处收敛 ↘
　　　　　　　依概率收敛 ⟶ 依分布收敛.
均方收敛 ↗

### 1.7.3　中心极限定理

**定理 1.7.2** (Chebyshev 大数定律, law of large numbers)　设 $X_1, X_2, \cdots, X_n, \cdots$ **独立同分布**(independent and identically distributed), 且 $E(X_i) = \mu, D(X_i) = \sigma^2, i = 1, 2, \cdots$, 令

$$Y_n = \frac{\sum_{i=1}^{n} X_i}{n},$$

则对任意 $\varepsilon>0$, 有

$$\lim_{n\to\infty} P\{|Y_n-\mu|\geqslant\varepsilon\}=0. \tag{1.63}$$

**定理 1.7.3** (Bernoulli 大数定律) 设 $m$ 是 $n$ 重独立重复试验中事件 $A$ 发生的次数, $p$ 是事件 $A$ 在每次试验中发生的概率, 则对任意 $\varepsilon>0$, 有

$$\lim_{n\to\infty} P\left\{\left|\frac{m}{n}-p\right|\geqslant\varepsilon\right\}=0. \tag{1.64}$$

上述定理以严格的数学形式刻画了频率的稳定性. 它表明, 当独立重复试验次数 $n$ 无限增大时, 事件 $A$ 发生的频率 $\dfrac{m}{n}$ 依概率收敛于事件 $A$ 的概率 $p$. 因此, 当试验次数 $n$ 很大时, 我们可以用事件发生的频率 $\dfrac{m}{n}$ 去估计事件发生的概率 $p$.

**定理 1.7.4** (Linderberg-Levy 中心极限定理 (central limit theorem)) 设 $X_1, X_2,\cdots,X_n,\cdots$ 独立同分布, 且 $E(X_i)=\mu, D(X_i)=\sigma^2, i=1,2,\cdots$, 则随机变量

$$Y_n=\frac{\sum\limits_{i=1}^n X_i-E\left(\sum\limits_{i=1}^n X_i\right)}{\sqrt{D\left(\sum\limits_{i=1}^n X_i\right)}}=\frac{\sum\limits_{i=1}^n X_i-n\mu}{\sqrt{n}\sigma}$$

的分布函数 $F_n(y)$ 满足对任意实数 $y$, 有

$$\lim_{n\to\infty}F_n(y)=\lim_{n\to\infty}P\left\{\frac{\sum\limits_{i=1}^n X_i-n\mu}{\sqrt{n}\sigma}\right\}=\int_{-\infty}^{y}\frac{1}{\sqrt{2\pi}}\mathrm{e}^{-\frac{x^2}{2}}\mathrm{d}x. \tag{1.65}$$

该定理表明, 当 $n$ 充分大时, 只要随机变量序列独立同分布, 且方差有限不为零, 则部分和 $\sum\limits_{i=1}^n X_i$ 的标准化随机变量近似服从标准正态分布 $N(0,1)$.

**定理 1.7.5** (de Moivre-Laplace 中心极限定理) 设随机变量 $Z_n$ 服从参数为 $n, p(0<p<1)$ 的二项分布, 则对任意实数 $x$, 恒有

$$\lim_{n\to\infty}P\left\{\frac{Z_n-np}{\sqrt{np(1-p)}}\leqslant x\right\}=\int_{-\infty}^{x}\frac{1}{\sqrt{2\pi}}\mathrm{e}^{-\frac{t^2}{2}}\mathrm{d}t. \tag{1.66}$$

**例 1.7.2 Monte-Carlo 方法**

为计算 $J=\displaystyle\int_a^b f(x)\,\mathrm{d}x$, 可取一列相互独立同分布的随机变量 $X_n$, 它们都服

从 $[a,b]$ 上的均匀分布, 则 $f(X_n)$ 也是独立分布随机变量列, 且

$$E[f(X_1)] = \frac{1}{b-a}\int_a^b f(x)\,\mathrm{d}x = \frac{1}{b-a}J,$$

故 $J=(b-a)E[f(X_1)]$. 由前面结论知

$$\frac{1}{n}\sum_{k=1}^{n} f(X_k) \xrightarrow{P} E[f(X_1)].$$

所以我们在计算机上产生服从 $[a,b]$ 上均匀分布的随机数 $X_k$, 就可以用上式求得 $J$ 的值, 这种概率计算方法就是 Monte-Carlo 方法. 由于该法计算积分时的误差与维数无关, 所以特别在计算高维积分时显然优于其他的数值方法.

**例 1.7.3　正态随机数的产生.**

在 Monte-Carlo 方法中经常需要产生 $N(0,1)$ 分布的随机数, 但一般计算机只备有产生 $[0,1]$ 上均匀分布的随机数 (伪随机数). 设 $X_1, X_2, \cdots, X_n, \cdots$ 是相互独立的, 均服从 $[0,1]$ 均匀分布的随机变量, 由中心极限定理, $Y_n = \sum\limits_{i=1}^{n} \dfrac{X_i}{n}$ 就渐近于正态变量, 一般 $n$ 取不太大的值就可满足要求.

## 1.8　$n$ 维正态分布

我们总采用列向量, 故 $n$ **维随机向量**($n$-dimensional random vector) 及其可能取值分别记为

$$\boldsymbol{X} = \begin{bmatrix} X_1 \\ X_2 \\ \vdots \\ X_n \end{bmatrix}, \quad \boldsymbol{x} = \begin{bmatrix} x_1 \\ x_2 \\ \vdots \\ x_n \end{bmatrix}.$$

**定义 1.8.1**　设 $\boldsymbol{X}=(X_1, X_2, \cdots, X_n)^{\mathrm{T}}$ 是 $n$ 维随机向量, $\boldsymbol{\Sigma}=[\sigma_{ij}]$ 是 $n$ 阶对称**正定矩阵**(positive definite matrix), $\boldsymbol{\Sigma}^{-1}$ 是 $\boldsymbol{\Sigma}$ 的**逆矩阵**(inverse matrix), $|\boldsymbol{\Sigma}|$ 是矩阵 $\boldsymbol{\Sigma}$ 的**行列式**(determinant), $\boldsymbol{\mu}=(\mu_1, \mu_2, \cdots, \mu_n)^{\mathrm{T}}$ 是任一实列向量, $\boldsymbol{x}=(x_1, x_2, \cdots, x_n)^{\mathrm{T}}$. 如果 $\boldsymbol{X}$ 的密度函数为

$$f(\boldsymbol{x}) = \frac{1}{(2\pi)^{\frac{n}{2}}|\boldsymbol{\Sigma}|^{\frac{1}{2}}} \exp\left\{-\frac{1}{2}(\boldsymbol{x}-\boldsymbol{\mu})^{\mathrm{T}}\boldsymbol{\Sigma}^{-1}(\boldsymbol{x}-\boldsymbol{\mu})\right\}, \tag{1.67}$$

则称随机变量 $\boldsymbol{X}$ 服从 $n$ **维正态分布**($n$-dimensional normal distribution), 记为

$$\boldsymbol{X} \sim N_n(\boldsymbol{\mu}, \boldsymbol{\Sigma}).$$

可以证明, 若 $\boldsymbol{X} \sim N_n(\boldsymbol{\mu}, \boldsymbol{\Sigma})$, 则 $\boldsymbol{X}$ 的特征函数为

$$\phi(\boldsymbol{t}) = \exp\left\{\mathrm{i}\boldsymbol{\mu}^{\mathrm{T}}\boldsymbol{t} - \frac{1}{2}\boldsymbol{t}^{\mathrm{T}}\boldsymbol{\Sigma}\boldsymbol{t}\right\},$$

其中 $\boldsymbol{t} = (t_1, t_2, \cdots, t_n)^{\mathrm{T}}$.

下面不加证明地给出多维正态分布的几条常用性质.

(1) 若 $\boldsymbol{X} \sim N_n(\boldsymbol{\mu}, \boldsymbol{\Sigma})$, 则有 $E(\boldsymbol{X}) = \boldsymbol{\mu}$, $\mathrm{cov}(\boldsymbol{X}, \boldsymbol{X}) = \boldsymbol{\Sigma}$.

(2) $n$ 维正态随机向量的各个分量相互独立, 当且仅当它们两两不相关.

(3) 设 $\boldsymbol{X} \sim N_n(\boldsymbol{\mu}, \boldsymbol{\Sigma})$, $\boldsymbol{A}$ 是 $m \times n$ 矩阵, 则 $m$ 维随机向量 $\boldsymbol{Y} = \boldsymbol{A}\boldsymbol{X}$ 服从 $m$ 维正态分布 $N_m(\boldsymbol{A}\boldsymbol{\mu}, \boldsymbol{A}\boldsymbol{\Sigma}\boldsymbol{A}^{\mathrm{T}})$.

(4) $\boldsymbol{X} = (X_1, X_2, \cdots, X_n)^{\mathrm{T}}$ 服从 $n$ 维正态分布$N_n(\boldsymbol{\mu}, \boldsymbol{\Sigma})$ 的充分必要条件是它的任一线性组合 $Y = \sum\limits_{j=1}^{n} a_j X_j$ 服从一维正态分布 $N\left(\sum\limits_{j=1}^{n} a_j\mu_j, \sum\limits_{j,k=1}^{n} a_j a_k \sigma_{jk}\right)$.

(5) 设 $\boldsymbol{X} = (X_1, X_2, X_3, X_4)^{\mathrm{T}}$ 是四维正态随机向量, $E(X_k) = 0, k = 1, 2, 3, 4$, 则有

$$\begin{aligned} & E(X_1X_2X_3X_4) \\ = & E(X_1X_2) \cdot E(X_3X_4) + E(X_1X_3) \cdot E(X_2X_4) + E(X_1X_4) \cdot E(X_2X_3). \end{aligned}$$

**注** 性质 (3) 表明正态随机变量在线性变换下还是正态随机变量, 这个性质称为正态随机变量的线性不变性.

## 习 题 1

1. $\Omega$ 是样本空间, $\mathcal{A}$ 是由 $\Omega$ 的一些子集构成的集合类,

(1) 记 $\sigma(\mathcal{A}) := \bigcap\{\mathcal{F} \mid \mathcal{F}\text{是一个事件域且 } \mathcal{F} \supseteq \mathcal{A}\}$, 证明 $\sigma(\mathcal{A})$ 为一个事件域.

(2) 我们称 $\sigma(\mathcal{A})$ 为 $\mathcal{A}$ 生成的事件域, 试证明 $\sigma(\mathcal{A})$ 是包含集合类 $\mathcal{A}$ 的最小的事件域.

(3) 设 $a, b \in \Omega$, $\mathcal{A} = \{a, b\}$, 试写出 $\sigma(\mathcal{A})$ 中的所有元素.

2. (1) 设事件 $A, B$ 独立, 证明: 事件 $A^{\mathrm{c}}$ 与 $B$ 独立, $A^{\mathrm{c}}$ 与 $B^{\mathrm{c}}$ 独立.

(2) 设事件 $A, B, C$ 相互独立, 证明: 事件 $AB^{\mathrm{c}}$, $A \bigcup B$ 都与 $C$ 独立.

3. (1) $X$ 为连续型随机变量, 其分布函数为 $F(x)$, 试求随机变量 $F(X)$ 的分布函数.

(2) 设随机变量 $Y$ 服从 $[0, 1]$ 上的均匀分布, $F(x)$ 为一个分布函数, 试求 $F^{-1}(Y)$ 的分布函数.

4. 将一枚硬币随机地抛掷 $N$ 次, $N$ 服从参数为 $\lambda$ 的 Poisson 分布. 设硬币出现正面的概率为 $p$, 出现反面的概率为 $q = 1 - p$, 记 $X$ 和 $Y$ 分别表示 $N$ 次抛掷中出现正面和出现反面的次数.

(1) 求 $X$ 与 $Y$ 的分布;

(2) $X$ 与 $Y$ 是否相互独立?

5. 设随机变量 $X, Y$ 独立同正态分布 $N(\mu, \sigma^2)$, 求 $E[\max\{X, Y\}]$ 和 $E[\min\{X, Y\}]$.

6. 设随机变量 $X \sim N(0,1)$, 试求 $X \geqslant 1$ 时 $X$ 的条件概率密度, 以及计算 $E[X \mid X \geqslant 1]$.

7. 设 $X, Y, Z$ 为 $\Omega$ 上的离散型随机变量, 类比 1.1.4 节内容, 可知 $\omega \in \Omega \to E[X|Y = Y(\omega), Z = Z(\omega)]$ 为一个随机变量, 记为 $E[X|Y, Z]$. 试证明: 当 $E|X| < \infty$ 时, $E[E[X|Y, Z]|Y] = E[X|Y] = E[E[X|Y]|Y, Z]$.

8. 设在底层乘电梯的人数服从均值为 10 的 Poisson 分布, 又设此楼共有 $N+1$ 层, 每个乘客在每一层要求停下离开的概率是等可能的, 且与其他乘客是否在这一层离开相互独立. 求在所有乘客都走出电梯之前, 该电梯所停次数的期望值.

9. 设随机变量 $X_1, X_2, X_3$ 独立同正态分布 $N(\mu, \sigma^2)$. 令

$$Y_1 = X_1 + X_2, \quad Y_2 = 2X_1 - X_3,$$

求 $(Y_1, Y_2)$ 的特征函数.

10. 设 $X_n, n = 1, 2, \cdots$ 为 $\Omega$ 上的随机变量.

(1) 证明等式

$$\{\omega | \lim_{n\to\infty} X_n(\omega) = X(\omega)\} = \bigcap_{N=1} \bigcup_{K=1} \bigcap_{n=K} \left\{\omega \middle| \left|X_n(\omega) - X(\omega)\right| < \frac{1}{N}\right\}.$$

(2) 利用 (1) 中的结论, 试证明: $\{X_n\}$ 几乎处处收敛到 $X$, 则有 $\{X_n\}$ 依概率收敛到 $X$.

11. 设 $X_1, X_2, \cdots, X_n, \cdots$ 是相互独立的随机变量序列, 且都服从区间 $[a, b]$ 上的均匀分布, $f(x)$ 是定义在 $[a, b]$ 上的连续函数. 证明

$$\frac{b-a}{n} \sum_{k=1}^{n} f(X_k) \xrightarrow{P} \int_a^b f(x)\,\mathrm{d}x.$$

12. 试证: 概率定义中的三个要求

(a) $P(A) \geqslant 0, \forall A \in \mathcal{F}$;

(b) $P(\Omega) = 1$;

(c) 若 $A_i \in \mathcal{F}, i = 1, 2, \cdots, A_iA_j = \varnothing, i \neq j$, 则 $P\left(\sum\limits_i A_i\right) = \sum\limits_i P(A_i)$.

等价于两个要求

(i) $P(A) \geqslant 0, \forall A \in \mathcal{F}$;

(ii) 若 $A_i \in \mathcal{F}, i = 1, 2, \cdots, A_iA_j = \varnothing, i \neq j$, 且 $\sum\limits_i A_i = \Omega$, 则 $\sum\limits_i P(A_i) = 1$.

13. 98%的婴儿分娩是安全的, 分娩的婴儿中有 15%的是剖腹产的. 当采用剖腹产时, 安全的概率是 96%. 如果随机选择一个采用非剖腹产的孕妇, 求其婴儿安全的概率.

14. 假设一副 52 张牌 (不含大、小王) 洗好后扣在桌子上, 每次翻开一张, 直到出现第一张 A. 已知第一张 A 出现在第 20 张翻牌, 问接下来的第 21 张牌是以下牌的条件概率:

(1) 黑桃 A;　　(2) 梅花 2.

15. 随机变量 $X$ 的密度函数

$$f(x)=\begin{cases}\dfrac{10}{x^2}, & x>10,\\ 0, & x\leqslant 10,\end{cases} \tag{1.68}$$

求 (1) $P(X>20)$; (2)$X$ 的分布函数.

16. $X,Y$ 都服从 $(0,1)$ 上的均匀分布, 且相互独立, 求 $E[|X-Y|]$, $\mathrm{Var}(|X-Y|)$.

17. 设 $X\sim P(\lambda_1)$, $Y\sim P(\lambda_2)$, $X,Y$ 相互独立, 求 $X+Y$ 的特征函数及其分布.

18. 若 $X\sim N(\mu,\sigma^2)$, 试求 $E[(X-\mu)^k]$, $k\in\mathbb{Z}^+$.

19. $(X,Y)\sim N(1,9;0,16;-0.5)$ (即 $X\sim N(1,9),Y\sim N(0,16),\rho_{XY}=-0.5$), $Z=\dfrac{X}{3}+\dfrac{Y}{2}$.

(1) $Z$ 的期望、方差;

(2) $X,Z$ 的相关系数;

(3) $X,Z$ 是否独立?

20. 证明: 如果随机变量序列 $X_n$ 依分布收敛于常数 $C$, 则有 $X_n$ 依概率收敛于常数 $C$.

# 第 2 章　随机过程的基本概念

## 2.1　随机过程的定义

在初等概率论中所研究的简单随机现象, 基本上可由一个或有限多个随机变量来描述. 虽然在极限定理中也涉及无穷多个随机变量序列, 但研究过程中有时可以假定它们之间是相互独立的. 然而在自然界和科学技术的许多领域中还存在大量的随机现象需要用一族无穷多个相互关联的随机变量来描述. 通常我们把一族随机变量称为**随机过程**(stochastic process).

随机过程是对一连串随机事件之间动态关系的定量描述. 它是自然科学、社会科学和工程技术各领域研究随机现象的有力工具, 其应用非常广泛. 在气象预报、天文观测、通信工程、原子物理、宇宙遥控、生物医学、管理科学、运筹决策、计算机科学、经济分析、人口理论、可靠性与质量控制等诸多领域都需要随机过程的理论建立各种数学模型.

### 2.1.1　随机过程引例

**例 2.1.1**　生物群体的增长问题. 设有一生物群体, 由于繁殖而产生下一代. 令 $X_n$ 表示第 $n$ 代生物体个数, 则 $\{X_n, n = 1, 2, \cdots\}$ 是随机过程.

**例 2.1.2**　在地震预报中, 若每半年统计一次发生在某地区的最大震级, 设 $X_n$ 表示第 $n$ 次统计所得的值, 则 $X_n$ 是随机变量. 为了预测该地区未来的地震强度, 我们需要研究一族随机变量 $\{X_n, n = 1, 2, \cdots\}$ 的统计规律性, 则 $\{X_n, n = 1, 2, \cdots\}$ 是随机过程.

**例 2.1.3**　某电话交换台在时间段 $[0, t]$ 内接到的呼唤次数是与 $t$ 有关的随机变量 $X_t$, 对固定的 $t$, $X_t$ 是一取非负整数值的随机变量, 则 $\{X_t, t \in [0, \infty)\}$ 是随机过程.

**例 2.1.4**　**热噪声**(thermal noise) 电压. 考虑电子网格中的一个电阻, 由于电阻内部微观粒子 (如自由电子) 的随机运动导致电阻两端的电压 $X_t$ 有一个随机的起伏. 对每一时刻 $t$, $X_t$ 都是一个随机变量, $X_t$ 称为热噪声电压. 要研究网络中该电阻两端电压随时间变化的规律, 就是要研究随机过程 $\{X_t, t \in [0, \infty)\}$.

**定义 2.1.1**　设 $(\Omega, \mathcal{F}, P)$ 是概率空间, $T$ 是给定的参数集, 如果对于任意的 $t \in T$, 都有一定义在 $(\Omega, \mathcal{F}, P)$ 上的随机变量 $X(t, \omega)$ 与之对应, 则称随机变量族 $\{X(t, \omega), t \in T\}$ 为**随机过程**, 简记为 $\{X(t), t \in T\}$(或 $X_T$).

从数学观点来说, 随机过程 $\{X(t), t \in T\}$ 是定义在 $T \times \Omega$ 上的**二元函数**(binary function). 当 $t$ 固定时, $X(t,\omega)$ 是 $(\Omega, \mathcal{F}, P)$ 上的随机变量; 当 $\omega$ 固定时, $X(t,\omega)$ 是定义在 $T$ 上的普通函数, 称为随机过程 $X_T$ 的一个**样本函数**(sample function) 或**样本轨道**(sample path) (或**现实**(realization)). 当 $t, \omega$ 都固定时, $X(t,\omega)$ 是一实数, 表示系统在时刻 $t$ 所处的**状态**(state). 比如 "$X(t) = x$" 就称为时刻 $t$ 系统 (或过程) 位于状态 $x$. $X(t,\omega)$ 的所有可能状态所构成的集合 (即 $X(t,\omega)$ 的值域) 称为**状态空间**(state space) 或**相空间**(phase space), 记为 $I$.

通常情况下, $t \in T$ 表示时间, 这正是将 $\{X(t,\omega), t \in T\}$ 称为过程的原因. 在实际问题中, $t \in T$ 也可表示其他含义, 比如 $t$ 表示高度, $X(t,\omega)$ 表示高度为 $t$ 处的温度, 这样 $\{X(t,\omega), t \in T\}$ 也是一个随机过程, 所以一般也称随机过程为**随机函数**(random function).

随机过程可根据参数集 $T$ 和状态空间 $I$ 按离散型和连续型的情形分为如下四类:

(1) $T$ 和 $I$ 都离散的随机过程, 如例 2.1.1;

(2) $T$ 离散、$I$ 连续的随机过程, 如例 2.1.2;

(3) $T$ 连续、$I$ 离散的随机过程, 如例 2.1.3;

(4) $T$ 和 $I$ 都连续的随机过程, 如例 2.1.4.

通常离散参数集取 $\{1, 2, 3, \cdots\}$, $\{0, 1, 2, \cdots\}$ 或 $\{\cdots, -2, -1, 0, 1, 2, \cdots\}$ 等, 而连续参数集取 $[a, b]$, $[0, \infty]$ 或 $(-\infty, \infty)$ 等. 离散参数的随机过程也称为**随机序列**(random sequence) 或**时间序列**(time series).

随机过程的上述分类方法是比较表面的, 更深刻的是按过程的**概率结构**(probability structure) 来分类, 例如, **Poisson 过程**(Poisson process)、**Markov 过程**(Markov process) 及**平稳过程**(stationary process) 等.

一般是把上面两种分类方法结合起来, 例如, Markov 过程分为 "$T$ 离散、$I$ 离散" "$T$ 离散、$I$ 连续" 等四种情形.

### 2.1.2 有限维分布

在概率论中我们知道, 一个随机变量的概率统计特性由它的分布函数决定; 随机向量的概率统计特性由它的联合分布函数决定. 而随机过程实际上是无穷多个随机变量, 我们可以用全部可能的有限维联合分布函数来决定它的概率统计特性.

设 $X_T = \{X(t), t \in T\}$ 是一随机过程, 对任意给定的 $t \in T$, $X(t)$ 是一个随机变量, 其分布函数

$$F(t; x) = P\{X(t) \leqslant x\} \tag{2.1}$$

称为随机过程 $X_T$ 的**一维分布函数**. 对任意的 $t_1, t_2 \in T$, $(X(t_1), X(t_2))$ 是一个二维随机向量, 其联合分布函数

$$F(t_1, t_2; x_1, x_2) = P\{X(t_1) \leqslant x_1, X(t_2) \leqslant x_2\} \tag{2.2}$$

称为随机过程 $X_T$ 的**二维分布函数**.

一般地, 对任意给定的 $t_1, \cdots, t_n \in T$, $(X(t_1), \cdots, X(t_n))$ 是一个 $n$ 维随机向量, 其联合分布函数

$$F(t_1, \cdots, t_n; x_1, \cdots, x_n) = P\{X(t_1) \leqslant x_1, \cdots, X(t_n) \leqslant x_n\} \tag{2.3}$$

称为随机过程 $X_T$ 的 **$n$ 维分布函数**.

**定义 2.1.2** 设 $X_T = \{X(t), t \in T\}$ 是一随机过程, 其有限维分布函数的全体

$$\boldsymbol{F} = \{F(t_1, \cdots, t_n; x_1, \cdots, x_n), t_1, \cdots, t_n \in T, n \geqslant 1\}$$

称为随机过程 $X_T$ 的**有限维分布函数族**, 简称为**有限维分布族**或**有限维分布**.

随机过程 $X_T = \{X(t), t \in T\}$ 的有限维分布族 $\boldsymbol{F}$ 具有如下性质:

(1) **对称性**(symmetry) 对于 $\{t_1, \cdots, t_n\}$ 的任意排列 $\{t_{i_1}, \cdots, t_{i_n}\}$ 都有

$$F(t_1, \cdots, t_n; x_1, \cdots, x_n) = F(t_{i_1}, \cdots, t_{i_n}; x_{i_1}, \cdots, x_{i_n});$$

(2) **相容性**(compatibility) 当 $m < n$ 时, 有

$$F(t_1, \cdots, t_m; x_1, \cdots, x_m) = F(t_1, \cdots, t_m, t_{m+1}, \cdots, t_n; x_1, \cdots, x_m, \infty, \cdots, \infty).$$

反之, 对给定的满足对称性和相容性的分布函数族 $\boldsymbol{F}$, 是否一定存在一个以 $\boldsymbol{F}$ 为其有限维分布函数族的随机过程呢? Kolmogorov 在 1931 年证明了下述定理, 给出了肯定的回答.

**定理 2.1.1** 设已知参数集 $T$ 及满足对称性和相容性条件的有限维分布函数族

$$\boldsymbol{F} = \{F(t_1, \cdots, t_n; x_1, \cdots, x_n), t_1, \cdots, t_n \in T, n \geqslant 1\},$$

则必存在概率空间 $(\Omega, \mathcal{F}, P)$ 及定义在其上的随机过程 $\{X(t), t \in T\}$, 使该随机过程的有限维分布函数族与已给有限维分布函数族重合.

## 2.2 随机过程的数字特征

对任一随机过程 $\{X(t), t \in T\}$, 若知道了它的有限维分布函数 $\boldsymbol{F}$, 则该过程的全部统计特性就确定了. 但在实际问题中, 有时并不需要了解随机变量的全部统计

特性, 而且要确定随机过程的全部有限维分布族是一件很困难的事. 因此在多数应用中, 只限于给出随机过程的某些特性来代替其有限维分布族, 这与概率论中用随机变量的数字特征代替分布函数一致. 下面给出随机过程的数字特征的定义.

**定义 2.2.1** 设 $X_T=\{X_t,t\in T\}$ 是随机过程, 若对任意 $t\in T$, $E[X(t)]$ 存在, 则称

$$m_X(t)=E[X(t)],\quad t\in T \tag{2.4}$$

为随机过程 $X_T$ 的**均值函数**(mean value of $X_T$), 简记为 $m(t)$.

$m_X(t)$ 是 $X_T$ 的一阶原点矩, 表示随机过程在时刻 $t$ 的状态的**统计平均**(statistical average).

**定义 2.2.2** 设 $X_T=\{X_t,t\in T\}$ 是随机过程, 对任意 $s,t\in T$, 若 $E\{[X(s)-m(s)][X(t)-m(t)]\}$ 存在, 则称

$$\varGamma_X(s,t)=E\{[X(s)-m(s)][X(t)-m(t)]\} \tag{2.5}$$

为随机过程 $X_T$ 的**自协方差函数**(autocovariance function), 简称**协方差函数**(covariance function), 简记为 $\varGamma(s,t)$. 而称

$$R_X(s,t)=E[X(s)X(t)] \tag{2.6}$$

为 $X_T$ 的**自相关函数**(autocorrelate function), 简称**相关函数**(correlate function), $R_X(s,t)$ 简记为 $R(s,t)$.

自协方差函数 $\varGamma_X(s,t)$ 是随机过程 $X_T$ 本身不同时刻状态之间线性关系程度的一种描述. 当 $s=t$ 时, 称 $\varGamma(t,t)$ 为随机过程 $X_T$ 的方差函数, 记为

$$D_X(t)=\varGamma(t,t)=E[X(t)-m(t)]^2. \tag{2.7}$$

**定义 2.2.3** 设 $X_T=\{X_t,t\in T\}$ 和 $Y_T=\{Y_t,t\in T\}$ 均为随机过程, 对任意 $s,t\in T$, 若 $E\{[X(s)-m_X(s)][Y(t)-m_Y(t)]\}$ 存在, 则称

$$\varGamma_{XY}(s,t)=E\{[X(s)-m_X(s)][Y(t)-m_Y(t)]\} \tag{2.8}$$

为随机过程 $X_T$ 与 $Y_T$ 的**互协方差函数**(cross-covariance function). 称

$$R_{XY}(s,t)=E[X(s)Y(t)] \tag{2.9}$$

为随机过程 $X_T$ 与 $Y_T$ 的**互相关函数**(cross-correlate function).

以上我们考虑的随机过程均为实值随机过程, 但理论研究和实际应用中还需要考虑复值随机过程.

设 $\{X(t), t \in T\}$ 和 $\{Y(t), t \in T\}$ 都是实值随机过程, 记

$$Z(t) = X(t) + \mathrm{i}Y(t), \quad t \in T, \tag{2.10}$$

则称 $\{Z(t), t \in T\}$ 是一个**复随机过程**(complex stochastic process). $(X(t), Y(t))$ 的联合分布函数为 $Z(t)$ 的分布函数, 而且定义

$$m_Z(t) = E[Z(t)] = EX(t) + \mathrm{i}EY(t), \tag{2.11}$$

$$\Gamma_Z(s,t) = E\{[Z(s) - m_Z(s)]\overline{[Z(t) - m_Z(t)]}\} \tag{2.12}$$

及

$$R_Z(s,t) = E[Z(s)\overline{Z(t)}] \tag{2.13}$$

分别为复随机过程 $\{Z(t),\ t \in T\}$ **均值函数**、**协方差函数**和**相关函数**, 其中 $\overline{[Z(t) - m_Z(t)]}$ 是 $Z(t) - m_Z(t)$ 的**共轭函数**(conjugate function), $\overline{Z(t)}$ 是 $Z(t)$ 的共轭函数.

当 $s = t$ 时, 称

$$D_Z(t) = \Gamma_Z(t,t) = E|Z(t) - m_Z(t)|^2 \tag{2.14}$$

为复随机过程 $\{Z(t), t \in T\}$ 的**方差函数**(variance function).

如果复随机过程 $\{Z(t), t \in T\}$ 对任意的 $t \in T$, $m_Z(t), D_Z(t)$ 都存在, 则称 $\{Z(t), t \in T\}$ 为**二阶矩过程**(second order moment stochastic process).

以上这些数字特征在实际应用中经常碰到, 实际上形成了以研究均值函数与相关函数为主要内容的独立分支 —— 相关理论.

**例 2.2.1**　随机过程 $X(t) = A\cos(\omega t + \theta), t \in T = (-\infty, \infty)$, 其中 $A, \omega$ 是常数, $\theta$ 是服从区间 $[0, 2\pi]$ 上的均匀分布的随机变量, 则有

$$m_X(t) = E[A\cos(\omega t + \theta)] = \int_0^{2\pi} A\cos(\omega t + \theta)\frac{1}{2\pi}\mathrm{d}\theta = 0,$$

$$\begin{aligned}
R_X(s,t) &= E[A\cos(\omega s + \theta) \cdot A\cos(\omega t + \theta)] \\
&= \int_0^{2\pi} A^2 \cos(\omega s + \theta)\cos(\omega t + \theta) \cdot \frac{1}{2\pi}\mathrm{d}\theta \\
&= \frac{A^2}{2\pi}\int_0^{2\pi} \frac{1}{2}[\cos(\omega s + \omega t + 2\theta) + \cos(\omega s - \omega t)]\mathrm{d}\theta \\
&= \frac{A^2}{2\pi} \cdot \frac{1}{2}\cos(\omega s - \omega t) \cdot \theta\Big|_0^{2\pi} = \frac{A^2}{2}\cos\omega(s - t).
\end{aligned}$$

**例 2.2.2** 考虑两个随机过程 $X(t)=A\sin(\omega t+\theta)$ 与 $Y(t)=B\sin(\omega t+\theta-\phi), t\in T=(-\infty,\infty)$, 其中 $A,B,\omega,\phi$ 是常数, $\theta$ 是服从区间 $[0,2\pi]$ 上的均匀分布的随机变量.

设 $t_1<t_2$, 则有

$$\begin{aligned}
R_{XY}(t_1,t_2)=&E[X(t_1)Y(t_2)]=E[A\sin(\omega t_1+\theta)\cdot B\sin(\omega t_2+\theta-\phi)]\\
=&\int_0^{2\pi}AB\sin(\omega t_1+\theta)\cdot\sin(\omega t_2+\theta-\phi)\cdot\frac{1}{2\pi}\mathrm{d}\theta\\
=&\frac{AB}{2\pi}\int_0^{2\pi}\sin(\omega t_1+\theta)\cdot\sin(\omega t_1+\theta+\omega t_2-\omega t_1-\phi)\mathrm{d}\theta\\
=&\frac{AB}{2\pi}\int_0^{2\pi}\sin(\omega t_1+\theta)[\sin(\omega t_1+\theta)\cos(\omega t_2-\omega t_1-\phi)\\
&+\cos(\omega t_1+\theta)\sin(\omega t_2-\omega t_1-\phi)]\mathrm{d}\theta\\
=&\frac{AB}{2\pi}\left[\cos(\omega t_2-\omega t_1-\phi)\int_0^{2\pi}\sin^2(\omega t_1+\theta)\mathrm{d}\theta\right.\\
&\left.+\sin(\omega t_2-\omega t_1-\phi)\int_0^{2\pi}\sin(\omega t_1+\theta)\cos(\omega t_1+\theta)\mathrm{d}\theta\right]\\
=&\frac{1}{2}AB\cos(\omega t_2-\omega t_1-\phi).
\end{aligned}$$

**例 2.2.3** 设 $A_k$ 服从 $N(0,\sigma_k^2), k=1,2,\cdots,N$, 且相互独立, $Z(t)=\sum\limits_{k=1}^{N}A_k\mathrm{e}^{\mathrm{i}\theta_k t}$, $\theta_k$ 是常数, $t\in T=[0,1]$, $Z(t)$ 是复随机过程, 实部 $X(t)=\sum\limits_{k=1}^{N}A_k\cos(\theta_k t)$ 和虚部 $Y(t)=\sum\limits_{k=1}^{N}A_k\sin(\theta_k t)$ 都是正态变量的线性组合, 则有

$$m_Z(t)=E[Z(t)]=E[X(t)]+\mathrm{i}E[Y(t)]=0,$$

$$\begin{aligned}
R_Z(s,t)=&E[Z(s)\overline{Z(t)}]=E\left[\left(\sum_{k=1}^{N}A_k\mathrm{e}^{\mathrm{i}\theta_k s}\right)\overline{\left(\sum_{l=1}^{N}A_l\mathrm{e}^{\mathrm{i}\theta_l t}\right)}\right]\\
=&\sum_{k,l=1}^{N}E(A_k\overline{A_l})\mathrm{e}^{\mathrm{i}\theta_k s-\mathrm{i}\theta_l t}=\sum_{k=1}^{N}\sigma_k^2\mathrm{e}^{\mathrm{i}\theta_k(s-t)},
\end{aligned}$$

由于 $E[Z(t)]=0$, 所以有

$$\Gamma_Z(s,t)=R_Z(s,t)=\sum_{k=1}^{N}\sigma_k^2\mathrm{e}^{\mathrm{i}\theta_k(s-t)},$$

特别地, 当 $s=t$ 时, 有

$$D_Z(t)=\Gamma_Z(t,t)=\sum_{k=1}^{N}\sigma_k^2.$$

**注** 在第 7 章中将会说明例 2.2.3 中的随机过程 $\{Z(t),t\in T\}$ 属于**宽平稳过程**(weak stationary process).

# 2.3 几种重要的随机过程

本节将简单介绍**正态过程**(normal process)、**独立增量过程**(independent increment process) 及 **Wiener 过程** (Wiener process) 和**鞅过程**(martingale process), 2.4 节将单独讨论 **Poisson 过程** (Poisson process). 对于自然科学、社会科学和工程技术中经常用到的重要随机过程 **Markov 过程** (Markov process) 和**平稳过程**(stationary process), 我们将分别在第 5 章和第 7 章专门讨论.

## 2.3.1 正态过程

**定义 2.3.1** 设 $X_T=\{X_t,t\in T\}$ 是一随机过程, 若对于任意的正整数 $n$ 及 $t_1,t_2,\cdots,t_n\in T,(X(t_1),X(t_2),\cdots,X(t_n))$ 服从 $n$ 维正态分布, 即具有分布密度

$$f(\boldsymbol{x})=\frac{1}{(2\pi)^{\frac{n}{2}}|\boldsymbol{\Sigma}|^{\frac{1}{2}}}\exp\left\{-\frac{1}{2}(\boldsymbol{x}-\boldsymbol{\mu})^{\mathrm{T}}\boldsymbol{\Sigma}^{-1}(\boldsymbol{x}-\boldsymbol{\mu})\right\},\tag{2.15}$$

其中 $\boldsymbol{x}=(x_1,x_2,\cdots,x_n)^{\mathrm{T}},\boldsymbol{\mu}=(E[X(t_1)],E[X(t_2)],\cdots,E[X(t_n)])^{\mathrm{T}},\boldsymbol{\Sigma}=(\sigma_{ij})$ 为 $n$ 阶对称正定矩阵, $\sigma_{ij}=E\{[X(t_i)-EX(t_i)][X(t_j)-EX(t_j)]\}$, 则称 $X_T$ 是**正态过程或 Gauss 过程**.

由于正态分布由其一、二阶矩唯一确定, 因此对于正态过程 $X_T$, 其统计特性可由其均值函数和自协方差函数所唯一确定.

**例 2.3.1** 已知 $A,B$ 相互独立, 同服从正态分布 $N(0,\sigma^2)$, $\alpha$ 为一实常数, 求 $X(t)=A\cos(\alpha t)+B\sin(\alpha t),t\geqslant 0$ 的均值函数、协方差函数和有限维分布.

**解**

$$m_X(t)=E[X(t)]=0,$$

$$\begin{aligned}\Gamma_X(s,t)&=E\{[X(s)-EX(s)][X(t)-EX(t)]\}=E[X(s)X(t)]\\&=E[(A\cos\alpha s+B\sin\alpha s)(A\cos\alpha t+B\sin\alpha t)]\\&=\sigma^2\cos\alpha(s-t).\end{aligned}$$

对任意正整数 $n$ 及 $t_1, t_2, \cdots, t_n \geqslant 0$, 有

$$\begin{bmatrix} X(t_1) \\ X(t_2) \\ \vdots \\ X(t_n) \end{bmatrix} = \begin{bmatrix} \cos\alpha\, t_1 & \sin\alpha\, t_1 \\ \cos\alpha\, t_2 & \sin\alpha\, t_2 \\ \vdots & \vdots \\ \cos\alpha\, t_n & \sin\alpha\, t_n \end{bmatrix} \begin{bmatrix} A \\ B \end{bmatrix},$$

记

$$\boldsymbol{C} = \begin{bmatrix} \cos\alpha\, t_1 & \sin\alpha\, t_1 \\ \cos\alpha\, t_2 & \sin\alpha\, t_2 \\ \vdots & \vdots \\ \cos\alpha\, t_n & \sin\alpha\, t_n \end{bmatrix}.$$

由于 $A, B$ 是相互独立的正态随机变量, 故 $(A, B)$ 服从二维正态分布 $N(\mathbf{0}, \sigma^2 \boldsymbol{E}_2)$, 其中 $\mathbf{0} = \begin{bmatrix} 0 \\ 0 \end{bmatrix}, \boldsymbol{E}_2 = \begin{bmatrix} 1 & 0 \\ 0 & 1 \end{bmatrix}$. 又因为 $(X(t_1), \cdots, X(t_n))$ 是二维正态变量 $(A, B)$ 的线性变换, 故 $(X(t_1), \cdots, X(t_n))$ 服从 $n$ 维正态分布 $N(\mathbf{0}, \sigma^2 \boldsymbol{C}\boldsymbol{C}^{\mathrm{T}})$, 因此 $\{X(t), t \geqslant 0\}$ 是正态过程.

### 2.3.2 独立增量过程

**定义 2.3.2** 设 $X_T = \{X_t, t \in T\}$ 是一随机过程, 如果对于任意 $n \geqslant 2$ 和任意 $t_0 < t_1 < \cdots < t_n, t_i \in T, i = 0, 1, \cdots, n, X(t)$ 的增量 $X(t_1) - X(t_0), X(t_2) - X(t_1), \cdots, X(t_n) - X(t_{n-1})$ 相互独立, 则称随机过程 $X_T$ 为**独立增量过程**.

独立增量过程的特点是: 在任一时间间隔上过程状态的改变不影响任何一个与它不相重叠的时间间隔上过程状态的改变. 实际中, 如服务系统在某段时间间隔内来到的“顾客”数, 电话传呼站在某段时间间隔内接到的“呼叫数”等均可用这种随机过程来描述, 这是因为在不相重叠的时间间隔内来到的“顾客数”“呼叫数”都是相互独立的.

如果随机过程 $X_T = \{X_t, t \in T\}$ 对任意 $s < t, s, t \in T$ 及任意 $h > 0, s + h, t + h \in T$, 随机变量 $X(t+h) - X(s+h)$ 与 $X(t) - X(s)$ 有相同的概率分布, 则称 $X_T$ 具有**平稳增量**(stationary increment).

若随机过程 $X_T$ 是独立增量过程, 且具有平稳增量, 则称 $X_T$ 是**独立平稳增量过程**(stationary independent increment processes).

### 2.3.3 Wiener 过程

Wiener 过程也称为 Wiener-Einstein 过程, 是 Brown 运动的广义数学模型. 1827 年英国植物学家 Brown 发现液体表面的花粉做不规则的运动, 之后几十年

科学界不能解释此现象的本质, 后来这一现象就被称为 Brown 运动. 事实上, 这种运动是花粉微粒受到周围液体分子碰撞而产生的, 碰撞次数每秒达 $10^{21}$ 次, 这些微小碰撞力的总和使花粉微粒做随机运动. 下面给出一维 Brown 运动的数学模型.

设 $X_t$ 表示 $t$ 时刻花粉微粒的坐标, 对 $s < t \in T = [0, \infty)$, 则位移 $X(t) - X(s)$ 是许多相互独立的微小位移 (随机变量) 之和, 由中心极限定理, 应服从正态分布. 由于液体的均匀性质, 自然可假设 $E[X(t) - X(s)] = 0$; 而其方差应与 $t - s$ 成正比, 即 $D[X(t) - X(s)] = \sigma^2(t - s)$, 这里 $\sigma$ 是依赖于液体性质的正的常数, 由液体均匀性它应与空间位置及起始时刻 $t$ 无关. 设 $t_1 < t_2 < \cdots < t_n$, 位移 $X(t_n) - X(t_{n-1}), \cdots, X(t_2) - X(t_1)$ 分别为许多几乎独立的小位移之和, 故应设它们相互独立. 这样我们得到 Wiener 过程的如下定义.

**定义 2.3.3**　如果实随机过程 $\{X(t), t \in T\}$ 满足

(1) 具有独立增量;

(2) $X(t) - X(s)$ 服从 $N(0, \sigma^2|t - s|)$ 分布;

(3) $X(0) = 0$,

则称 $X_T$ 服从参数为 $\sigma^2$ 的 **Wiener 过程**(或 **Brown 运动**(Brownian motion)). 特别地, 如果 $\sigma^2 = 1$, 则称 $X_T$ 服从**标准 Wiener 过程**(或**标准 Brown 运动**(standard Brownian motion)).

可以证明 Wiener 过程 $X_T$ 是正态过程, 且

$$m_X(t) = E[X(t)] = E[X(t) - X(0)] = 0,$$

当 $s < t$ 时, 有

$$\begin{aligned}R_X(s,t) &= E[X(s)X(t)] \\ &= E\{[X(s) - X(0)][X(t) - X(s) + X(s) - X(0)]\} \\ &= E\{[X(s) - X(0)][X(t) - X(s)]\} + E[X(s) - X(0)]^2 \\ &= \sigma^2 s,\end{aligned}$$

所以有

$$R_X(s,t) = \sigma^2 \min\{s, t\}.$$

### 2.3.4　鞅过程

最近几十年才发展起来的现代鞅论, 是概率论的一个重要分支, 它给随机过程论、**随机微分方程**(stochastic differential equation) 等提供了基本分析工具.

**定义 2.3.4**　设 $\{X_n, n = 1, 2, \cdots\}$ 为一随机序列, $E|X_n| < \infty$, 如果

$$E(X_{n+1}|X_1, X_2, \cdots, X_n) = X_n, \quad n \geqslant 1, \tag{2.16}$$

则称 $X_T = \{X_n, n = 1, 2, \cdots\}$ 为**一鞅**(martingale) 序列. 如果将 = 换成 $\leqslant$, 则称 $X_T$ 为**上鞅**(supermartingale) 序列, 如果将 = 换为 $\geqslant$, 则称 $X_T$ 为**下鞅**(submartingale) 序列.

对鞅序列可作如下理解: 设 $X_n$ 表示赌徒在第 $n$ 次赌博的资本, $X_1$ 是他最初的赌本 (常数). 由于赌博的输赢是一个随机变量, 如果赌博是公平的, 那么每次他的资本增益的期望是零, 即他在进行以后的赌博中, 他的资本的期望值还是他最近一次赌完的资本数 $X_n$. 用数学模型表示, 就是定义中的等式, 因此鞅就表示了一种“公平的”赌博, 上鞅和下鞅表示了一方赢利的赌博.

## 2.4 Poisson 过程

类似 Poisson 分布是常见、常用的离散型概率分布一样, Poisson 过程也是一类常见、常用的随机过程.

现实世界许多随机现象可用 Poisson 分布来描述. 大量自然界中的物理过程可以用 Poisson 过程来刻画. Poisson 过程是随机建模的重要基石, 也是学习随机过程理论的重要直观背景. 著名的例子包括盖格计数器上的粒子流、第二次世界大战时伦敦空袭的弹着点、电话机所接到的呼唤次数、交通流中的事故数、某地区地震发生的次数、细胞中染色体的交换等. 这类变化过程可粗略地假定为有相同的变化类型. 我们所关心的是随机时间的数目, 而每一变化可用时间和空间上的一个点来表示. 这类过程有如下两个性质: 一是时间和空间上的均匀性; 二是未来的变化与过去的变化没有关系. Poisson 过程正是基于这些性质建立的模型.

### 2.4.1 Poisson 过程的定义

设 $X_T = \{N(t), t \in T = [0, \infty)\}$ 是一随机过程, 如果 $N(t)$ 是取非负整数值的随机变量, 且满足 $s < t$ 时, $N(s) \leqslant N(t)$, 则称 $\{N(t), t \in T = [0, \infty)\}$ 为**计数过程**(counting process).

若用 $N(t)$ 表示电话交换台在时间 $[0, t]$ 中接到的电话呼叫的累计次数, 则 $\{N(t), t \geqslant 0\}$ 就是一个计数过程. 对电话呼叫次数进行累计的计数过程, 这正是计数过程名称的由来. 对 $0 \leqslant s < t$, $N(t) - N(s)$ 就表示在 $(s, t]$ 中发生的电话呼叫次数.

计数的对象不仅是来到的电话呼叫, 也可以是到达某商店的顾客人数、在某机场降落的飞机数、某放射性物质在放射性蜕变中发射出的 $\alpha$ 粒子数、一次比赛中的进球数、某医院一段时间内出生的婴儿数等. 总之, 对某种随机事件的来到计数都可以得到一个计数过程, 而同一时刻只能至多发生一个来到的就是**简单计数过程**.

**定义 2.4.1**　计数过程 $\{N(t), t \geqslant 0\}$ 称为**强度为 $\lambda$ 的 Poisson 过程**(Poisson process having rate $\lambda$), 如果满足条件:

(i) $N(0) = 0$;

(ii) 具有独立增量;

(iii) 常数 $\lambda > 0$, 对 $s, t \geqslant 0$,

$$P\{N(s+t) - N(s) = k\} = \mathrm{e}^{-\lambda t}\frac{(\lambda t)^k}{k!}, \quad k = 0, 1, 2, \cdots. \tag{2.17}$$

条件 (iii) 表明, $N(s+t) - N(s)$ 的分布只依赖于 $t$ 而与时间起点 $s$ 无关, 所以 Poisson 过程具有平稳增量. 令 $s = 0$, 可得

$$P\{N(t) = k\} = \mathrm{e}^{-\lambda t}\frac{(\lambda t)^k}{k!}, \quad k = 0, 1, 2, \cdots,$$

所以 Poisson 过程的均值函数为

$$m_N(t) = E(N(t)) = \lambda t,$$

即 $[0, t]$ 中事件出现的平均次数为 $\lambda t$, 所以称 $\lambda$ 为 Poisson 过程的强度.

定义中的条件 (i) 告诉我们随机事件从时刻 0 开始计数, 条件 (iii) 是过程称为 Poisson 过程的直接理由, 增量 $N(s+t) - N(s)$ 代表时间区间 $(s, s+t]$ 中发生的随机事件数.

条件 (ii) 和 (iii) 充分刻画了模型所要求的两个性质: 前后的独立性与时间上的均匀性, 强度 $\lambda$ 描述了随机事件发生的频繁程度. 实际中, 很多随机现象都满足 (i) 和 (ii), 但是否满足 (iii) 似乎不很明确, 这使得要验证条件 (iii) 很困难. 为此有了 Poisson 过程的另一定义.

**定义 2.4.2**　计数过程 $\{N(t), t \geqslant 0\}$ 称为强度为 $\lambda$ 的 Poisson 过程, 如果满足条件:

(i) $N(0) = 0$;

(ii) 具有平稳增量和独立增量;

(iii) $P\{N(h) = 1\} = \lambda h + o(h), \lambda > 0$;

(iv) $P\{N(h) \geqslant 2\} = o(h)$.

条件 (iii) 表明在充分小的时间间隔中事件出现一次的概率与时间间隔的长度成正比; 条件 (iv) 表明在很小的时间间隔内事件不能出现两次或两次以上. 实际中很多随机现象都近似地满足这两个条件, 因此可用 Poisson 过程来描述.

下面我们来证明 Poisson 过程的两种定义等价.

**证**　假设定义 2.4.1 成立, 下证定义 2.4.2 成立.

由条件 (iii) 可知 $N(s+t)-N(s)$ 的分布只与时间差 $t$ 有关, 因此 $\{N(t)\}$ 为平稳增量过程. 对 $h>0$, 有

$$\begin{aligned}P\{N(t+h)-N(t)=1\}&=P\{N(h)-N(0)=1\}=P\{N(h)=1\}\\&=\mathrm{e}^{-\lambda h}\frac{\lambda h}{1!}=\lambda h\sum_{n=0}^{\infty}\frac{(-\lambda h)^n}{n!}\\&=\lambda h[1-\lambda h+o(h)]=\lambda h+o(h),\end{aligned}$$

又因为

$$\begin{aligned}&P\{N(t+h)-N(t)\geqslant 2\}\\=&P\{N(h)-N(0)\geqslant 2\}\\=&P\{N(h)\geqslant 2\}\\=&\sum_{n=2}^{\infty}\mathrm{e}^{-\lambda h}\frac{(\lambda t)^n}{n!}=o(h),\end{aligned}$$

故定义 2.4.2 的 (iii) 和 (iv) 得证.

反过来, 假设定义 2.4.2 成立, 下证定义 2.4.1 成立.

记 $P_n(t)=P\{N(t)=n\}$, 令 $h>0$, 则

$$\begin{aligned}P_0(t+h)&=P\{N(t+h)=0\}\\&=P\{N(t)=0,N(t+h)-N(t)=0\}\\&=P\{N(t)=0\}\cdot P\{N(t+h)-N(t)=0\}(\text{独立增量})\\&=P\{N(t)=0\}\cdot P\{N(h)=0\}(\text{平稳增量})\\&=P_0(t)[1-\lambda h+o(h)],\end{aligned}$$

所以有

$$\frac{P_0(t+h)-P_0(t)}{h}=-\lambda P_0(t)+\frac{o(h)}{h}.$$

令 $h\to 0$, 可得

$$P_0'(t)=-\lambda P_0(t).$$

再由初始条件 $P_0(0)=P\{N(0)=0\}=1$, 可得

$$P_0(t)=\mathrm{e}^{-\lambda t}. \tag{2.18}$$

类似地, 对 $n \geqslant 1$,

$$\begin{aligned}P_n(t+h) &= P\{N(t+h)=n\}\\&= P\{N(t)=n, N(t+h)-N(t)=0\}\\&\quad +P\{N(t)=n-1, N(t+h)-N(t)=1\}\\&\quad +\sum_{j=2}^{n} P\{N(t)=n-j, N(t+h)-N(t)=j\}\\&= P_n(t)\cdot P_0(h)+P_{n-1}(t)\cdot P_1(h)+o(h)\\&= P_n(t)(1-\lambda h)+\lambda h P_{n-1}(t)+o(h),\end{aligned}$$

由此可得

$$\frac{P_n(t+h)-P_n(t)}{h} = -\lambda P_n(t)+\lambda P_{n-1}(t)+\frac{o(h)}{h}.$$

再令 $h \to 0$, 可得

$$P_n'(t) = -\lambda P_n(t)+\lambda P_{n-1}(t).$$

以 $\mathrm{e}^{\lambda t}$ 乘上式两端得

$$\mathrm{e}^{\lambda t}[P_n'(t)+\lambda P_n(t)] = \lambda \mathrm{e}^{\lambda t} P_{n-1}(t)$$

或

$$\frac{\mathrm{d}}{\mathrm{d}t}[\mathrm{e}^{\lambda t} P_n(t)] = \lambda \mathrm{e}^{\lambda t} P_{n-1}(t). \tag{2.19}$$

令 $n=1$, 由式 (2.18) 得

$$\frac{\mathrm{d}}{\mathrm{d}t}[\mathrm{e}^{\lambda t} P_1(t)] = \lambda,$$

由 $P_1(0)=0$ 可解得 $P_1(t)=\lambda t\mathrm{e}^{-\lambda t}$.

然后由数学归纳法, 并注意到 $P_n(0)=0$, 得

$$P_n(t) = \frac{(\lambda t)^n \mathrm{e}^{-\lambda t}}{n!},$$

再利用增量平稳性知定义 2.4.1 中的条件 (iii) 成立.

关于 Poisson 过程 $\{N(t), t \geqslant 0\}$ 的常用数字特征有下述定理.

**定理 2.4.1**　设 $\{N(t), t \geqslant 0\}$ 是强度为 $\lambda$ 的 Poisson 过程, 则有

$$\begin{aligned}m_N(t) &= D_N(t) = \lambda t,\\\Gamma_N(s,t) &= \lambda \min\{s,t\},\\R_N(s,t) &= \lambda^2 st+\lambda \min\{s,t\}.\end{aligned}$$

### 2.4.2 到达时间间隔与等待时间的分布

设 Poisson 过程 $\{N(t),t\geqslant 0\}$ 表示 $[0,t]$ 时间间隔内到达的顾客数, 令 $X_1$ 表示第一个顾客到达的时间, $X_n, n>1$ 表示第 $n-1$ 个顾客与第 $n$ 个顾客到达的时间间隔, 则 $\{X_n, n\geqslant 1\}$ 称为**到达时间间隔序列**(sequence of interarrival times).

**定理 2.4.2** 强度为 $\lambda$ 的 Poisson 过程 $\{N(t),t\geqslant 0\}$ 的到达时间间隔序列 $\{X_n, n=1,2,\cdots\}$ 是相互独立的随机变量序列, 并且具有相同的均值为 $\frac{1}{\lambda}$ 的指数分布.

**证** 因事件 $\{X_1>t\}=\{N(t)=0\}$, 所以

$$P\{X_1>t\}=P\{N(t)=0\}=\mathrm{e}^{-\lambda t}.$$

因此

$$P\{X_1\leqslant t\}=\begin{cases}1-\mathrm{e}^{-\lambda t}, & t\geqslant 0,\\ 0, & t<0,\end{cases}$$

即 $X_1$ 服从均值为 $\frac{1}{\lambda}$ 的指数分布.

对 $X_2$, 求已知 $X_1$ 的条件下 $X_2$ 的条件分布. 由于

$$\begin{aligned}P\{X_2>t|X_1=s\}&=P\{(s,s+t]\text{内无顾客到达}|X_1=s\}(\text{独立增量性})\\&=P\{(s,s+t]\text{内无顾客到达}\}\\&=P\{N(t)=0\}(\text{增量平稳性})\\&=\mathrm{e}^{-\lambda t},\end{aligned}$$

故 $X_2$ 与 $X_1$ 独立, 且 $X_2$ 也服从均值为 $\frac{1}{\lambda}$ 的指数分布.

同理可证, $X_n$ 服从均值为 $\frac{1}{\lambda}$ 的指数分布, 且与 $X_1, X_2,\cdots, X_{n-1}$ 独立.

记

$$W_n=X_1+X_2+\cdots+X_n,\quad n\geqslant 1,$$

则 $W_n$ 表示第 $n$ 个顾客到达的时间, 称为直到第 $n$ 个顾客出现的**等待时间**(waiting time).

**定理 2.4.3** 等待时间 $W_n(n\geqslant 1)$ 服从参数为 $n,\lambda$ 的 $\Gamma$ 分布.

**证** 因为

$$P\{W_n\leqslant t\}=P\{N(t)\geqslant n\}=\sum_{j=n}^{\infty}\mathrm{e}^{-\lambda t}\frac{(\lambda t)^j}{j!}.$$

上式两端对 $t$ 求导得 $W_n$ 的概率密度函数

$$\begin{aligned}f(t)&=-\sum_{j=n}^{\infty}\lambda\mathrm{e}^{-\lambda t}\frac{(\lambda t)^j}{j!}+\sum_{j=n}^{\infty}j\lambda\mathrm{e}^{-\lambda t}\frac{(\lambda t)^{j-1}}{j!}\\&=-\sum_{j=n}^{\infty}\lambda\mathrm{e}^{-\lambda t}\frac{(\lambda t)^j}{j!}+\sum_{j=n}^{\infty}\lambda\mathrm{e}^{-\lambda t}\frac{(\lambda t)^{j-1}}{(j-1)!}\\&=\lambda\mathrm{e}^{-\lambda t}\frac{(\lambda t)^{n-1}}{(n-1)!}\quad(t>0),\end{aligned}$$

所以有

$$f(t)=\begin{cases}\dfrac{\lambda^n}{\Gamma(n)}t^{n-1}\mathrm{e}^{-\lambda t}, & t>0,\\0, & t\leqslant 0,\end{cases}$$

即等待时间 $W_n$ 服从参数为 $n,\lambda$ 的 $\Gamma$ 分布.

我们不加证明地指出, 定理 2.4.3 的逆定理也成立, 即有如下的定理.

**定理 2.4.4** 设 $\{N(t),t\geqslant 0\}$ 是一计数过程, 若其时间间隔均服从均值为 $\dfrac{1}{\lambda}$ 的指数分布, 则 $\{N(t),t\geqslant 0\}$ 是强度为 $\lambda$ 的 Poisson 过程.

**例 2.4.1** 一理发师在 $t=0$ 时开门营业, 设顾客按强度为 $\lambda$ 的 Poisson 过程到达. 若每个顾客理完发需要 $a(>0)$ 分钟. 求第二个顾客到达后不需等待就马上可以理发的概率及到达后的等待时间 $S$ 的平均值.

**解** 设第一个顾客的到达时间为 $W_1$, 第二个顾客的到达时间为 $W_2$, 令 $X_2=W_2-W_1$, 则第二个顾客到达后不需等待等价于 $X_2>a$. 所以

$$P\{X_2>a\}=\mathrm{e}^{-\lambda a}.$$

等待时间

$$S=\begin{cases}a-X_2, & X_2<a,\\0, & X_2\geqslant a.\end{cases}$$

所以平均等待时间为

$$E(S)=\int_0^a(a-x)\lambda\mathrm{e}^{-\lambda x}\,\mathrm{d}x=a-\frac{1}{\lambda}(1-\mathrm{e}^{-\lambda a}).$$

**例 2.4.2** 已知乘客按强度为 $\lambda_i$ 的 Poisson 过程登上飞机 $A_i$, 只要够 $N_i(i=1,2)$ 个乘客登机, 飞机就起飞. 若乘客到达 $A_1$ 或 $A_2$ 相互独立, 求 $A_2$ 先于 $A_1$ 起飞的概率.

**解** 设第一架飞机的第 $N_1$ 名乘客到达时间为 $S_{N_1}$, 第一架飞机的第 $N_2$ 名乘客到达时间为 $S_{N_2}$, 则由定理 2.4.3, 随机变量 $S_{N_1}$ 和 $S_{N_2}$ 分别服从参数为 $(N_1,\lambda_1)$ 和 $(N_2,\lambda_2)$ 的 $\Gamma$ 分布.

用 $t_1$ 和 $t_2$ 分别表示 $S_{N_1}$ 和 $S_{N_2}$ 的取值, 则 $S_{N_1}$ 和 $S_{N_2}$ 的概率密度函数分别为

$$f_{S_{N_1}}(t_1)=\begin{cases}\lambda_1 \mathrm{e}^{-\lambda_1 t_1}\dfrac{(\lambda_1 t_1)^{N_1-1}}{(N_1-1)!}, & t_1>0,\\ 0, & t_1\leqslant 0,\end{cases}$$

$$f_{S_{N_2}}(t_2)=\begin{cases}\lambda_2 \mathrm{e}^{-\lambda_2 t_2}\dfrac{(\lambda_2 t_2)^{N_2-1}}{(N_2-1)!}, & t_2>0,\\ 0, & t_2\leqslant 0.\end{cases}$$

由于 $S_{N_1}$ 和 $S_{N_2}$ 独立, 所以联合概率密度函数为

$$f(t_1,t_2)=\begin{cases}\lambda_1\lambda_2 \mathrm{e}^{-(\lambda_1 t_1+\lambda_2 t_2)}\dfrac{(\lambda_1 t_1)^{N_1-1}}{(N_1-1)!}\dfrac{(\lambda_2 t_2)^{N_2-1}}{(N_2-1)!}, & t_1,t_2>0,\\ 0, & \text{其他}.\end{cases}$$

若先对 $t_2$ 后对 $t_1$ 积分, 可得

$$\begin{aligned}P\{S_{N_1}>S_{N_2}\}&=\int_0^{\infty}\lambda_1 \mathrm{e}^{-\lambda_1 t_1}\frac{(\lambda_1 t_1)^{N_1-1}}{(N_1-1)!}\mathrm{d}t_1\int_0^{t_1}\lambda_2 \mathrm{e}^{-\lambda_2 t_2}\frac{(\lambda_2 t_2)^{N_2-1}}{(N_2-1)!}\mathrm{d}t_2\\&=\int_0^{\infty}\lambda_1 \mathrm{e}^{-\lambda_1 t_1}\frac{(\lambda_1 t_1)^{N_1-1}}{(N_1-1)!}\left[-\mathrm{e}^{-\lambda_2 t_2}\frac{(\lambda_2 t_2)^{N_2-1}}{(N_2-1)!}\bigg|_0^{t_1}\right.\\&\quad\left.+\int_0^{t_1}\lambda_2 \mathrm{e}^{-\lambda_2 t_2}\frac{(\lambda_2 t_2)^{N_2-2}}{(N_2-2)!}\mathrm{d}t_2\right]\mathrm{d}t_1\\&=1-\sum_{k=0}^{N_2-1}\mathrm{C}_{N_1+k-1}^{k}\left(\frac{\lambda_2}{\lambda_1+\lambda_2}\right)^k\left(\frac{\lambda_1}{\lambda_1+\lambda_2}\right)^{N_1}.\end{aligned}$$

若先对 $t_1$ 后对 $t_2$ 积分, 可得

$$\begin{aligned}P\{S_{N_1}>S_{N_2}\}&=\int_0^{\infty}\lambda_2 \mathrm{e}^{-\lambda_2 t_2}\frac{(\lambda_2 t_2)^{N_2-1}}{(N_2-1)!}\mathrm{d}t_2\int_{t_2}^{\infty}\lambda_1 \mathrm{e}^{-\lambda_1 t_1}\frac{(\lambda_1 t_1)^{N_1-1}}{(N_1-1)!}\mathrm{d}t_1\\&=\int_0^{\infty}\lambda_1 \mathrm{e}^{-\lambda_1 t_1}\frac{(\lambda_1 t_1)^{N_1-1}}{(N_1-1)!}\left[-\mathrm{e}^{-\lambda_2 t_2}\frac{(\lambda_2 t_2)^{N_2-1}}{(N_2-1)!}\bigg|_0^{t_1}\right.\\&\quad\left.+\int_0^{t_1}\lambda_2 \mathrm{e}^{-\lambda_2 t_2}\frac{(\lambda_2 t_2)^{N_2-2}}{(N_2-2)!}\mathrm{d}t_2\right]\mathrm{d}t_1\\&=\sum_{k=0}^{N_1-1}\mathrm{C}_{N_2+k-1}^{k}\left(\frac{\lambda_1}{\lambda_1+\lambda_2}\right)^k\left(\frac{\lambda_2}{\lambda_1+\lambda_2}\right)^{N_2}.\end{aligned}$$

不难验证, 两个结果数学表达式不同但实质完全相等.

### 2.4.3　到达时间的条件分布

假设在 $[0,t]$ 内顾客恰来到 1 个, 我们要确定这一顾客到达时间 $W_1$ 的分布. 因为 Poisson 过程具有平稳独立增量, 故有理由认为在 $[0,t]$ 的长度相等的子区间内, 该顾客来到的概率应该相同. 换言之, 该顾客到达的时间在 $[0,t]$ 上服从均匀分布. 事实上, 对 $s<t$, 有

$$\begin{aligned}P\{W_1\leqslant s|N(t)=1\}&=\frac{P\{W_1\leqslant s,N(t)=1\}}{P\{N(t)=1\}}\\&=\frac{P\{N(s)=1,N(t)-N(s)=0\}}{P\{N(t)=1\}}\\&=\frac{P\{N(s)=1\}P\{N(t)-N(s)=0\}}{P\{N(t)=1\}}\\&=\frac{\lambda s\mathrm{e}^{-\lambda s}\cdot\mathrm{e}^{-\lambda(t-s)}}{\lambda t\mathrm{e}^{-\lambda t}},\end{aligned}$$

即分布函数为

$$F_{W_1|N(t)=1}(s)=\begin{cases}0, & s<0,\\ \dfrac{s}{t}, & 0\leqslant s<t,\\ 1, & s\geqslant t;\end{cases}$$

概率密度函数为

$$f_{W_1|N(t)=1}(s)=\begin{cases}\dfrac{1}{t}, & 0\leqslant s<t,\\ 0, & \text{其他}.\end{cases}$$

这一结果可以推广到一般情形, 为此先引进顺序统计量的概念.

设 $Y_1,Y_2,\cdots,Y_n$ 是 $n$ 个随机变量, 对任给的样本点 $\omega\in\Omega$, 把 $n$ 个数值 $Y_1(\omega)$, $Y_2(\omega)$, $\cdots$,$Y_n(\omega)$ 按由小到大顺序排列, 定义 $Y_i^*(\omega)$ 取值为按此顺序的第 $i$ 个值 $(i=1,2,\cdots,n)$, 则称 $Y_1^*,Y_2^*,\cdots,Y_n^*$ 为由 $Y_1,Y_2,\cdots,Y_n$ 导出的一组顺序统计量.

已知 $Y_1,Y_2,\cdots,Y_n$ 为 $n$ 个相互独立且均服从区间 $[0,t]$ 上的均匀分布的随机变量. 可以证明, 由 $Y_1,Y_2,\cdots,Y_n$ 导出的一组顺序统计量 $Y_1^*,Y_2^*,\cdots,Y_n^*$ 的联合概率分布密度函数为

$$g(y_1,y_2,\cdots,y_n)=\begin{cases}\dfrac{n!}{t^n}, & 0<y_1<y_2<\cdots<y_n<t,\\ 0, & \text{其他}.\end{cases}$$

**定理 2.4.5**　设 $\{N(t),t\geqslant 0\}$ 是强度为 $\lambda$ 的 Poisson 过程, 在 $N(t)=n$ 的条件下, $n$ 个顾客的到达时间 $W_1,W_2,\cdots,W_n$ 的联合概率密度等于 $n$ 个独立的服从 $[0,t]$ 上均匀分布的随机变量的顺序统计量的联合概率密度.

**证** 设 $0 < t_1 < t_2 < \cdots < t_n < t_{n+1} = t$, 且取 $h_i$ 充分小, 使得 $t_i + h_i < t_{i+1}, i = 1, 2, \cdots, n$, 则在给定 $N(t) = n$ 条件下, 有

$$\begin{aligned}
&P\{t_i \leqslant W_i \leqslant t_i + h_i, i = 1, 2, \cdots, n | N(t) = n\} \\
=&\frac{P\{\text{在 } [t_i, t_i + h_i] \text{ 中有一个顾客到达}, i=1, 2, \cdots, n, [0, t] \text{ 中其余时间无顾客到达}\}}{P\{N(t)=n\}} \\
=&\frac{[\lambda h_1 \mathrm{e}^{-\lambda h_1} \cdots \lambda h_n \mathrm{e}^{-\lambda h_n} \cdot \mathrm{e}^{-\lambda(t-h_1-h_2-\cdots-h_n)}]}{\left[\dfrac{\mathrm{e}^{-\lambda t}(\lambda t)^n}{n!}\right]} \\
=&\frac{n! h_1 h_2 \cdots h_n}{t^n},
\end{aligned}$$

因此

$$\frac{P\{t_i \leqslant W_i \leqslant t_i + h_i, i = 1, 2, \cdots, n | N(t) = n\}}{h_1 h_2 \cdots h_n} = \frac{n!}{t^n},$$

令 $h_1 h_2 \cdots h_n \to 0$, 得 $W_1, W_2, \cdots, W_n$ 在已知 $N(t) = n$ 条件下的条件概率密度函数为

$$f_{W_1, W_2, \cdots, W_n | N(t)=n}(t_1, t_2, \cdots, t_n) = \begin{cases} \dfrac{n!}{t^n}, & 0 < t_1 < t_2 < \cdots < t_n < t, \\ 0, & \text{其他}. \end{cases}$$

由此可见对于 Poisson 过程 $\{N(t), t \geqslant 0\}$, 在 $N(t) = n$ 条件下, $n$ 个顾客到达时间 $W_1, W_2, \cdots, W_n$ 的联合条件分布与 $n$ 个相互独立且均服从 $[0, t]$ 上均匀分布的随机变量导出的一组顺序统计量的分布相同.

**例 2.4.3** 乘客依强度为 $\lambda$ 的 Poisson 过程到达火车站, 若火车站在时刻 $t$ 离站, 问在 $[0, t]$ 区间里乘客的平均总等待时间是多少?

**解** 设 $W_i$ 是第 $i$ 个乘客到达火车站的时间, 则该乘客到发车时间 $t$ 需等待时间 $t - W_i$. 又设在 $[0, t]$ 内总共来了乘客 $N(t)$ 人, 所以总等待时间为 $\sum\limits_{i=1}^{N(t)}(t - W_i)$, 所要求的平均总等待时间为 $E\left[\sum\limits_{i=1}^{N(t)}(t - W_i)\right]$. 由全数学期望公式得

$$E\left[\sum_{i=1}^{N(t)}(t - W_i)\right] = E\left\{E\left[\sum_{i=1}^{N(t)}(t - W_i) | N(t)\right]\right\},$$

而

$$E\left[\sum_{i=1}^{N(t)}(t - W_i) | N(t) = n\right] = nt - E\left[\sum_{i=1}^{N(t)} W_i | N(t) = n\right].$$

注意到, 由定理 2.4.5 知, 给定 $N(t)=n, W_i, i=1,2,\cdots,n$ 的联合分布与服从 $[0,t]$ 上均匀分布的 $n$ 个独立随机变量 $Y_i(i=1,2,\cdots,n)$ 所导出的一组顺序统计量 $Y_i^*(i=1,2,\cdots,n)$ 的联合分布相同, 于是

$$E\left[\sum_{i=1}^{N(t)} W_i | N(t)=n\right]=E\left(\sum_{i=1}^{n} Y_i^*\right)=E\left(\sum_{i=1}^{n} Y_i\right)=\frac{nt}{2},$$

因此

$$E\left[\sum_{i=1}^{N(t)} (t-W_i) | N(t)=n\right]=nt-\frac{nt}{2}=\frac{nt}{2},$$

故

$$E\left[\sum_{i=1}^{N(t)} (t-W_i)\right]=E\left\{E\left[\sum_{i=1}^{N(t)} (t-W_i) | N(t)\right]\right\}=E\left[\frac{tN(t)}{2}\right]=\frac{\lambda t^2}{2}.$$

### 2.4.4 非齐次 Poisson 过程

如果时刻 $t$ 来到的强度是 $t$ 的函数而不是常数, 可把 Poisson 过程推广到更一般的形式.

**定义 2.4.3** 如果计数过程 $\{N(t), t\geqslant 0\}$ 满足如下条件:

(i) $N(0)=0$;

(ii) 具有独立增量;

(iii) $P\{N(t+h)-N(t)\geqslant 2\}=o(h)$;

(iv) $P\{N(t+h)-N(t)=1\}=\lambda(t)h+o(h)$,

则称 $\{N(t), t\geqslant 0\}$ 为具有强度函数 $\lambda(t)(t\geqslant 0)$ 的**非齐次 Poisson 过程**(nonhomogeneous Poisson process).

**定理 2.4.6** 设 $\{N(t), t\geqslant 0\}$ 是强度函数为 $\lambda(t)(t\geqslant 0)$ 的非齐次 Poisson 过程, 若 $m(t)=\int_0^t \lambda(s)\mathrm{d}s$, 则

$$\begin{aligned}&P\{N(t+s)-N(t)=n\}\\ =&\exp\{-[m(t+s)-m(t)]\}\cdot\frac{[m(t+s)-m(t)]^n}{n!},\quad n=0,1,2,\cdots.\end{aligned}$$

**证** 对给定的 $t$, 令 $P_n(s)=P\{N(t+s)-N(t)=n\}$, 则有

$$\begin{aligned}P_0(s+h)&=P\{N(t+s+h)-N(t)=0\}\\&=P\{N(t+s)-N(t)=0, N(t+s+h)-N(t+s)=0\}\\&=P\{N(t+s)-N(t)=0\}\cdot P\{N(t+s+h)-N(t+s)=0\}\\&=P_0(s)[1-\lambda(t+s)h+o(h)].\end{aligned}$$

所以

$$\frac{P_0(s+h)-P_0(s)}{h}=-\lambda(t+s)P_0(s)+\frac{o(h)}{h},$$

令 $h\to 0$, 得

$$P_0'(s)=-\lambda(t+s)P_0(s),$$

解得

$$P_0(s)=\mathrm{e}^{-[m(t+s)-m(t)]}.$$

当 $n\geqslant 1$ 时, 有

$$\begin{aligned}P_n(s+h)=&P\{N(t+s+h)-N(t)=n\}\\=&P\{N(t+s)-N(t)=n,N(t+s+h)-N(t+s)=0\}\\&+P\{N(t+s)-N(t)=n-1,N(t+s+h)-N(t+s)=1\}\\&+\sum_{j=2}^{n}P\{N(t+s)-N(t)=n-j,N(t+s+h)-N(t+s)=j\}\\=&P\{N(t+s)-N(t)=n\}\cdot P\{N(t+s+h)-N(t+s)=0\}\\&+P\{N(t+s)-N(t)=n-1\}\cdot P\{N(t+s+h)-N(t+s)=1\}\\&+\sum_{j=2}^{n}[P\{N(t+s)-N(t)=n-j\}\cdot P\{N(t+s+h)-N(t+s)=j\}]\\=&P_n(s)[1-\lambda(t+s)h+o(h)]+P_{n-1}\lambda(t+s)h+o(h),\end{aligned}$$

因此有

$$\frac{P_n(s+h)-P_n(s)}{h}=-\lambda(t+s)P_n(s)+\lambda(t+s)P_{n-1}(s)+\frac{o(h)}{h}.$$

令 $h\to 0$, 得

$$P_n'(s)=-\lambda(t+s)P_n(s)+\lambda(t+s)P_{n-1}(s).$$

当 $n=1$ 时, 有

$$\begin{aligned}P_1'(s)=&-\lambda(t+s)P_1(s)+\lambda(t+s)P_0(s)\\=&-\lambda(t+s)P_1(s)+\lambda(t+s)\mathrm{e}^{-[m(t+s)-m(t)]},\end{aligned}$$

上式是关于 $P_1(s)$ 的**一阶线性 (非齐次) 微分方程**(1-order non-homogeneous linear differential equation), 利用初始条件 $P_1(0)=0$ 可解得

$$P_1(s)=[m(t+s)-m(t)]\mathrm{e}^{-[m(t+s)-m(t)]},$$

再利用数学归纳法即可得证.

**例 2.4.4**　设某设备的使用期限为 10 年, 在前 5 年内它平均 2.5 年需要维修一次, 后 5 年平均 2 年需要维修一次. 试求它在使用期限内只维修过一次的概率.

**解**　该设备在使用期内的维修次数是非齐次 Poisson 过程, 强度函数满足

$$m(5)=\int_0^5 \lambda(t)\mathrm{d}t=2.5,$$

$$m(10)-m(5)=\int_5^{10} \lambda(t)\mathrm{d}t=2,$$

$$m(10)=\int_0^{10} \lambda(t)\mathrm{d}t=\int_0^5 \frac{1}{2.5}\mathrm{d}t+\int_5^{10}\frac{1}{2}\mathrm{d}t=4.5.$$

因此,

$$P\{N(10)-N(0)=1\}=4.5\mathrm{e}^{-4.5}.$$

### 2.4.5　复合 Poisson 过程

人们在考虑设备故障所需的维修费用、自然灾害所造成的损失、股票市场的价格变化时都会碰到这样一类模型: 事件的发生依从某一 Poisson 过程, 而每次事件都还附带一个随机变量 (如费用、损失等). 这时人们感兴趣的不仅仅是事件发生的次数, 还想了解总费用或总损失. 这类模型可进一步抽象为如下的复合 Poisson 过程.

**定义 2.4.4**　设 $\{N(t),t\geqslant 0\}$ 是强度为 $\lambda$ 的 Poisson 过程, $\{Y_k,k=1,2,\cdots\}$ 是一列独立同分布的随机变量, 且与 $\{N(t),t\geqslant 0\}$ 独立, 令

$$X(t)=\sum_{k=1}^{N(t)} Y_k,\quad t\geqslant 0,$$

则称 $\{X(t),t\geqslant 0\}$ 为**复合 Poisson 过程**(compound Poisson process).

**定理 2.4.7**　若 $\{X(t),t\geqslant 0\}$ 是一复合 Poisson 过程, 则有

(i) $\{X(t),t\geqslant 0\}$ 是平稳独立增量过程;

(ii) $X(t)$ 的特征函数为

$$\phi_{X(t)}(u)=E\left[\frac{1}{2\pi}\mathrm{e}^{\mathrm{i}uX(t)}\right]=\frac{1}{2\pi}\mathrm{e}^{\lambda t(2\pi\phi_{Y_1}(u)-1)},$$

其中 $\phi_{Y_1}(u)$ 是 $Y_1$ 的特征函数;

(iii) 若 $E(Y_1^2)<\infty$, 则 $E[X(t)]=\lambda tE(Y_1)$, $D[X(t)]=\lambda tE(Y_1^2)$.

**证**　设 $0\leqslant t_1<t_2<\cdots<t_n$, 则

$$X(t_k)-X(t_{k-1})=\sum_{i=N(t_{k-1})+1}^{N(t_k)} Y_i,\quad k=1,2,\cdots,n.$$

由题设条件易证 $\{X(t), t \geqslant 0\}$ 具有独立增量性.

为证 $\{X(t), t \geqslant 0\}$ 具有平稳增量性, 只需证明 $\forall 0 \leqslant s < t, X(t)-X(s)$ 的特征函数是 $t-s$ 的函数, 即

$$\begin{aligned}\phi_{X(t)-X(s)}(u) &= E\left\{\frac{1}{2\pi}\mathrm{e}^{\mathrm{i}u[X(t)-X(s)]}\right\} = E\left\{E\left[\frac{1}{2\pi}\mathrm{e}^{\mathrm{i}u[X(t)-X(s)]}\Big|N(t)-N(s)\right]\right\} \\ &= \sum_{k=0}^{\infty} E\left[\frac{1}{2\pi}\mathrm{e}^{\mathrm{i}u[X(t)-X(s)]}\Big|N(t)-N(s)=k\right]\cdot P\{N(t)-N(s)=k\} \\ &= \sum_{k=0}^{\infty} E\left(\frac{1}{2\pi}\mathrm{e}^{\mathrm{i}u\sum_{j=1}^{k}Y_j}\right)\cdot P\{N(t)-N(s)=k\} \\ &= \sum_{k=0}^{\infty}\frac{[\lambda(t-s)2\pi\phi_{Y_1}(u)]^k}{2\pi k!}\mathrm{e}^{-\lambda(t-s)} = \frac{1}{2\pi}\mathrm{e}^{\lambda(t-s)[2\pi\phi_{Y_1}(u)-1]},\end{aligned}$$

所以 $\{X(t), t \geqslant 0\}$ 具有平稳增量性.

在上式中令 $s=0$ 得 $X(t)$ 的特征函数为

$$\phi_{X(t)}(u) = \frac{1}{2\pi}\mathrm{e}^{\lambda t[2\pi\phi_{Y_1}(u)-1]},$$

最后利用特征函数与矩的关系, 可得

$$m_X(t) = E[X(t)] = \lambda t E(Y_1), \quad D[X(t)] = \lambda t E(Y_1^2).$$

**例 2.4.5** 设某仪器在 $[0,t]$ 时间段内受到的随机冲击次数 $N(t)$ 是强度为 $\lambda$ 的 Poisson 过程, 且第 $i$ 次冲击引起的损伤为 $D_i, i=1,2,\cdots$, 诸 $D_i$ 是独立同分布的随机变量序列, 且和 $\{N(t), t \geqslant 0\}$ 独立. 又假设仪器受到冲击引起的损伤随时间按指数减小, 即如果振动的初始损伤为 $D$, 则振动之后经过时间 $t$ 后减小为 $D\mathrm{e}^{-\alpha t}(\alpha > 0)$. 假设损伤是可叠加的, 即在时刻 $t$ 的损伤可表示为 $D(t) = \sum\limits_{k=1}^{N(t)} D_k \mathrm{e}^{-\alpha(t-\tau_k)}$, 其中 $\tau_k$ 为仪器受到的第 $k$ 次冲击的时刻, 求 $E[D(t)]$.

**解**

$$\begin{aligned}E[D(t)|N(t)=n] &= E\left[\sum_{k=1}^{N(t)} D_k\mathrm{e}^{-\alpha(t-\tau_k)}\Big|N(t)=n\right] \\ &= E\left[\sum_{k=1}^{n} D_k\mathrm{e}^{-\alpha(t-\tau_k)}\Big|N(t)=n\right] \\ &= \sum_{k=1}^{n}\{E[D_k|N(t)=n]\cdot E[\mathrm{e}^{-\alpha(t-\tau_k)}\big|N(t)=n]\} \\ &= E[D_1]\mathrm{e}^{-\alpha t}E\left[\sum_{k=1}^{n}\mathrm{e}^{\alpha\tau_k}\Big|N(t)=n\right],\end{aligned}$$

令 $U_1, U_2, \cdots, U_n$ 为相互独立的 $[0,t]$ 上的均匀分布随机变量, 由定理 2.4.5

$$\begin{aligned} E\left[\sum_{k=1}^{n} \mathrm{e}^{\alpha\tau_k} | N(t)=n\right] &= E\left[\sum_{k=1}^{n} \mathrm{e}^{\alpha U_{(k)}}\right] \\ &= E\left[\sum_{k=1}^{n} \mathrm{e}^{\alpha U_k}\right] \\ &= nE\left[\mathrm{e}^{\alpha U_k}\right] \\ &= n \cdot \frac{1}{t}\int_0^t \mathrm{e}^{\alpha x}\mathrm{d}x \\ &= \frac{n}{\alpha t}(\mathrm{e}^{\alpha t}-1), \end{aligned}$$

所以

$$E[D(t)|N(t)=n] = E[D_1]\mathrm{e}^{-\alpha t} \cdot \frac{n}{\alpha t}(\mathrm{e}^{\alpha t}-1) = \frac{n}{\alpha t}(1-\mathrm{e}^{-\alpha t})E[D_1].$$

因此

$$E[D(t)] = E\{E[D(t)|N(t)=n]\} = \frac{\lambda E[D_1]}{\alpha}(1-\mathrm{e}^{-\alpha t}).$$

### 2.4.6 条件 Poisson 过程

将参数 $\lambda$ 推广为一正的随机变量的情形, 即为下面所述的条件 Poisson 过程.

**定义 2.4.5** 设随机变量 $\Lambda$ 的分布函数为 $G(\lambda), \lambda \geqslant 0$, 如果在 $\Lambda=\lambda$ 的条件下, 计数过程 $\{N(t), t \geqslant 0\}$ 是一个 Poisson 过程, 即 $\forall s,t \geqslant 0, \lambda \geqslant 0, n \in \mathbb{N}_0$, 有

$$P\{N(s+t)-N(s)=n|\Lambda=\lambda\} = \frac{(\lambda t)^n}{n!}\mathrm{e}^{-\lambda t}, \tag{2.20}$$

则称 $\{N(t), t \geqslant 0\}$ 是**条件 Poisson 过程**(conditional Poisson process).

**注** 这里 $\{N(t), t \geqslant 0\}$ 不是独立增量过程, 即条件 Poisson 过程不再是 Poisson 过程, 且由全数学概率公式有

$$P\{N(t+s)-N(s)=n\} = \int_0^\infty \frac{(\lambda t)^n}{n!}\mathrm{e}^{-\lambda t}\mathrm{d}G(\lambda).$$

若 $\Lambda$ 为离散型随机变量, 则有

$$P\{N(t+s)-N(s)=n\} = \sum_{i=0}^{\infty} \frac{(\lambda_i t)^n}{n!}\mathrm{e}^{-\lambda_i t} \cdot P\{\Lambda=\lambda_i\}.$$

进一步, 利用条件概率公式可得

$$P\{\Lambda \leqslant y|N(t)=n\}=\frac{P\{\Lambda \leqslant y, N(t)=n\}}{P\{N(t)=n\}}=\begin{cases}\dfrac{\displaystyle\int_0^y \frac{(\lambda t)^n}{n!}\mathrm{e}^{-\lambda t}\mathrm{d}G(\lambda)}{\displaystyle\int_0^{\infty} \frac{(\lambda t)^n}{n!}\mathrm{e}^{-\lambda t}\mathrm{d}G(\lambda)},\\ \dfrac{\displaystyle\sum_{\lambda_i \leqslant y}\frac{(\lambda_i t)^n}{n!}\mathrm{e}^{-\lambda_i t}P\{\Lambda=\lambda_i\}}{\displaystyle\sum_i \frac{(\lambda_i t)^n}{n!}\mathrm{e}^{-\lambda_i t}P\{\Lambda=\lambda_i\}}.\end{cases}$$

**例 2.4.6** 假定某地区在给定的季节中发生地震的强度是随机变量 $\Lambda$, 其分布律为

$$P\{\Lambda=\lambda_1\}=p,\quad P\{\Lambda=\lambda_2\}=q=1-p.$$

设该地区在给定的季节 $[0,t]$ 里发生了 $N(t)=n$ 次地震, 则地震强度为 $\lambda_1$ 的概率为

$$P\{\Lambda=\lambda_1|N(t)=n\}=\frac{p(\lambda_1 t)^n\mathrm{e}^{-\lambda_1 t}}{p(\lambda_1 t)^n\mathrm{e}^{-\lambda_1 t}+q(\lambda_2 t)^n\mathrm{e}^{-\lambda_2 t}}.$$

在 $N(t)=n$ 的条件下, 从 $t$ 时刻开始直到下一次出现地震的时间 $X$ 的条件分布为

$$P\{X \leqslant x|N(t)=n\}=\frac{p(\lambda_1 t)^n\mathrm{e}^{-\lambda_1 t}(1-\mathrm{e}^{-\lambda_1 x})+q(\lambda_2 t)^n\mathrm{e}^{-\lambda_2 t}(1-\mathrm{e}^{-\lambda_2 x})}{p(\lambda_1 t)^n\mathrm{e}^{-\lambda_1 t}+q(\lambda_2 t)^n\mathrm{e}^{-\lambda_2 t}}.$$

由条件概率及 Poisson 分布的性质可得

$$\begin{aligned}P\{N(s)=k|N(t)=n\}&=\frac{P\{N(s)=k, N(t)=n\}}{P\{N(t)=n\}}\\&=\frac{P\{N(s)=k, N(t)-N(s)=n-k\}}{P\{N(t)=n\}}\\&=\frac{P\{N(s)=k\}P\{N(t)-N(s)=n-k\}}{P\{N(t)=n\}}\\&=\frac{\mathrm{e}^{-\lambda s}\dfrac{(\lambda s)^k}{k!}\mathrm{e}^{-\lambda(t-s)}\dfrac{[\lambda(t-s)]^{n-k}}{(n-k)!}}{\mathrm{e}^{-\lambda t}\dfrac{(\lambda t)^n}{n!}}\\&=\mathrm{C}_n^k\left(\frac{s}{t}\right)^k\left(1-\frac{s}{t}\right)^{n-k}.\end{aligned}$$

这是一个参数为 $n$ 和 $\dfrac{s}{t}$ 的二项分布.

**例 2.4.7** 设 $\{N_1(t), t \geqslant 0\}$ 和 $\{N_2(t), t \geqslant 0\}$ 是强度分别为 $\lambda_1$ 和 $\lambda_2$ 的 Poisson 过程. 记 $W_k^{(1)}$ 为过程 $N_1(t)$ 中第 $k$ 个顾客到达的时间, $W_1^{(2)}$ 为过程 $N_2(t)$ 中第 1 个顾客的到达时间, 求 $P\{W_k^{(1)}<W_1^{(2)}\}$.

**解**　设 $W_k^{(1)}$ 的取值为 $x$, $W_1^{(2)}$ 的取值为 $y$, 则其概率密度函数分别为

$$f_{W_k^{(1)}}(x)=\begin{cases}\lambda_1\mathrm{e}^{-\lambda_1 x}\dfrac{(\lambda_1 x)^{k-1}}{(k-1)!}, & x\geqslant 0,\\ 0, & \text{其他},\end{cases}$$

$$f_{W_1^{(2)}}(y)=\begin{cases}\lambda_2\mathrm{e}^{-\lambda_2 y}, & y\geqslant 0,\\ 0, & \text{其他},\end{cases}$$

则

$$P\{W_k^{(1)}<W_1^{(2)}\}=\iint\limits_D f(x,y)\mathrm{d}x\mathrm{d}y,$$

其中 $D$ 是由 $y=x$ 与 $y$ 轴所围区域.

设 $f(x,y)$ 是 $W_k^{(1)}$ 和 $W_1^{(2)}$ 的联合概率密度函数. 因为 $N_1(t)$ 与 $N_2(t)$ 相互独立, 故

$$f(x,y)=f_{W_k^{(1)}}(x)f_{W_1^{(2)}}(y),$$

所以

$$\begin{aligned}P\{W_k^{(1)}<W_1^{(2)}\}&=\iint\limits_D f(x,y)\mathrm{d}x\mathrm{d}y\\&=\int_0^{\infty}\int_x^{\infty}\lambda_1\mathrm{e}^{-\lambda_1 x}\frac{(\lambda_1 x)^{k-1}}{(k-1)!}\cdot\lambda_2\mathrm{e}^{-\lambda_2 y}\mathrm{d}y\mathrm{d}x\\&=\left(\frac{\lambda_1}{\lambda_1+\lambda_2}\right)^k.\end{aligned}$$

在实际问题中有时要把顾客分为不同类型. 比如顾客按强度为 $\lambda$ 的 Poisson 过程到达. $N_i(t)$ 表示在 $[0,t]$ 中到达的第 $i(i=1,2)$ 类顾客. 假定时刻 $s$ 到达的顾客与其他到达的顾客是独立的, $s$ 时刻到达的顾客是第 1 类的概率是 $P(s)$, 是第 2 类的概率为 $1-P(s)$. 我们可得关于 $N_1(t)$ 和 $N_2(t)$ 的关系如下.

**定理 2.4.8**　$N_1(t)$ 和 $N_2(t)$ 是相互独立的随机变量, 分别服从均值为 $\lambda tp$ 和 $\lambda t(1-p)$ 的 Poisson 分布, 其中

$$p=\frac{1}{t}\int_0^t P(s)\mathrm{d}s.$$

**证**　在 $[0,t]$ 中到达的任一顾客, 他在 $s$ 时刻到达, 则他是第 1 类的概率是 $P(s)$. 由定理 2.4.5, 时刻 $s$ 服从 $[0,t]$ 上的均匀分布. 这样, 把条件加在到达时间 $s$ 上, 有

$$p=P\{\text{一个到达顾客是第一类的}\}=\frac{1}{t}\int_0^t P(s)\mathrm{d}s,$$

而且由条件可知, 与其他顾客到达是相互独立的. 因此

$$P\{N_1(t)=n, N_2(t)=m|N(t)=n+m\}$$

正好是 $n+m$ 次 Bernoulli 试验中, 第一类顾客出现 $n$ 次的概率. 故取值 $\mathrm{C}_{n+m}^n p^n(1-p)^m$, 所以有

$$\begin{aligned}
&P\{N_1(t)=n, N_2(t)=m\}\\
=&P\{N_1(t)=n, N_2(t)=m|N(t)=n+m\}P\{N(t)=n+m\}\\
=&\mathrm{C}_{n+m}^n p^n(1-p)^m\cdot \mathrm{e}^{-\lambda t}\frac{(\lambda t)^{n+m}}{(n+m)!}\\
=&\mathrm{e}^{-\lambda tp}\frac{(\lambda tp)^n}{n!}\cdot \mathrm{e}^{-\lambda t(1-p)}\frac{[\lambda t(1-p)]^m}{m!}.
\end{aligned}$$

**例 2.4.8　$M/G/\infty$ 排队.**

这里 $M/G/\infty$ 表示一个**随机服务系统**(stochastic service system), 其中 $M$ 表示顾客到达服务台的过程是强度为 $\lambda$ 的 Poisson 过程, $G$ 表示每个顾客到达后的服务时间 $Y$ 是独立同分布的随机变量, 其分布函数为 $G(t)$. $\infty$ 表示服务员的人数是无穷多, 即表示顾客到达服务台立即接受服务而无须等待. 我们要考虑这一随机服务系统的效率, 也就是要计算到时间 $t$ 已经服务完的顾客数与未服务完的顾客数的联合分布. 设 $N_1(t)$ 表示到 $t$ 时已经服务完的顾客数, $N_2(t)$ 表示到 $t$ 时还未服务完的顾客数. 假定顾客于时刻 $s$ 时到达, $s<t$, 那么他到 $t$ 时已经服务完就意味着他的服务时间 $Y\leqslant t-s$. 故其概率为 $G(t-s)$. 这就是定理 2.4.8 中的 $P(s)$. 由定理 2.4.8 可以得到 $N_1(t)$ 与 $N_2(t)$ 的联合分布密度, 由此可知,

$$E[N_1(t)]=\lambda tp=\lambda\int_0^t G(t-s)\mathrm{d}s=\lambda\int_0^t G(y)\mathrm{d}y,$$

$$E[N_2(t)]=\lambda t(1-p)=\lambda\int_0^t(1-G(y))\mathrm{d}y=\lambda t-\lambda\int_0^t G(y)\mathrm{d}y.$$

# 习　题　2

1. 通过连续抛掷一枚硬币, 确定随机过程

$$X(t)=\begin{cases}\cos(\pi t), & \text{在 } t \text{ 时刻出现正面},\\ 2, & \text{在 } t \text{ 时刻出现反面},\end{cases}$$

求: (1) 一维分布函数 $F\left(\frac{1}{2},x\right)$, $F(1,x)$;

(2) 二维分布函数 $F\left(\frac{1}{2},1;x_1,x_2\right)$.

2. 设随机过程 $\{X(t)=A\cos t, t\in\mathbb{R}\}$, 其中 $A$ 是随机变量, 其分布律为

$$P\{A=i\}=\frac{1}{3},\quad i=1,2,3,$$

求: (1) 一维分布函数 $F\left(\frac{\pi}{3},x\right), F\left(\frac{\pi}{2},x\right)$;

(2) 二维分布函数 $F\left(0,\frac{\pi}{4},1;x_1,x_2\right)$;

(3) 均值函数 $m_X(t)$;

(4) 自协方差函数 $\Gamma_X(s,t)$.

3. $\{X(t),t\in\mathbb{R}\}$ 在每一个长度为 $T$ 的区间 $[(n-1)T,nT]$, $n=0,\pm1,\pm2,\cdots$ 上等概率地取值 $+1$ 或者 $-1$, 且在不同区间上取值是独立的, 则称 $\{X(t),t\in\mathbb{R}\}$ 是半随机二元波. 令

$$Y(t)=X(t-\xi),$$

其中 $\xi$ 服从 $[0,T]$ 上的均匀分布, $\xi$ 与 $X(t)$ 相互独立. $\{Y(t)\}$ 称为随机二元波. 求 $Y(t)$ 的均值函数和自相关函数.

4. 设随机过程 $X(t)=A\sin(\omega t+\xi)$, 其中 $A,\omega$ 都为正常数, 且 $\xi\sim N(0,\sigma^2)$, 求均值函数 $m_X(t)$ 和方差函数 $DX(t)$.

5. 设随机过程 $X(t)=A\cos(\alpha t)+B\sin(\beta t), t\in\mathbb{R}$, 其中 $A\sim N(\mu_1,\sigma_1^2), B\sim N(\mu_2,\sigma_2^2)$, 且 $A$ 与 $B$ 相互独立, 求:

(1) 自协方差函数 $\Gamma_X(s,t)$;

(2) 一维密度函数 $f(t,x)$;

(3) 二维密度函数 $f(s,t;x,y)$.

6. 设 $\{X_n,n\geqslant1\}$ 是独立同分布随机变量序列, $E(X_n)=0$, $E|X_n|<\infty$, 令 $M_n=\sum\limits_{k=1}^{n}X_k$, 试证明: $\{M_n,n\geqslant1\}$ 是鞅.

7. 设 $\{W(t),t\geqslant0\}$ 为参数为 $\sigma^2$ 的 Wiener 过程,

(1) 对非零常数 $c$, 试证过程 $\left\{cW\left(\frac{t}{c^2}\right),t\geqslant0\right\}$ 是 Wiener 过程;

(2) 对 $a>0$, 试证过程 $\{W(a+t)-W(a),t\geqslant0\}$ 是 Wiener 过程.

8. (1)$\{X(t),t\in[0,1]\}$ 是一个参数 $\sigma^2=1$ 的 Wiener 过程, 求 $f(t,1;x_1,x_2)$;

(2) 求给定 $X(0)=X(1)=0$ 的条件下, $X(t)$ 的条件概率密度.

9. $\{X(t)\}$ 是一个连续时间的正态过程, 均值函数和自相关函数分别为

$$m_X(t)=3t,\quad \Gamma_X(t_1,t_2)=9\mathrm{e}^{-2|t_1-t_2|},$$

求 $P\{X(3)<6\}$, $P\{X(1)+X(2)>15\}$ 和联合密度函数 $f(t,t+s;x_1,x_2)$.

10. $\{N(t),t\geqslant0\}$ 是参数为 $\lambda$ 的 Poisson 过程, $W_n$ 是第 $n$ 个到达时间, 求 $E[W_n]$ 和 $\mathrm{Var}[W_n]$.

11. 设 $\{N(t),t\geqslant0\}$ 是强度为 $\lambda$ 的 Poisson 过程, 令

$$S_T=\int_0^T N(t)\mathrm{d}t,$$

试求 $E[S_T]$ 和 $\mathrm{Var}[S_T]$.

12. 设 $\{X_1(t), t \geqslant 0\}$ 和 $\{X_2(t), t \geqslant 0\}$ 是两个独立的分别服从参数为 $\lambda_1$ 和 $\lambda_2$ 的 Poisson 过程, 试证明:

(1) $\{X_1(t)+X_2(t), t \geqslant 0\}$ 服从参数为 $\lambda_1+\lambda_2$ 的 Poisson 过程;

(2) 试证明: $\{X_1(t)-X_2(t)\}$ 不是 Poisson 过程.

13. 一个非齐次 Poisson 过程 $\{N(t), t \geqslant 0\}$, 其强度函数

$$\lambda(t)=\frac{1}{2}(1+\cos \omega t),$$

求 $N(t)$ 的特征函数、均值函数和方差函数.

14. 设顾客以每分钟 2 人的速率到达商场, 这一过程可用 Poisson 过程来描述, 进入商场的每位顾客的消费额服从均值为 200 元的正态分布, 求:

(1) 在 5 分钟内至少有一个顾客到来的概率;

(2) 商场一个小时的平均营业额.

15. $N(t)$ 是参数为 $\lambda$ 的 Poisson 过程, 用于计数 $[0, t]$ 时间内某事件发生的次数. 假设每次事件发生时都抛一次硬币, 并记录硬币的正反面结果. $N_1(t)$ 和 $N_2(t)$ 分别是 $[0, t]$ 时间内硬币正面和反面的次数. 假设 $p$ 是抛到正面的概率.

(1) 计算 $P\{N_1(t)=j, N_2(t)=k \mid N(t)=k+j\}$;

(2) 利用 (1) 中的结论证明 $N_1(t)$ 和 $N_2(t)$ 是参数分别为 $p\lambda t$ 和 $(1-p)\lambda t$ 的 Poisson 随机变量, 并计算 $P\{N_1(t)=j, N_2(t)=k\}$.

16. 对于一个条件 Poisson 过程:

(a) 解释为什么条件 Poisson 过程有平稳增量但无独立增量.

(b) 在已知 $\{N(s), 0 \leqslant s \leqslant t\}$, 即过程直到 $t$ 时的历史资料条件下, 计算 $\Lambda$ 的条件分布, 并且证明它只依赖于 $N(t)$. 解释为什么会是这样.

(c) 在已知 $N(t)=n$ 的条件下, 计算 $t$ 之后第一个事件发生的时刻的条件分布.

(d) 计算

$$\lim_{h \rightarrow 0} \frac{P\{N(h) \geqslant 1\}}{h}.$$

(e) 以 $X_1, X_2, \cdots$ 记为来到间隔. 它们独立吗? 它们同分布吗?

17. 设电话总机在 $(0, t]$ 内接到电话呼叫次数 $X(t)$ 是具有强度 (每分钟) 为 $\lambda$ 的 Poisson 过程, 求:

(1) 两分钟接到三次呼叫的概率;

(2) "第二分钟内接收到第三次呼叫" 的概率.

18. 设移民到某地区定居的户数是一 Poisson 过程, 平均每周有两户定居, 即 $\lambda=2$. 如果每户的人口数是随机变量, 一户四人的概率为 $\frac{1}{6}$, 一户三人的概率为 $\frac{1}{3}$, 一户二人的概率为 $\frac{1}{3}$, 一户一人的概率为 $\frac{1}{6}$, 并且每户的人口数是相互独立的, 求在五周内移民到该地区人口的数学期望与方差.

19. 设随机变量序列 $\{X_n, n \geqslant 0\}$, 满足 $E|X_n| < \infty$, 且

$$E[X_{n+1} \mid X_0, X_1, \cdots, X_n] = \alpha X_n + \beta X_{n-1}, \quad n > 0,\ \beta, \alpha > 0,$$

令 $Y_n = X_n + bX_{n-1}$, $n \geqslant 1$, $Y_0 = X_0$. 选择适合的 $\alpha, \beta, b$ 使得 $\{Y_n, n \geqslant 0\}$ 关于 $\{X_n, n \geqslant 0\}$ 是鞅.

20. 设 $\{W(t), t \geqslant 0\}$ 是参数为 $\sigma^2$ 的 Wiener 过程, 求下列过程的均值函数和相关函数:

(1) $X(t) = W^2(t),\ t \geqslant 0$;

(2) $X_t = tW\left(\dfrac{1}{t}\right),\ t \geqslant 0$;

(3) $X(t) = c^{-1}W(c^2 t),\ t \geqslant 0$;

(4) $X(t) = W(t) - tW(t),\ 0 \leqslant t \leqslant 1$.

21. 有红、绿、蓝三种颜色的车, 分别以强度为 $\lambda_R, \lambda_G, \lambda_B$ 的 Poisson 流到达某哨卡, 设它们是相互独立的. 把汽车合并成单个输出过程 (假设汽车没有长度, 没有延时).

(1) 求两辆汽车之间的时间间隔的概率密度函数;

(2) 求在 $t_0$ 时刻观察到一辆红色汽车, 下一辆汽车将是 (a) 红色, (b) 蓝色, (c) 非红色的概率;

(3) 求在 $t_0$ 时刻观察到一辆红色汽车, 下三辆是红色, 然后又是一辆非红色汽车将到达的概率.

22. 设 $\{X_n, n = 0, 1, 2, \cdots\}$ 是随机变量序列, $v_n = g_n(X_0, X_1, \cdots, X_{n-1})$, $|v_n| \leqslant K$, 令 $Y_0 = X_0$, 有

$$Y_n = \sum_{k=1}^{n} v_k (X_k - X_{k-1}) + X_0.$$

(1) 若 $\{X_n, n = 0, 1, 2, \cdots\}$ 是下鞅, $v_n \geqslant 0$, 证明

$$E(Y_{n+1} \mid X_0, X_1, \cdots, X_n) \geqslant Y_n, \quad n = 0, 1, 2, \cdots;$$

(2) 若 $\{X_n, n = 0, 1, 2, \cdots\}$ 是上鞅, $v_n \geqslant 0$, 证明

$$E(Y_{n+1} \mid X_0, X_1, \cdots, X_n) \leqslant Y_n, \quad n = 0, 1, 2, \cdots;$$

(3) 若 $\{X_n, n = 0, 1, 2, \cdots\}$ 是鞅, 证明

$$E(Y_{n+1} \mid X_0, X_1, \cdots, X_n) = Y_n, \quad n = 0, 1, 2, \cdots.$$

23. 设 $Y_n$ 和 $X_n$ 为两个随机变量序列, $E|Y_n| < \infty, n = 0, 1, \cdots$, 记

$$Z_0 = 0;$$

$$Z_n = Y_n - E(Y_n \mid X_0, X_1, \cdots, X_{n-1}), \quad n \geqslant 1,$$

$$M_n = \sum_{i=1}^{n} Z_i,$$

证明 $\{M_n\}$ 关于 $\{X_n\}$ 为鞅.

# 第3章　更新过程

第 2 章我们了解到 Poisson 过程是事件发生的时间间隔 $X_1, X_2, \cdots$ 服从同一指数分布的计数过程. 如果事件到达的时间间隔是独立同分布的随机变量, 但其分布为任意分布, 这样的计数过程叫做**更新过程**(renewal process).

## 3.1　更新过程的定义

**定义 3.1.1**　设 $\{X_n, n=1,2,\cdots\}$ 是一列独立同分布的非负随机变量, 共同的分布函数为 $F(x)$, 且 $F(0)=P\{X_n=0\}\neq 1$, 令 $S_0=0, S_n=\sum\limits_{k=1}^{n} X_k$, 对 $\forall t>0$, 记

$$N(t)=\sup\{n: S_n \leqslant t\}, \tag{3.1}$$

则称 $\{N(t), t\geqslant 0\}$ 为**更新过程**.

更新过程的一个典型例子就是机器零件更换问题. 在 0 时刻, 安装上一个新零件并开始运行, 设此零件在 $X_1$ 时刻损坏, 然后立即用一个新零件替换, 设第二个零件在 $X_2$ 时刻损坏, 同样马上换上第三个零件 …… 这样一直进行下去. 则到 $t$ 时刻为止所更换的零件总数目就构成一个更新过程.

在更新过程中我们将事件发生一次叫做一次**更新**(renewal), 从而定义 3.1.1 中的 $X_n$ 就是第 $n-1$ 次和第 $n$ 次更新之间的时间间隔, $S_n$ 是第 $n$ 次更新发生的时刻, 而 $N(t)$ 则是到 $t$ 时刻为止发生的总更新次数. 更新过程在生物遗传、排水系统、可靠性工程、人口增长以及经济管理领域有着广泛应用.

### 3.1.1　$N(t)$ 的分布与更新函数

由强大数定律可知

$$\frac{S_n}{n} \xrightarrow{\text{a.s.}} \mu, \tag{3.2}$$

其中 $\mu=E(X_n)=\int_0^{\infty} x\mathrm{d}F(x)$. 由于 $\mu>0$, 因此当 $n\to\infty$ 时, $S_n\to\infty$, 即无限次更新只可能出现在无限长的时间内, 也就是说有限时间 $[0,t]$ 内更新过程只会发生有限次更新.

由事件 $\{N(t) \geqslant n\}$ 等价于 $\{S_n \leqslant t\}$, 可得

$$\begin{aligned} P\{N(t)=n\} &= P\{N(t) \geqslant n\} - P\{N(t) \geqslant n+1\} \\ &= F_n(t) - F_{n+1}(t), \end{aligned} \tag{3.3}$$

其中 $F_n$ 是 $F$ 的 $n$ 重卷积, 记为 $F_n = \underbrace{F * F * \cdots * F}_{n个}$.

令 $m(t) = E[N(t)]$, 称 $m(t)$ 为更新过程 $N(t)$ 的**更新函数**(renewal function), 易知

$$\begin{aligned} m(t) = \sum_{n=0}^{\infty} nP\{N(t)=n\} &= \sum_{n=1}^{\infty} n[P\{N(t) \geqslant n\} - P\{N(t) \geqslant n+1\}] \\ &= \sum_{n=1}^{\infty} P\{N(t) \geqslant n\} = \sum_{n=1}^{\infty} P\{S_n \leqslant t\} \qquad (3.4) \\ &= \sum_{n=1}^{\infty} F_n(t). \qquad (3.5) \end{aligned}$$

**例 3.1.1**　设 $\{N(t), t \geqslant 0\}$ 是更新过程, 其更新时间间隔 $X_n$ 服从参数为 $m$ 和 $\lambda$ 的 $\Gamma$ 分布, 其密度函数为

$$f(x) = \begin{cases} \dfrac{\lambda(\lambda x)^{m-1}\mathrm{e}^{-\lambda x}}{(m-1)!}, & x > 0, \\ 0, & 其他, \end{cases}$$

求 $P\{N(t)=n\}$.

**解**　$X_n$ 的特征函数为

$$\phi(s) = E\left(\mathrm{e}^{\mathrm{i}sX_n}\right) = \int_0^{\infty} \frac{\lambda(\lambda x)^{m-1}\mathrm{e}^{(\mathrm{i}s-\lambda)x}}{(m-1)!}\mathrm{d}x = \left(1 - \frac{\mathrm{i}s}{\lambda}\right)^{-m},$$

所以 $S_n = \sum\limits_{k=1}^{n} X_k$ 的特征函数为

$$\phi_n(s) = [\phi(s)]^n = \left(1 - \frac{\mathrm{i}s}{\lambda}\right)^{-mn}.$$

故 $S_n$ 的概率密度函数为

$$f_n(t) = \begin{cases} \dfrac{\lambda(\lambda t)^{mn-1}\mathrm{e}^{-\lambda t}}{(mn-1)!}, & t > 0, \\ 0, & 其他, \end{cases}$$

分布函数为

$$
\begin{aligned}
F_n(t) &= \frac{\lambda^{mn}}{(mn-1)!} \int_0^t y^{mn-1} \mathrm{e}^{-\lambda y} \mathrm{d}y \\
&= 1 - \mathrm{e}^{-\lambda t} \sum_{k=0}^{mn-1} \frac{(\lambda t)^k}{k!}.
\end{aligned}
$$

因此,

$$
P\{N(t)=n\} = F_n(t) - F_{n+1}(t) = \mathrm{e}^{-\lambda t} \sum_{k=mn}^{mn+m-1} \frac{(\lambda t)^k}{k!}.
$$

**定理 3.1.1** $m(t)$ 是关于 $t$ 的增函数, 且 $\forall t \geqslant 0$, $m(t) < \infty$.

**证** 由于 $N(t)$ 是关于 $t$ 单调增, 故 $m(t)$ 也关于 $t$ 单调增. 下面证明 $m(t)$ 是有限的.

由假设 $F(0) = P\{X_n = 0\} < 1$, 故 $P\{X_n > 0\} > 0$. 由于 $\{X_n > 0\} = \bigcup_{k=1}^{\infty} \left\{X_n > \frac{1}{k}\right\}$, 所以必存在 $\alpha > 0$, 使得 $P\{X_n \geqslant \alpha\} > 0$. 令

$$
\overline{X_n} = \begin{cases} \alpha, & X_n \geqslant \alpha, \\ 0, & X_n < \alpha, \end{cases}
$$

又由 $\overline{X_n} \leqslant X_n$ 知, $N(t) \leqslant \overline{N(t)}$, 因此

$$
m(t) = E[N(t)] < \infty.
$$

**例 3.1.2** 考虑一个时间离散的计数过程 $\{N_i, i=1,2,\cdots\}$, 在每个时刻独立地做 Bernoulli 试验, 设成功的概率为 $p$, 失败的概率为 $q=1-p$. 以试验成功作为更新事件, 则此过程是更新过程, 求它的更新函数 $M(n)$.

**解** 显然该更新过程的时间间隔为独立同分布的几何分布

$$
P\{X_i = j\} = pq^{j-1}, \quad i=1,2,\cdots,
$$

则第 $r$ 次成功 (更新) 发生的时刻 $S_r = \sum\limits_{k=0}^{r} X_k$ 服从负二项分布

$$
P\{S_r = n\} = \mathrm{C}_{n-1}^{r-1} p^r q^{n-r}.
$$

由此, 可得

$$
\begin{aligned}
P\{N_m = r\} &= P\{S_r = m\} - P\{S_{r+1} = m\} \\
&= \sum_{n=r}^{m} \mathrm{C}_{n-1}^{r-1} p^r q^{n-r} - \sum_{n=r+1}^{m} \mathrm{C}_{n-1}^{r} p^{r+1} q^{n-r-1},
\end{aligned}
$$

所以, 更新函数

$$m(k)=\sum_{r=0}^{k} rP\{N_k=r\}.$$

### 3.1.2　更新方程及其应用

**定义 3.1.2**　称形如

$$K(t)=h(t)+\int_0^t K(t-x)\mathrm{d}F(x),\quad t\geqslant 0 \tag{3.6}$$

的积分方程为**更新方程**(renewal equation), 其中 $h(t)$, $F(t)$ 均为已知函数.

**定理 3.1.2**　设 $h(t)$ 是有界函数, $F(t)$ 是分布函数, 则更新方程存在唯一解, 其解的形式为

$$K(t)=h(t)+\int_0^t h(t-s)\mathrm{d}m(s), \tag{3.7}$$

其中 $m(t)=\sum\limits_{n=1}^{\infty}F_n(t)$ 是分布函数 $F(t)$ 的更新函数, 且该解在有限区间内是有界的.

**证**　首先证明 $K(t)=h(t)+\int_0^t h(t-s)\mathrm{d}m(s)$ 是方程 $K(t)=h(t)+\int_0^t K(t-x)\mathrm{d}F(x), t\geqslant 0$ 的解. 事实上,

$$\begin{aligned}
K(t)&=h(t)+\int_0^t h(t-s)\mathrm{d}m(s)=h(t)+h(t)*m(t)\\
&=h(t)+\sum_{n=1}^{\infty}h(t)*F_n(t)\\
&=h(t)+h(t)*F(t)+\sum_{n=2}^{\infty}h(t)*F_n(t)\\
&=h(t)+\left[h(t)+\sum_{n=2}^{\infty}h(t)*F_{n-1}(t)\right]*F(t)\\
&=h(t)+\left[h(t)+h(t)*\sum_{n=1}^{\infty}F_n(t)\right]*F(t)\\
&=h(t)+[h(t)+h(t)*m(t)]*F(t)\\
&=h(t)+K(t)*F(t)=h(t)+\int_0^t K(t-x)\mathrm{d}F(x).
\end{aligned}$$

下面证明解的唯一性. 设另有 $\tilde{K}(t)$ 也满足更新方程, 即有

$$\tilde{K}(t)=h(t)+\int_0^t \tilde{K}(t-x)\mathrm{d}F(x)=h(t)+\tilde{K}(t)*F(t).$$

反复利用上式, 可得

$$\begin{aligned}\tilde{K}(t)&=h(t)+\tilde{K}(t)*F(t)=h(t)+h(t)*F(t)+\tilde{K}(t)*F_2(t)\\&=\cdots=h(t)+h(t)*\sum_{k=1}^{n-1}F_k(t)+\tilde{K}(t)*F_n(t).\end{aligned}$$

因为 $\forall t\geqslant 0$, $m(t)=\sum\limits_{n=1}^{\infty}F_n(t)$ 收敛, 所以 $\lim\limits_{n\to\infty}F_n(t)=0$.

因此, 在上式两边令 $n\to\infty$, 可得 $\tilde{K}(t)=h(t)+h(t)*m(t)$, 即 $\tilde{K}(t)=K(t)$.

最后证明在任何有限区间 $[0,T]$ 内 $K(t)$ 是有界的. 因为

$$\begin{aligned}\sup_{0\leqslant t\leqslant T}|K(t)|&=\sup_{0\leqslant t\leqslant T}\left|h(t)+\int_0^t h(t-x)\mathrm{d}m(x)\right|\\&\leqslant\sup_{0\leqslant t\leqslant T}|h(t)|+\sup_{0\leqslant t\leqslant T}|h(t)|[m(T)-m(0)]<\infty.\end{aligned}$$

**定理 3.1.3** 若记 $\mu=E(X_1)$, 则有

$$P\left\{\lim_{t\to\infty}\frac{N(t)}{t}=\frac{1}{\mu}\right\}=1. \tag{3.8}$$

**证** 因为

$$S_{N(t)}\leqslant t<S_{N(t)+1},$$

可得

$$\frac{S_{N(t)}}{N(t)}\leqslant\frac{t}{N(t)}<\frac{S_{N(t)+1}}{N(t)+1}\cdot\frac{N(t)+1}{N(t)}. \tag{3.9}$$

又由强大数定理有

$$\frac{S_{N(t)}}{N(t)}\xrightarrow{\text{a.s.}}\mu,$$

$$\frac{S_{N(t)+1}}{N(t)+1}\cdot\frac{N(t)+1}{N(t)}\xrightarrow{\text{a.s.}}\mu,$$

命题得证.

下面为讨论**Wald 等式**(Wald's equation), 先引入停时的概念.

**定义 3.1.3** 设 $\{X_n,n\geqslant 1\}$ 为随机序列, $N$ 为取非负整数的随机变量. 如果对任意非负整数 $n$, 事件 $\{N=n\}$ 仅依赖于 $X_1,X_2,\cdots,X_n$ 而与 $X_{n+1},X_{n+2},\cdots$ 独立, 则称 $N$ 关于 $\{X_n,n\geqslant 1\}$ 是**停时**(stopping time).

停时的直观意义为: 当我们依次观察诸 $X_n$, 以 $N$ 表示在停止观察前所观察的次数, 如果 $N=n$, 那么我们是在已经观察到 $X_1,X_2,\cdots,X_n$ 后, 还未观察 $X_{n+1}$, $X_{n+2},\cdots$ 前停止观察的.

**定理 3.1.4** (Wald 等式)　设随机序列 $\{X_n, n \geqslant 1\}$ 独立同分布, $\mu = E(X_1) < \infty$, $N$ 是关于 $\{X_n, n \geqslant 1\}$ 的停时, 且 $E(N) < \infty$, 则

$$E\left(\sum_{n=1}^{N} X_n\right) = E(X_1)E(N). \tag{3.10}$$

**证**　令

$$I_n = \begin{cases} 1, & N \geqslant n, \\ 0, & N < n, \end{cases}$$

则

$$\sum_{n=1}^{N} X_n = \sum_{n=1}^{\infty} (X_n I_n).$$

由于 $\{I_n = 0\} = \{N < n\} = \bigcup\limits_{k=1}^{n-1} \{N = k\}$ 仅依赖于 $X_1, X_2, \cdots, X_{n-1}$ 而与 $X_n$, $X_{n+1}, \cdots$ 独立, 故 $\{I_n = 1\} = \left[\bigcup\limits_{k=1}^{n-1} \{N = k\}\right]^{\mathrm{c}}$ 也与 $X_n, X_{n+1}, \cdots$ 独立, 因此 $I_n$ 与 $X_n$ 独立, 于是有

$$E(X_n I_n) = E(X_n)E(I_n),$$

所以

$$E\left(\sum_{n=1}^{N} X_n\right) = \sum_{n=1}^{\infty} [E(X_n)E(I_n)] = E(X_1) \sum_{n=1}^{\infty} P\{N \geqslant n\} = E(X_1)E(N).$$

**例 3.1.3** (赌博问题)　某赌徒参加一赌博, $X_n$ 表示第 $n$ 局赌博的结果, 且 $P\{X_n = 1\} = p, P\{X_n = -1\} = q = 1 - p \geqslant 0, n = 1, 2, \cdots$, 即该赌徒每局赌博中赢 1 元或输 1 元的概率分别为 $p$ 和 $q$, 则赌博策略 $N = \min\{n : X_1 + X_2 + \cdots + X_n = 1\}$ 就是关于 $\{X_n, n \geqslant 1\}$ 的一个停时, 该策略表示该赌徒是第一次赢得 1 元就停止赌博.

当 $p > q$ 时, 由第 4 章可以证明 $E(N) < \infty$, 此时应用 Wald 等式可得

$$(p - q)E(N) = E(X_1 + X_2 + \cdots + X_N) = 1,$$

从而 $E(N) = \dfrac{1}{p - q}$.

当 $p = q = \dfrac{1}{2}$ 时, 若应用 Wald 等式, 则有 $E(X_1 + X_2 + \cdots + X_N) = E(X_1) \cdot E(N) = 1$, 因为 $E(X_1) = 0$, 从而得出矛盾, 所以当 $p = q = \dfrac{1}{2}$ 时, Wald 等式不成立, 进而得出结论: $E(N) = \infty$.

该策略的优劣可以由 $E[S_N]$ 来表示, $E[S_N]$ 较大的 $N$ 就是相对较好的策略. 这类问题在实际中是很重要的, 已构成**"最优停止理论"**(optimal stopping theory) 这一新的概率论分支. 该理论的一般性结果是 20 世纪 40 年代后期由 Wald 和 Blackwell 等在研究序贯统计策略问题时得到的, 近年来得到了迅速的发展.

由于 $N(t) < n \Leftrightarrow S_n > t$, $S_n$ 为独立随机变量之和, 我们有如下的极限定理.

**定理 3.1.5** 记 $\sigma^2 = E(X_1 - \mu)^2 < \infty$, 则有

$$\lim_{t\to\infty} P\left\{\frac{N(t) - t/\mu}{\sigma\sqrt{t/\mu^3}} < y\right\} = \frac{1}{\sqrt{2\pi}}\int_{-\infty}^{y} \mathrm{e}^{-\frac{x^2}{2}}\mathrm{d}x. \tag{3.11}$$

**证** 设 $r_t = \frac{t}{\mu} + \sigma y\sqrt{\frac{t}{\mu^3}}$, 则

$$\begin{aligned} P\left\{\frac{N(t) - t/\mu}{\sigma\sqrt{t/\mu^3}} < y\right\} &= P\{N(t) < r_t\} = P\{S_{r_t} > t\} \\ &= P\left\{\frac{S_{r_t} - \mu r_t}{\sigma\sqrt{r_t}} > \frac{t - \mu r_t}{\sigma\sqrt{r_t}}\right\} \\ &= P\left\{\frac{S_{r_t} - \mu r_t}{\sigma\sqrt{r_t}} > -y\left(1 + \frac{\sigma y}{\sqrt{\mu t}}\right)^{-1/2}\right\}. \end{aligned}$$

又因为 $\lim\limits_{t\to\infty}\left(1 + \frac{\sigma y}{\sqrt{\mu t}}\right)^{-1/2} = 1$, 所以由中心极限定理有

$$\lim_{t\to\infty} P\left\{\frac{N(t) - t/\mu}{\sigma\sqrt{t/\mu^3}} < y\right\} = \frac{1}{\sqrt{2\pi}}\int_{-y}^{\infty} \mathrm{e}^{-\frac{x^2}{2}}\mathrm{d}x = \frac{1}{\sqrt{2\pi}}\int_{-\infty}^{y} \mathrm{e}^{-\frac{x^2}{2}}\mathrm{d}x.$$

## 3.2 更新方程与更新定理

本节讨论更新过程中的若干极限性态.

**定理 3.2.1** (基本更新定理 (elementary renewal theorem)) 记 $\mu = E(X_n)$, 则

$$\varliminf_{t\to\infty} \frac{m(t)}{t} = \frac{1}{\mu}. \tag{3.12}$$

**证** 先设 $\mu < \infty$, 由 $S_{N(t)+1} > t$ 可得 $E[S_{N(t)+1}] = \mu[m(t) + 1] > t$, 故

$$\varliminf_{t\to\infty} \frac{m(t)}{t} \geqslant \frac{1}{\mu}.$$

另一方面, 任意给定一常数 $M$, 令

$$\overline{X}_n = \begin{cases} X_n, & X_n \leqslant M, \\ M, & X_n > M, \end{cases} \qquad n \in \mathbb{N}_0,$$

$$\overline{S}_0 = 0, \quad \overline{S}_n = \sum_{i=1}^{n} \overline{X}_i, \quad \overline{N}(t) = \sup\{n : \overline{S}_n \leqslant t, n \geqslant 0\}, \quad \overline{m}(t) = E[\overline{N}(t)],$$

则易知

$$\mu_M = E(\overline{X}_n) \leqslant \mu, \quad \overline{S}_n \leqslant S_n, \quad N(t) \leqslant \overline{N}(t), \quad m(t) \leqslant \overline{m}(t), \quad \overline{S}_{\overline{N}(t)+1} \leqslant M + t.$$

所以

$$\mu_M[1 + m(t)] \leqslant M + t,$$

即有

$$\frac{m(t)}{t} \leqslant \frac{1}{\mu_M} + \frac{1}{t}\left(\frac{M}{\mu_M} - 1\right).$$

于是对 $\forall M > 0$, 有

$$\varlimsup_{t\to\infty} \frac{m(t)}{t} \leqslant \frac{1}{\mu_M}. \tag{3.13}$$

另外

$$\lim_{M\to\infty} \mu_M = \lim_{M\to\infty} \int_0^M [1 - F(x)]\mathrm{d}x = \int_0^\infty [1 - F(x)]\mathrm{d}x = \mu,$$

因此当 $M \to \infty$ 时,

$$\varlimsup_{t\to\infty} \frac{m(t)}{t} \leqslant \frac{1}{\mu}. \tag{3.14}$$

所以, 当 $\mu < \infty$ 时, 结论成立.

当 $\mu = \infty$ 时, 有 $\mu_M < \infty$, 因此 $\forall M > 0$, 有

$$\varlimsup_{t\to\infty} \frac{m(t)}{t} \leqslant \varlimsup_{t\to\infty} \frac{\overline{m}(t)}{t} = \frac{1}{\mu_M} \geqslant 0.$$

又当 $M \to \infty$ 时, 有 $\overline{X}_n \to X_n, E(\overline{X}_n) \to E(X_n)$, 即

$$\mu_M \to \mu = \infty,$$

所以

$$\varlimsup_{t\to\infty} \frac{m(t)}{t} \leqslant \lim_{t\to\infty} \frac{1}{\mu_M} = 0,$$

即结论成立.

由基本更新定理, 当 $t \to \infty$ 时, $m(t) \to \dfrac{t}{\mu}$. 进而很自然, 我们会猜想当 $t \to \infty$ 时, 对 $\forall h$, 是否有

$$m(t + h) - m(t) \to \frac{h}{\mu}.$$

由这一猜想, 引出了另外一个的更新定理 ——Blackwell 更新定理. 为了叙述该定理, 需要先引入下面的概念.

**定义 3.2.1** 非负随机变量 $X$ 称为**格点的**(lattice), 若存在 $d \geqslant 0$, 使得

$$\sum_{n=0}^{\infty} P\{X = nd\} = 1. \tag{3.15}$$

由定义, $X$ 是格点的, 指 $X$ 是只取某个非负数 $d$ 的整数倍的值. 具有这种性质的最大的 $d$, 称为 $X$ 的**周期**(period). 若 $F$ 是 $X$ 的分布函数且 $X$ 是格点的, 则称 $F$ 是格点的; 否则称 $F$ 是非格点的.

**定理 3.2.2** (Blackwell 更新定理 (Blackwell's theorem)) 设 $F(x)$ 是非负随机变量的分布函数, 其更新函数 $m(t) = \sum\limits_{n=1}^{\infty} F_n(t)$.

(1) 若 $F$ 是非格点的, 则 $\forall a \geqslant 0$, 有

$$\lim_{t\to\infty} [m(t+a) - m(t)] = \frac{a}{\mu}. \tag{3.16}$$

(2) 若 $F$ 是格点的, 周期为 $d$, 则有

$$\lim_{t\to\infty} [m((n+1)d) - m(nd)] = \frac{d}{\mu}. \tag{3.17}$$

Blackwell 更新定理说明: 如 $F$ 是非格点分布, 则随着时间远离原点, 原先的影响逐渐消失, 在远离原点长度为 $a$ 的区间内更新的期望次数趋于 $\frac{a}{\mu}$. 这与直觉是相符合的, 因为 $\frac{1}{\mu}$ 本来就可以看作长时间后更新过程发生的平均速率. 但当 $F$ 是周期为 $d$ 的格点分布时, 由于更新只能发生在 $d$ 的整数倍处, 因而 (3.17) 式成立.

设 $h(t)$ 是定义在 $[0,\infty)$ 上的函数, 对 $\forall \delta > 0$, 记 $\underline{m}_n(\delta), \overline{m}_n(\delta)$ 分别表示 $h(t)$ 在区间 $(n-1)\delta \leqslant t \leqslant nt$ 上的下确界和上确界, 若它们满足: $\forall \delta > 0$, $\sum\limits_{n=1}^{\infty} \underline{m}_n(\delta)$, $\sum\limits_{n=1}^{\infty} \overline{m}_n(\delta)$ 有限, 且

$$\lim_{\delta\to 0} \delta \left| \sum_{n=1}^{\infty} \underline{m}_n(\delta) - \sum_{n=1}^{\infty} \overline{m}_n(\delta) \right| = 0, \tag{3.18}$$

则称 $h(t)$ 是直接黎曼可积 (Riemann integrability) 的.

**定理 3.2.3** (关键更新定理 (key renewal theorem)) 设 $F$ 是均值为 $\mu$ 的非负随机变量的分布函数, $F(0) < 1$, $h(t)$ 是直接**黎曼可积**的, 则

$$H(t) = h(t) + \int_0^t h(t-s)\mathrm{d}m(s) \tag{3.19}$$

是更新方程的解.

(1) 若 $F$ 是非格点的, 则有

$$\lim_{t\to\infty} H(t) = \begin{cases} \dfrac{1}{\mu}\displaystyle\int_0^{\infty} h(t)\mathrm{d}t, & \mu < \infty, \\ 0, & \mu = \infty. \end{cases} \tag{3.20}$$

(2) 若 $F$ 是格点的, 则 $\forall a > 0$, 有

$$\lim_{n\to\infty} H(a+nd) = \begin{cases} \dfrac{d}{\mu}\displaystyle\sum_{n=0}^{\infty} h(a+nd), & \mu < \infty, \\ 0, & \mu = \infty. \end{cases} \tag{3.21}$$

关键更新定理是一个十分重要且有用的结果, 如在计算 $t$ 时刻的概率、期望等的极限性态时, 常要用到它.

**例 3.2.1** (剩余寿命 (residual life) 与年龄的极限分布)　设 $r(t) = S_{N(t)+1} - t$ 表示 $t$ 时刻系统的剩余寿命, $A(t) = t - S_{N(t)}$ 表示 $t$ 时刻的年龄. 求 $r(t)$ 和 $A(t)$ 的极限分布.

**解**　令

$$\overline{R}(y) = P\{r(t) > y\},$$

则在第一次更新时刻 $X_1 = x$ 条件下, 有

$$P\{r(t) > y | X_1 = x\} = \begin{cases} \overline{R}(t-x), & 0 < x \leqslant t, \\ 0, & t < x \leqslant t+y, \\ 1, & x > t+y. \end{cases}$$

由全概率公式, 得

$$\begin{aligned} \overline{R}(t) &= \int_0^{\infty} P\{r(t) > y | X_1 = x\}\mathrm{d}F(x) \\ &= 1 - F(t+y) + \int_0^t \overline{R}(t-x)\mathrm{d}F(x). \end{aligned}$$

上式是一个更新方程, 它的解为

$$\overline{R}(t) = 1 - F(t+y) + \int_0^t [1 - F(t+y-x)]\mathrm{d}m(x),$$

仍假设 $\mu = E(X_1) = \displaystyle\int_0^{\infty} [1 - F(x)]\mathrm{d}x < \infty$, 则有

$$\int_0^{\infty} [1 - F(t+y)]\mathrm{d}t = \int_y^{\infty} [1 - F(z)]\mathrm{d}z < \infty,$$

即 $1-F(t+y)$ 满足关键更新定理的条件, 所以有

$$\lim_{t\to\infty} P\{r(t)>y\}=\lim_{t\to\infty}\overline{R}(t)=\frac{1}{\mu}\int_y^{\infty}[1-F(z)]\mathrm{d}z.$$

由上式, 接下来我们求 $A(t)$ 的分布. 由于

$$\begin{aligned}\lim_{t\to\infty} P\{r(t)>x, A(t)>y\}&=\lim_{t\to\infty} P\{r(t-y)>x+y\}\\&=\frac{1}{\mu}\int_{x+y}^{\infty}[1-F(z)]\mathrm{d}z,\end{aligned}$$

故令 $x=0$, 有

$$\begin{aligned}\lim_{t\to\infty} P\{A(t)>y\}&=\lim_{t\to\infty} P\{A(t)>y, r(t)>0\}\\&=\frac{1}{\mu}\int_{y}^{\infty}[1-F(z)]\mathrm{d}z.\end{aligned}$$

**注** 这里剩余寿命与年龄的极限分布是相同的.

## 3.3 更新过程的推广

### 3.3.1 延迟更新过程

更新过程要求更新时间间隔 $X_1, X_2, \cdots$ 是独立同分布的随机变量序列. 如果 $X_1$ 的分布为 $G$, $X_2, X_3, \cdots$ 的分布同为 $F$, 则称由独立变量序列 $X_1, X_2, \cdots$ 确定的计数过程是**延迟更新过程**(delayed renewal process).

在前面的零件更换的例子中, 假设开始观察时第一个零件已经运行了一段时间, 则到它损坏的使用时间 $X_1$, 就应该认为与新零件能使用的时间 $X_2, X_3, \cdots$ 分布不同, 但是 $X_1, X_2, \cdots$ 之间的独立性仍然是成立的, 则到 $t$ 时刻为止所更换的零件数目就构成一个延迟更新过程.

### 3.3.2 交替更新过程

在更新过程中, 如果我们考虑只有一个状态的情况, 比如机器一直是开的, 即更换零件不需要时间. 但实际中, 零件损坏之后会有一个拆卸更换的过程, 这段时间机器是“关”的. 若我们考虑有“开”和“关”两种状态的更新过程, 即得到**交替更新过程**(alternating renewal process).

设系统最初是开的, 持续开了一段时间 $Z_1$ 后变成关, 而后持续关了一段时间 $Y_1$ 后变成开; 接着持续开了一段时间 $Z_2$ 后又变成了关, 然后关了一段时间 $Y_2$ 后又变成了开 …… 如此开关交替重复下去. 假设随机向量序列 $\{(Z_n, Y_n), n \geqslant 1\}$ 是

独立同分布的, 从而 $\{Z_n\}$ 和 $\{Y_n\}$ 均是独立同分布的随机变量序列, 但 $Z_i, Y_i$ 允许不独立, $i=1,2,\cdots$. 系统接连地一开一关称为一个循环.

设 $H(t)=P\{Z_n \leqslant t\}$, $G(t)=P\{Y_n \leqslant t\}$, $F(t)=P\{Z_n+Y_n \leqslant t\}$, 令 $P(t)=P\{$时刻 $t$ 系统处于开状态$\}$, 则有以下的定理.

**定理 3.3.1** 若 $E(X_n)<\infty$, 其中 $X_n=Z_n+Y_n$ 且 $F$ 为非格点分布, 则

$$\lim_{t\to\infty} P(t)=\frac{E(Z_1)}{E(Z_1)+E(Y_1)}. \tag{3.22}$$

**证** 由全概率公式, 可得

$$\begin{aligned}
P(t)&=P\{S_{N(t)} \leqslant t < S_{N(t)}+Z_{N(t)+1}\}=\sum_{n=0}^{\infty} P\{S_n \leqslant t < S_n+Z_{n+1}\}\\
&=P\{Z_1>t\}+\sum_{n=1}^{\infty}\int_0^t P\left\{\sum_{i=2}^{n} X_i \leqslant t-x < \sum_{i=2}^{n} X_i+Z_{n+1}\right\}\mathrm{d}F(x)\\
&=\overline{H}(t)+\int_0^t \sum_{n=1}^{\infty} P\left\{S'_{n-1} \leqslant t-x < S'_{n-1}+Z'_n\right\}\mathrm{d}F(x)\\
&=\overline{H}(t)+\int_0^t P(t-x)\mathrm{d}F(x),
\end{aligned}$$

其中 $\overline{H}(t)=1-H(t), S'_0=0, S'_{n-1}=\sum\limits_{i=2}^{n} X_i, Z'_n=Z_{n+1}$, 所以 $P(t)$ 满足更新方程.

因为

$$E(Z_1)=\int_0^{\infty}[1-H(t)]\mathrm{d}t \leqslant E(X_1)<\infty,$$

且 $\overline{H}(t)$ 单调, 故 $\overline{H}(t)$ 是直接黎曼可积的. 因此由关键更新定理即可得

$$\lim_{t\to\infty} P(t)=\frac{1}{E(X_1)}\int_0^{\infty}\overline{H}(t)\mathrm{d}t=\frac{E(Z_1)}{E(Z_1)+E(Y_1)}.$$

**例 3.3.1** (商店存货问题) 一商店经营某类商品, 设顾客按照一更新过程到达商店, 到达的时间间隔为非格点分布 $F$, 每个顾客购买的商品数为独立同分布的随机变量, 共同的分布函数为 $G$, 且顾客的到达时间与购买商品数之间是相互独立的. 现商店采取如下的 $(s,S)$ 进货策略: 若某顾客买完后存货少于 $s$ 就立即进货直到存货达到 $S$; 反之不进货, 即如一顾客买完后存货为 $y$, 则进货量为

$$\begin{cases} S-y, & y<s, \\ 0, & y \geqslant s. \end{cases}$$

假设进货是瞬间完成的, 不占用时间. 记 $X(t)$ 为商品在 $t$ 时刻存货量且 $X(0)=S$, 求 $\lim\limits_{t\to\infty} P\{X(t) \geqslant x\}$.

**解** 记 $X(0)=S$ 过程处于"开"状态, 只要存货不少于 $x$ 就一直"开"; 当存货少于 $x$ 就变成"关", 这样便得到一个交错更新过程.

设按先后顺序第 $i$ 个顾客购买的商品数为 $Y_i$, 令

$$N_x=\min\{n:Y_1+Y_2+\cdots+Y_n>S-x\},$$

则 $N_x$ 表示在一次循环中首次使存货数小于 $x$ 的那个顾客的序数, 而 $N_s$ 表示在一次循环停止的那个顾客的序数, $X_i$ 表示到达时间间隔. 由于顾客的到达时间与购买商品数是相互独立的, 故有

$$\lim_{t\to\infty}P\{X(t)\geqslant x\}=\frac{E\left[\sum\limits_{i=1}^{N_x}X_i\right]}{E\left[\sum\limits_{i=1}^{N_s}X_i\right]}=\frac{E(N_x)}{E(N_s)}.$$

又因为 $N_x-1$ 可看作具有"到达时间间隔为 $Y_i(i\geqslant 1)$"的另一个更新过程在 $[0,S-x]$ 中的更新次数, 所以

$$E(N_x)=M_G(S-x)+1,\quad E(N_s)=M_G(S-s)+1,$$

其中更新函数 $M_G(t)=\sum\limits_{n=0}^{\infty}G_n(t)$, $G_n$ 是 $G$ 的 $n$ 重卷积. 因此

$$\lim_{t\to\infty}P\{X(t)\geqslant x\}=\frac{M_G(S-x)+1}{M_G(S-s)+1},\quad s\leqslant x\leqslant S.$$

### 3.3.3 更新报酬过程

考虑更新过程 $\{N(t),t\geqslant 0\}$, 其到达时间间隔为 $X_n,n\geqslant 1$, 假设每次发生更新时我们都收到一份酬劳. 以 $R_n$ 记第 $n$ 次更新时所获得的酬劳, 且设 $(X_n,R_n),n\geqslant 1$ 独立同分布, 但 $R_n$ 依赖于 $X_n$, 即 $R_n$ 与 $X_n$ 不独立. 令

$$R(t)=\sum_{n=1}^{N(t)}R_n,$$

则 $R(t)$ 表示到时刻 $t$ 为止所得的总报酬. 设 $E(R_n)=E(R)$, $E(X_n)=E(X)$, 则有下面的定理.

**定理 3.3.2** 若 $E(R)<\infty$, $E(X)<\infty$, 则有

(1) $P\left\{\lim\limits_{t\to\infty}\dfrac{R(t)}{t}=\dfrac{E(R)}{E(X)}\right\}=1$;

(2) $\lim\limits_{t\to\infty}\dfrac{E[R(t)]}{t}=\dfrac{E(R)}{E(X)}$.

**证**　(1) 由于

$$\frac{R(t)}{t}=\frac{\sum_{n=1}^{N(t)}R_n}{t}=\left(\frac{\sum_{n=1}^{N(t)}R_n}{N(t)}\right)\left(\frac{N(t)}{t}\right),$$

故由强大数定律可得

$$\lim_{t\to\infty}\frac{\sum_{n=1}^{N(t)}R_n}{N(t)}=E(R),\text{a.s.},$$

再由更新过程的强大数定律有

$$\lim_{t\to\infty}\frac{N(t)}{t}=\frac{1}{E(X)},\text{a.s.},$$

于是 (1) 得证.

(2) 由于 $N(t)+1$ 关于 $\{X_n,n\geqslant 1\}$ 是停时, 因而也是 $\{R_n,n\geqslant 1\}$ 的停时. 又由 Wald 等式有

$$E\left[\sum_{n=1}^{N(t)}R_n\right]=E\left[\sum_{n=1}^{N(t)+1}R_n\right]-E[R_{N(t)+1}]=[m(t)+1]E(R)-E[R_{N(t)+1}],$$

所以

$$\frac{E[R(t)]}{t}=\frac{m(t)+1}{t}E(R)-\frac{E[R_{N(t)+1}]}{t}.$$

令 $g(t)=E[R_{N(t)+1}]$, 则

$$E[R_{N(t)+1}|X_1=x]=\begin{cases}E[R_1|X_1=x], & x>t,\\ g(t-x), & x\leqslant t.\end{cases}$$

因为当 $X_1=x>t$ 时, $N(t)=0$; 而当 $x\leqslant t$ 时, 若将时间原点移至 $x$, 则过程将重新开始, 所以

$$g(t)=\int_0^{\infty}E[R_{N(t)+1}|X_1=x]\mathrm{d}F(x)=h(t)+\int_0^t g(t-x)\mathrm{d}F(x),$$

其中 $h(t)=\int_t^{\infty}E[R_1|X_1=x]\mathrm{d}F(x)$. 事实上, $\forall t\geqslant 0$, 有

$$\begin{aligned}|h(t)|&\leqslant\int_t^{\infty}|E[|R_1||X_1=x]|\mathrm{d}F(x)\\&\leqslant\int_0^{\infty}|E[|R_1||X_1=x]|\mathrm{d}F(x)=E(|R_1|)<\infty,\end{aligned}$$

故 $\lim\limits_{t\to\infty} h(t)=0$, 且 $\forall t\geqslant 0, h(t)\leqslant E|R_1|$. 因此, $\forall \varepsilon>0$, 存在 $T$, 使得当 $t>T$ 时, $|h(t)|<\varepsilon$. 又由定理 3.1.2, 有

$$g(t)=h(t)+\int_0^t h(t-x)\mathrm{d}m(x).$$

所以利用基本更新定理, 可得

$$\begin{aligned}\frac{g(t)}{t}&\leqslant\frac{|h(t)|}{t}+\int_0^{t-T}\frac{|h(t-x)|}{t}\mathrm{d}m(x)+\int_{t-T}^{t}\frac{|h(t-x)|}{t}\mathrm{d}m(x)\\&\leqslant\frac{\varepsilon}{t}+\frac{\varepsilon m(t-T)}{t}+\frac{m(t)-m(t-T)}{t}E|R_1|\to\frac{\varepsilon}{E(X)},\quad t\to\infty.\end{aligned}$$

由 $\varepsilon$ 的任意性, 即可得 $\lim\limits_{t\to\infty}\dfrac{g(t)}{t}=0$. 因此 (2) 成立.

**注** 该定理说明, 对于长时间运行后求得的期望平均报酬, 等于一个周期内得到的期望报酬除以一个周期的期望时间.

**例 3.3.2** 假设乘客按照一个更新过程来到某火车站, 平均到达时间间隔 $E(X_1)=\mu$. 每有 $N$ 个人到达就开出一列火车. 设每个乘客在候车室等车时单位时间车站的费用开支为 $c$ 元, 且每开出一列火车的费用为 $k$ 元. 试求车站单位时间的平均费用.

**解** 定义一列火车开出为一次循环, 则上述过程为一个有酬更新过程. 一次循环的平均时间等于来到 $N$ 个顾客所需的平均时间. 因为顾客的平均到达时间间隔为 $\mu$, 所以

$$\begin{aligned}&E[\text{一次循环的时间长度}]=N\mu;\\&E[\text{一次循环车站的费用}]=E[cX_1+2cX_2+\cdots+(N-1)cX_{N-1}]+k\\&\qquad\qquad\qquad\qquad\quad=\frac{c\mu}{2}N(N-1)+k.\end{aligned}$$

因此车站单位时间的平均费用为

$$\frac{E[\text{一次循环车站的费用}]}{E[\text{一次循环的时间长度}]}=\frac{c(N-1)}{2}+\frac{k}{N\mu}.$$

## 习 题 3

1. 更新过程 $\{N(t),t\geqslant 0\}$, 已知 $P\{X_n=1\}=\dfrac{1}{3}$, $P\{X_n=2\}=\dfrac{2}{3}$, 试计算 $P\{N(1)=n\}$, $P\{N(2)=n\}$ 和 $P\{N(3)=n\}$.

2. 更新过程的更新间隔 $X$ 服从参数为 $\lambda$ 的指数分布.

(1) 求 $X$ 的特征函数;

(2) 求第 $n$ 次到达时间 $S_n$ 的特征函数以及 $S_n$ 的概率分布函数;

(3) 求计数过程 $N(t)$ 的分布.

3. 更新间隔 $\{X_n, n \geqslant 1\}$ 是独立同分布随机变量序列, $X_n$ 的概率密度函数为

$$f(x) = \begin{cases} \lambda^2 x \mathrm{e}^{-\lambda x}, & x \geqslant 0, \\ 0, & x < 0, \end{cases}$$

求更新函数 $m(t)$.

4. (1) 当电池失效时, 立刻更换新的电池. 电池的寿命是在 30 小时到 60 小时均匀分布的随机变量, 问长时间工作情况下, 更换电池的速率?

(2) 当电池失效时, 立刻到市场去购买同一型号的电池, 获得新电池的时间也是一个均匀分布的随机变量, 均匀分布于 0 到 1 小时之间, 问长时间工作情况下, 更换电池的速率?

5. 如果事件的间隔 $X_n$ 服从负指数分布, 试计算更新计数过程 $\{N(t), t \geqslant 0\}$ 的分布.

6. 设随机过程 $\{X(t), t \geqslant 0\}$ 有 $n$ 个状态 $1, 2, \cdots, n$, 最初过程在状态 1, 停留在该状态的时间有分布 $F_1$, 离开 1 后到达状态 2, 在那里停留的时间有分布 $F_2$, 离开 2 后它再到达状态 3, $\cdots$, 最后从状态 $n$ 回到 1, 重新开始循环, 假设进到状态 1 之间的时间的分布 $H$ 是非格点的且均值有限, 试求 $\lim\limits_{t\to\infty} P\{$在时刻 $t$ 过程处于 $i\}$.

7. 一辆小汽车的寿命 $Y$ 是分布为 $F$ 的随机变量, 当汽车损坏或用了 $A$ 年时, 车主就以旧换新. 以 $R(A)$ 记一辆用了 $A$ 年的旧车的卖出价格. 一辆损坏的车没有任何价值. 以 $C_1$ 记一辆新车的价格, 且假设每当车子损坏时还要额外承担费用 $C_2$.

(1) 每当购置一新车时就说一个循环开始, 计算长时间后的单位时间的平均费用.

(2) 每当使用中的汽车损坏时就说一个循环开始, 计算长时间后的单位时间的平均费用.

8. 设 $\{N(t), t \geqslant 0\}$ 是更新过程, $m(t)$ 是更新函数, $F(x)$ 是更新间距 $X_n (n = 1, 2, \cdots)$ 的分布函数, 证明 $S_{N(t)}$ 的分布函数为

$$F_{S_{N(t)}}(x) = P\{S_{N(t)} \leqslant x\} = \begin{cases} \overline{F}(t) + \displaystyle\int_0^x \overline{F}(t-y)\mathrm{d}m(y), & x < t, \\ 1, & x \geqslant t, \end{cases}$$

其中 $\overline{F}(x) = 1 - F(x)$ 为生存函数.

9. 设 $\{N(t), t \geqslant 0\}$ 是一更新过程, 其更新间距的概率密度函数为

$$f(x) = \begin{cases} \alpha \mathrm{e}^{-\alpha(x-\beta)}, & x > \beta, \\ 0, & x \leqslant \beta. \end{cases}$$

试求 $P\{N(t) \geqslant k\}$.

10. 设 $m_N(t)$ 是更新过程 $\{N(t), t \geqslant 0\}$ 的更新函数, 证明

$$E[N(t)]^2 = m_N(t) + 2\int_0^t m_N(t-s)\mathrm{d}m_N(s).$$

11. 随机变量 $T_1, T_2, \cdots, T_n$ 称为可交换的, 如果 $i_1, i_2, \cdots, i_n$ 是 $1, 2, \cdots, n$ 的一个置换, 那么 $T_1, T_2, \cdots, T_n$ 与 $T_{i_1}, T_{i_2}, \cdots, T_{i_n}$ 有相同的联合分布, 也就是说, 若 $P\{T_1 \leqslant t_1, T_2 \leqslant$

$t_2, \cdots, T_n \leqslant t_n\}$ 是 $(t_1, t_2, \cdots, t_n)$ 的一个对称函数, 则它们是可交换的, 设 $\{N(t), t \geqslant 0\}$ 是一个更新过程, $T_1, T_2, \cdots, T_n, \cdots$ 是其更新间距.

(1) 证明在 $N(t)=n$ 的条件下, $T_1, T_2, \cdots, T_n$ 是可交换的, 问 $T_1, T_2, \cdots, T_n, T_{n+1}$ 在 $N(t)=n$ 的条件下是否可交换?

(2) 证明对 $n>0$, 有

$$E\left[\left.\frac{T_1+T_2+\cdots+T_{N(t)}}{N(t)}\right|N(t)=n\right]=E\left[T_1\middle|N(t)=n\right].$$

(3) 证明

$$E\left[\left.\frac{T_1+T_2+\cdots+T_{N(t)}}{N(t)}\right|N(t)>0\right]=E\left[T_1\middle|T_1<t\right].$$

12. 设 $\{N(t), t \geqslant 0\}$ 是一更新过程, $\delta(t), r(t)$ 分别表示在时刻 $t$ 的年龄和剩余寿命.

(1) 试求当 $\{N(t), t \geqslant 0\}$ 是 Poisson 过程时的 $P\{r(t)>x \mid \delta(t+x)>s\}$;

(2) 若更新间距 $T_1$ 的期望有限, 即 $E(T_1)<+\infty$, 试证明以概率 1 有

$$\sum_{t \rightarrow+\infty} \frac{\delta(t)}{t}=0.$$

13. 一个矿工困于一矿井中, 此矿井有三道门. 1 号门引导他经历 2 小时的行程获救; 2 号门引导他经历 4 小时的行程又回到这矿井中; 3 号门引导他经历 8 小时的行程又回到这矿井中. 假设在任何时刻他等可能地选择这三道门之一, 且以 $T$ 记矿工获救脱险所用的时间.

(1) 定义一列独立同分布的随机变量 $X_1, X_2, \cdots$, 以及一停时 $N$ 使得 $T=\sum\limits_{i=1}^{N} X_i$.

(2) 用 Wald 等式求 $E(T)$.

(3) 计算 $E\left[\left.\sum\limits_{i=1}^{N} X_i\right|N=n\right]$ 且注意到它不等于 $E\left[\sum\limits_{i=1}^{N} X_i\right]$.

(4) 利用 (3) 再次推导出 $E(T)$.

14. 一个同学的收音机只用一块电池:

(1) 一旦电池的电量耗尽立即更换一块新的, 如果一块电池的寿命 (单位: 小时) 服从区间 $(30,60)$ 上的均匀分布, 试问他更换电池的速率是多少?

(2) 若每次电池电量耗尽时, 不能立即更换, 还得花时间去买, 假设购买电池的时间服从区间 $(0,1)$ 上的均匀分布, 试问他更换电池的速率又是多少?

15. 一个工作站, 它只有工作和空闲两个状态, 起初处于工作状态并持续工作 $\eta_1$ 时间, 之后处于空闲状态且持续 $\zeta_1$ 时间. 而后又工作 $\eta_2$ 时间, 继而空闲 $\zeta_2$ 时间, 这样循环往复, 直到永远. 设 $\{\eta_n, n \geqslant 1\}$ 独立同分布, 具有有限均值 $E[\eta_1]$. $\{\zeta_n, n \geqslant 1\}$ 独立同分布, 具有有限均值 $E[\zeta_1]$, 但 $\eta_n$ 与 $\zeta_n$ 可能不独立. 求解长时间后, 工作站处于工作状态的工作比率.

16. 考虑一个由 $n$ 个部件组成的并联系统, 即至少有一个部件正常工作时, 系统能正常工作. 换句话是, 只有所有部件不正常工作 (出故障) 系统才出故障. 各部件的活动状态相互独立且都为指数交替更新过程. 具体地说, 部件 $i(i=1,2, \cdots, n)$ 处于正常工作状态的时间是均值

为 $\lambda_i$ 的指数随机过程, 而后失效, 在恢复正常工作之前滞留于失效状态的时间是均值为 $\mu_i$ 的指数随机变量, 则求出系统正常工作期的平均长度.

17. 单行道上汽车按更新流 $\{S_j\}$ 驶过 (单位: 秒). 如果行人横穿该公路需要 $a$ 秒, 计算在 $t=0$ 时到达的行人平均等待多长时间才能横穿公路.

18. 一个住宅小区有 2000 台冰箱. 设每台冰箱的开关时间分别有数学期望 $\mu_U = 0.03$, $\mu_V = 0.21$. 在时刻 $t$:

(1) 计算处于开状态冰箱数 $\xi$ 的数学期望 $\mu$ 和标准差 $\sigma$.

(2) 在置信度 0.95 下, 计算处于开状态的冰箱数 $\xi$ 的置信区间.

19. 设波音 737 飞机的使用寿命为 $T$ 年, 购置费为 $a$ 元, 飞机在服役期间每年创造利润 $b$ 元. 如果在使用中飞机损坏, 除了购置新飞机, 还要承担额外的损失 $c$ 元. 为保险起见, 航空公司决定飞机使用 $s$ 年后就放弃不用, 购置新的飞机. 长期实施以上策略时, 一架飞机每年平均贡献多少利润?

20. 甲一开始为自己的手机充值 $b$ 元, 并决定只要发现手机余额少于 $a$ 元就立即充值到 $b$ 元, 以此类推, 假设他的通话间隔是独立同分布的随机变量 $\{X_i\}$, 每次的通话费是独立同分布的随机变量 $\{Y_i\}$, 与 $\{X_i\}$ 独立. 将通话时间忽略不计时, 对于充分大的 $t$, 估算 $t$ 时手机中至少有 $x$ 余额的概率 $p$.

# 第 4 章　离散时间的 Markov 链

独立随机试验模型最直接的推广是 Markov 链模型. 该模型源于 1906 年俄国数学家 Markov 的研究工作, 随后 Kolmogorov, Feller, Doob 等数学家进一步发展了这一理论.

## 4.1　Markov 链的基本概念

### 4.1.1　Markov 链的定义

**定义 4.1.1**　定义在 $(\Omega, \mathcal{F}, P)$ 上的随机过程 $\{X(t), t \in T\}$, 其中 $T = \{0, 1, 2, \cdots\}$, 状态空间 $I = \{0, 1, 2, \cdots\}$, 如果对任意正整数 $l, m, k$ 及任意非负整数 $j_l > \cdots > j_2 > j_1 (m > j_l), i_{m+k}, i_m, i_{j_l}, \cdots, i_{j_2}, i_{j_1}$, 有

$$\begin{aligned} &P\{X(m+k) = i_{m+k} | X(m) = i_m, X(j_l) = i_{j_l}, \cdots, X(j_2) = i_{j_2}, X(j_1) = i_{j_1}\} \\ =& P\{X(m+k) = i_{m+k} | X(m) = i_m\}, \end{aligned} \tag{4.1}$$

称为**离散时间的 Markov 链**(discrete-time Markov chain), 简称 **Markov 链或马氏链** (Markov chain).

式 (4.1) 表示的性质称为 **Markov 性**(Markov property)(或**无后效性**(no after-effect)), 其直观意义是: 在已知系统现在状态的条件下, 系统将来的状态只与当前状态有关, 与过去的状态无关.

### 4.1.2　转移概率

记 $p_{ij}^{(k)}(m) = P\{X(m+k) = j | X(m) = i\}$ 表示系统在 $m$ 时刻位于状态 $i$ 的条件下, (经 $k$ 步后) 于 $m+k$ 时刻转移到状态 $j$ 的条件概率, 称 $p_{ij}^{(k)}(m)$ 为 Markov 链的 $k$ **步转移概率**($k$-step transition probability), 并记矩阵

$$\boldsymbol{P}^{(k)}(m) = (p_{ij}^{(k)}(m)) \quad (i, j \in I)$$

为 $k$ **步转移概率矩阵**($k$-step transition probability matrix). 由 $p_{ij}^{(k)}(m)$ 的定义, $k$ 步转移概率矩阵具有如下性质:

(1) $\forall i, j \in I, p_{ij}^{(k)}(m) > 0$;

(2) $\forall i \in I, \sum\limits_{j \in I} p_{ij}^{(k)}(m) = 1$.

称具有以上性质的矩阵为**随机矩阵**(stochastic matrix), 即 $\boldsymbol{P}^{(k)}(m)$ 为随机矩阵.

Markov 链的 $k$ 步转移概率满足如下的 **Chapman-Kolmogorov 方程** (Chapman-Kolmogorov equations), 简称为 **C-K 方程**.

**定理 4.1.1** (C-K 方程)　对任一正整数 $k,l$, 有

$$p_{ij}^{(k+l)}(m)=\sum_{r\in I}p_{ir}^{(k)}(m)p_{rj}^{(l)}(m+k). \tag{4.2}$$

**证**

$$\begin{aligned}p_{ij}^{(k+l)}(m)&=P\{X(m+k+l)=j|X(m)=i\}=\frac{P\{X(m+k+l)=j,X(m)=i\}}{P\{X(m)=i\}}\\&=\sum_{r\in I}\frac{P\{X(m+k+l)=j,X(m)=i,X(m+k)=r\}}{P\{X(m)=i,X(m+k)=r\}}\\&\quad\cdot\frac{P\{X(m)=i,X(m+k)=r\}}{P\{X(m)=i\}}\\&=\sum_{r\in I}P\{X(m+k+l)=j|X(m)=i,X(m+k)=r\}\\&\quad\cdot P\{X(m+k)=r|X(m)=i\}\\&=\sum_{r\in I}P\{X(m+k+l)=j|X(m+k)=r\}\cdot P\{X(m+k)=r|X(m)=i\}\\&=\sum_{r\in I}p_{ir}^{(k)}(m)p_{rj}^{(l)}(m+k).\end{aligned}$$

C-K 方程的直观意义是: 系统在 $m$ 时刻位于状态 $i$ 的条件下, 要想由状态 $i$ 经 $k+l$ 步到达状态 $j$, 需先经过 $k$ 步到达任意状态 $r$, 然后再经过 $l$ 步由状态 $r$ 转移到状态 $j$ 上去.

C-K 方程的矩阵形式是

$$\boldsymbol{P}^{(k+l)}(m)=\boldsymbol{P}^{(k)}(m)\cdot\boldsymbol{P}^{(l)}(m+k). \tag{4.3}$$

一步转移概率 $p_{ij}^{(1)}(m)$ 简记为 $p_{ij}(m)$, 因此

$$p_{ij}^{(k+1)}(m)=\sum_{r\in I}p_{ir}(m)p_{rj}^{(k)}(m+1)=\sum_{r\in I}p_{ir}^{(k)}(m)p_{rj}(m+k), \tag{4.4}$$

$$p_{ij}^{(k+1)}(m)=\sum_{j_1,j_2,\cdots,j_k\in I}p_{ij_1}(m)p_{j_1j_2}(m+1)\cdots p_{j_kj}(m+k). \tag{4.5}$$

### 4.1.3　初始分布与绝对分布

**定义 4.1.2**　令 $p_j=P\{X(0)=j\},j\in I$, 称 $\{p_j\}$ 为 Markov 链的**初始分布**(initial distribution).

显然, $p_j \geqslant 0, \sum\limits_{j\in I} p_j = 1$. 一般地, 对非负整数 $n$, 称概率 $p_j^{(n)} = P\{X(n) = j\}, j \in I$ 为**绝对概率**(absolute probability). 由全概率公式, 可知绝对概率可由初始分布和转移概率所确定:

$$p_j^{(n+1)} = \sum_{i\in I} p_i p_{ij}^{(n+1)}(0) = \sum_{i\in I} p_i^{(n)} p_{ij}(n). \tag{4.6}$$

事实上,

$$\begin{aligned}
p_j^{(n+1)} &= P\{X(n+1)=j\} = P\left\{X(n+1)=j, \bigcup_{i\in I}(X(0)=i)\right\} \\
&= \sum_{i\in I} P\{X(n+1)=j, X(0)=i\} \\
&= \sum_{i\in I} P\{X(0)=i\}P\{X(n+1)=j|X(0)=i\} \\
&= \sum_{i\in I} p_i p_{ij}^{(n+1)}(0),
\end{aligned} \tag{4.7}$$

$$\begin{aligned}
p_j^{(n+1)} &= P\{X(n+1)=j\} = P\left\{X(n+1)=j, \bigcup_{i\in I}(X(n)=i)\right\} \\
&= \sum_{i\in I} P\{X(n+1)=j, X(n)=i\} \\
&= \sum_{i\in I} P\{X(n)=i\}P\{X(n+1)=j|X(n)=i\} \\
&= \sum_{i\in I} p_i^{(n)} p_{ij}(n).
\end{aligned} \tag{4.8}$$

更一般地, Markov 链的有限维分布完全由初始分布和一步转移概率确定.

**定理 4.1.2** 对任意非负整数 $j_k > \cdots > j_2 > j_1$, 有

$$\begin{aligned}
&P\{X(j_1)=i_{j_1}, X(j_2)=i_{j_2}, \cdots, X(j_k)=i_{j_k}\} \\
=& p_{i_{j_1}}^{(j_1)} p_{i_{j_1} i_{j_2}}^{(j_2-j_1)}(j_1) \cdots p_{i_{j_{k-1}} i_{j_k}}^{(j_k-j_{k-1})}(j_{k-1}).
\end{aligned} \tag{4.9}$$

**证**

$$\begin{aligned}
&P\{X(j_1)=i_{j_1}, X(j_2)=i_{j_2}, \cdots, X(j_k)=i_{j_k}\} \\
=& P\{X_{j_1}=i_{j_1}\}P\{X_{j_2}=i_{j_2}|X_{j_1}=i_{j_1}\}\cdot\cdots \\
&\cdot P\{X_{j_n}=i_{j_n}|X_{j_1}=i_{j_1},\cdots,X_{j_{n-1}}=i_{j_n}\} \\
=& P\{X_{j_1}=i_{j_1}\}P\{X_{j_2}=i_{j_2}|X_{j_1}=i_{j_1}\}\cdots P\{X_{j_n}=i_{j_n}|X_{j_{n-1}}=i_{j_{n-1}}\} \\
=& p_{i_{j_1}}^{(j_1)} p_{i_{j_1} i_{j_2}}^{(j_2-j_1)}(j_1) \cdots p_{i_{j_{k-1}} i_{j_k}}^{(j_k-j_{k-1})}(j_{k-1}).
\end{aligned}$$

**定理 4.1.3** (存在定理(existence theorem))　对任给的初始分布 $\{p_j\}$ 及随机矩阵列 $\boldsymbol{P}(m) = (p_{ij}(m)), m = 0, 1, \cdots$, 存在概率空间 $(\Omega, \mathcal{F}, P)$ 及定义于其上的 Markov 链 $\{X(n), n = 0, 1, \cdots\}$, 使得

$$p_j = P\{X(0) = j\},$$

$$p_{ij}(m) = P\{X(m+1) = j | X(m) = i\}.$$

由以上两个定理可以得到 Markov 链的**等价定义**(equivalent definition).

**定义 4.1.3**　取非负整数值的随机过程 $\{X(n), n = 0, 1, \cdots\}$ 称为 **Markov 链**, 如果存在分布 $\{p_j\}$ 及随机矩阵列 $\boldsymbol{P}(m), m = 0, 1, \cdots$, 使得下式成立

$$\begin{aligned} &P\{X(j_1) = i_{j_1}, X(j_2) = i_{j_2}, \cdots, X(j_k) = i_{j_k}\} \\ &\qquad = p_{i_{j_1}}^{(j_1)} p_{i_{j_1} i_{j_2}}^{(j_2 - j_1)}(j_1) \cdots p_{i_{j_{k-1}} i_{j_k}}^{(j_k - j_{k-1})}(j_{k-1}). \end{aligned} \tag{4.10}$$

这时 $\{X(n), n = 0, 1, \cdots\}$ 的初始分布为 $\{p_j\}$, 转移矩阵列为 $\boldsymbol{P}(m), m = 0, 1, \cdots$. 一个重要的情形是 $\boldsymbol{P}(m) = \boldsymbol{P}$ 与 $m$ 无关的情况, 此时称 **Markov 链为齐次的**(homogeneous Markov chain), 即对任意非负整数 $m$,

$$P\{X(m+1) = j | X(m) = i\} = p_{ij}.$$

因此, 相应地有

$$p_{ij} \geqslant 0, \quad \sum_{j \in I} p_{ij} = 1;$$

$$p_{ij}^{(k+l)} = \sum_{r \in I} p_{ir}^{(k)} \cdot p_{rj}^{(l)}; \quad p_j^{(n+1)} = \sum_{i \in I} p_i \cdot p_{ij}^{(n+1)} = \sum_{i \in I} p_i^{(n)} \cdot p_{ij};$$

$$\boldsymbol{P}^{(k+l)} = \boldsymbol{P}^{(k)} \cdot \boldsymbol{P}^{(l)},$$

所以

$$\boldsymbol{P}^{(n)} = \boldsymbol{P}^{(n-1+1)} = \boldsymbol{P}^{(n-1)} \cdot \boldsymbol{P} = \boldsymbol{P}^{(n-2)} \cdot \boldsymbol{P}^2 = \cdots = \boldsymbol{P}^n.$$

到目前为止, Markov 链的研究结果虽然非常丰富, 但只是齐次情况才比较完善, 下面主要讨论齐次 Markov 链.

**例 4.1.1　直线上的无限随机游动**(infinite-steps random walk on line).

考虑在直线上做随机运动的质点: 如果在某个时刻质点位于 $i$(整数), 则下一步质点以概率 $p$ 向右移动一格到 $i+1$, 而以概率 $q = 1-p$ 向左移动一格到 $i-1$. 若以 $X_n$ 表示时刻 $n$ 质点的位置, 则 $\{X_n, n = 0, 1, 2, \cdots\}$ 是一个随机过程, 而且当 $X_n = i$ 时, $X_{n+1}, X_{n+2}, \cdots$ 以后的行为只与 $X_n = i$ 有关, 而与质点在 $n$

以前时如何到达 $i$ 的无关. 所以这是一个 Markov 链, 而且是齐次的, 其状态空间 $I=\{0,\pm1,\pm2,\cdots\}$, 一步转移概率为

$$p_{i,i+1}=p,\quad p_{i,i-1}=q,\quad i\in I;$$

$$p_{ij}=0,\quad i=j \text{ 或 } |i-j|\neq 1,$$

这里 $0<p<1$. 为求 $p_{ij}^{(n)}$, 注意到从状态 $i$ 经 $n$ 次转移到状态 $j$ 等价于 $n$ 次转移中向右移动的次数 $\alpha$ 减去向左移动的次数 $\beta$ 应为 $j-i$, 即 $\alpha=\dfrac{1}{2}(n+j-i)$, 所以

$$p_{ij}^{(n)}=\begin{cases}\mathrm{C}_n^{\frac{1}{2}(n+j-i)}p^{\frac{1}{2}(n+j-i)}q^{\frac{1}{2}(n-j+i)}, & n+j-i \text{ 为偶数},\\ 0, & n+j-i \text{ 为奇数}.\end{cases}$$

**例 4.1.2** 带有一个**吸收壁**(absorption boundary) 的随机游动.

仍考虑随机游动, 但其状态空间为 $I=\{0,1,2,\cdots\}$, 而且一旦当 $X_n=0$ 后, $X_{n+1}$ 就停留在 0 这个状态上, 则状态 0 称为吸收态. 同例 4.1.1 一样, $\{X_n,n=0,1,2,\cdots\}$ 也是一个齐次 Markov 链. 它的一步转移概率为

$$p_{i,i+1}=p,\quad p_{i,i-1}=q=1-p,\quad i\geqslant 1;\quad p_{00}=1.$$

**例 4.1.3** 带有两个吸收壁的随机游动.

若对随机游动取状态空间 $I=\{0,1,2,\cdots,a\}$, 且 0 和 $a$ 为它的两个吸收态, 则它也是齐次 Markov 链, 一步转移概率为

$$p_{i,i+1}=p,\quad p_{i,i-1}=q=1-p,\quad 1\leqslant i\leqslant a-1;\quad p_{00}=p_{aa}=1.$$

令 $a=4$, 可得其一步转移概率矩阵为

$$\boldsymbol{P}=\begin{bmatrix}1&0&0&0&0\\ q&0&p&0&0\\ 0&q&0&p&0\\ 0&0&q&0&p\\ 0&0&0&0&1\end{bmatrix}.$$

**例 4.1.4** 带有一个**反射壁**(reflecting barrier) 的随机游动.

对随机游动取状态空间 $I=\{0,1,2,\cdots\}$ , 且在某时刻质点位于 0, 则下一步质点以概率 $p$ 向右移动一格到 1, 以概率 $q=1-p$ 停在状态 0. 这仍是一个齐次 Markov 链, 其一步转移概率为

$$p_{i,i+1}=p,\quad p_{i,i-1}=q=1-p,\quad i\geqslant 1;\quad p_{00}=q,\quad p_{01}=p.$$

**例 4.1.5**　带有两个反射壁的随机游动.

对随机游动取状态空间 $I=\{0,1,2,\cdots,a\}$ , 其一步转移概率为

$$p_{i,i+1}=p,\quad p_{i,i-1}=q=1-p,\quad 1\leqslant i\leqslant a-1;$$

$$p_{00}=q,\quad p_{01}=p;\quad p_{aa}=q,\quad p_{a,a-1}=p.$$

随机游动是形式最为简单的 Markov 链, 它除了本身具有一定的物理意义外, 实际上还是一个可以描述多种随机现象的数学模型. 因为许多随机现象都能归结为各种形式的随机游动.

**例 4.1.6**　二元传输.

现有依次的一列中继站, 从一个站到下一站传送信号 0 或 1, 每个站以概率 $p$ 正确地接收上一站的信号, 而以 $q=1-p$ 发生错误. 用 $X_0$ 表示初始站发出的数字; $X_n$ 表示经 $n$ 次传输后第 $n$ 个站接收到的数字, 那么 $\{X_n, n=0,1,2,\cdots\}$ 是一随机过程, 状态空间为 $I=\{0,1\}$. 而且当 $X_n=i\in I$ 已知时, $X_{n+1}$ 所处的状态的概率分布只与 $X_n=i$ 有关, 而与 $n$ 以前过程所处的状态无关, 所以 $\{X_n, n=0,1,2,\cdots\}$ 是一个 Markov 链, 并且是齐次的, 其转移概率为

$$p_{00}=p_{11}=p;\quad p_{01}=p_{10}=q.$$

故一步转移概率矩阵为

$$\boldsymbol{P}=\begin{bmatrix} p & q \\ q & p \end{bmatrix}.$$

由 C-K 方程可得: $p_{00}^{(2)}=\sum\limits_{i\in I}p_{0i}p_{i0}=p_{00}p_{00}+p_{01}p_{10}=p^2+q^2$, 表示开始发出信号 0, 经两次传输后接收到信号 0 的概率为 $p^2+q^2$. 类似地, 我们可以求出开始发出信号 1, 经过多次传输后接受到信号 1 的概率.

## 4.2　首达时间和状态分类

以后没有特别说明, 我们均假设所研究的 Markov 链是齐次的.

**定义 4.2.1**　如果存在某个 $n\geqslant 1$, 使 $p_{ij}^{(n)}>0$, 即从状态 $i$ 出发, 经某个 $n$ 步, 以正的概率到达状态 $j$, 则称自**状态 $i$ 可达状态** $j$(state $j$ is accessible from state $i$), 记为 $i\to j$. 反之, 如果自状态 $i$ 不可达状态 $j$, 记为 $i\nrightarrow j$, 此时对一切 $n\geqslant 1$, 都有 $p_{ij}^{(n)}=0$.

如果 $i\to j$, 且 $j\to i$, 就称状态 $i$ 和状态 $j$ **相通**(communicate), 记为 $i\leftrightarrow j$. 显然, 相通是一种**等价关系**(equivalent relation), 即具有: ①**自反性**(reflexivity); ②**对**

**称性**(symmetry); ③**传递性**(transitivity). 其中①和②由相同的定义即得. 关于③, 事实上, 设 $i \to j$, $j \to k$, 则存在正整数 $m, n$, 使得

$$p_{ij}^{(m)} > 0, \quad p_{jk}^{(n)} > 0,$$

因此由 C-K 方程, 有

$$p_{ik}^{(m+n)} = \sum_{r=0}^{\infty} p_{ir}^{(m)} \cdot p_{rk}^{(n)} \geqslant p_{ij}^{(m)} \cdot p_{jk}^{(n)} > 0,$$

即 $i \to k$.

同理可证得, 若 $k \to j, j \to i$, 则 $k \to i$, 故 $i \leftrightarrow k$.

**定义 4.2.2** 设 $\{X_n, n = 0, 1, 2, \cdots\}$ 是 Markov 链, $I$ 是其状态空间, 对任意 $i, j \in I$, 令

$$T_{ij} = \min\{n : X_0 = i, X_n = j, n \geqslant 1\}, \tag{4.11}$$

则称 $T_{ij}$ 为从状态 $i$ 出发首次到达状态 $j$ 的时刻, 或称为自 $i$ 到 $j$ 的**首达时间**(first passage time).

显然 $T_{ij}$ 是一个随机变量, 它的取值是系统从状态 $i$ 出发, 使 $X_n = j$ 的最小正整数 $n$. 如果这样的 $n$ 不存在, 就规定 $T_{ij} = \infty$.

进一步, 令

$$f_{ij}^{(n)} = P\{T_{ij} = n | X_0 = i\} = P\{X_n = j, X_k \neq j, k = 0, 1, \cdots, n-1 | X_0 = i\}, \tag{4.12}$$

则 $f_{ij}^{(n)}$ 表示系统自状态 $i$ 出发, 经 $n$ 步首次到达状态 $j$ 的条件概率.

再令

$$f_{ij} = \sum_{n=1}^{\infty} f_{ij}^{(n)} = \sum_{n=1}^{\infty} P\{T_{ij} = n | X_0 = i\} = P\{T_{ij} < \infty | X_0 = i\}, \tag{4.13}$$

则 $f_{ij}$ 表示系统自状态 $i$ 出发, 最终能到达状态 $j$ 的概率.

不难看出, 对任意的 $n = 1, 2, \cdots$, 都有

$$0 \leqslant f_{ij}^{(n)} \leqslant f_{ij} \leqslant 1.$$

转移概率与首达概率有以下的基本关系定理.

**定理 4.2.1** 对任何状态 $i, j \in I$ 及 $n \geqslant 1$, 有

$$p_{ij}^{(n)} = \sum_{l=1}^{n} f_{ij}^{(l)} p_{jj}^{(n-l)}. \tag{4.14}$$

**证**

$$
\begin{aligned}
p_{ij}^{(n)} &= P\{X_n = j|X_0 = i\} = P\{T_{ij} \leqslant n, X_n = j|X_0 = i\} \\
&= \sum_{l=1}^{n} P\{T_{ij} = l, X_n = j|X_0 = i\} \\
&= \sum_{l=1}^{n} P\{T_{ij} = l|X_0 = i\} \cdot P\{X_n = j|T_{ij} = l, X_0 = i\} \\
&= \sum_{l=1}^{n} f_{ij}^{(l)} P\{X_n = j|X_0 = i, X_1 \neq j, \cdots, X_{l-1} \neq j, X_l = j\} \\
&= \sum_{l=1}^{n} f_{ij}^{(l)} P\{X_n = j|X_l = j\} = \sum_{l=1}^{n} f_{ij}^{(l)} p_{jj}^{(n-l)}.
\end{aligned}
$$

该定理的直观意义是: Markov 链从状态 $i$ 出发经过 $n$ 步转移到状态 $j$ 的概率, 就是从 $i$ 出发经过 $l(l \leqslant n)$ 步转移首次到达 $j$, 再从 $j$ 出发, 经 $n-l$ 步转移又回到 $j$ 这样一些事件的和事件的概率.

**定义 4.2.3** 如果 $f_{jj} = 1$, 则称状态 $j$ 是**常返的**(recurrent); 如果 $f_{jj} < 1$, 则称状态 $j$ 是**非常返的**(nonrecurrence)(或称为**瞬时的**、**滑过的**(transient)).

**定理 4.2.2** 如果状态 $j$ 是常返的, 则系统以概率 1 无穷次返回 $j$; 如果状态 $j$ 是非常返的, 则系统以概率 1 只有有穷次返回 $j$ (或 Markov 链只能有限次地返回状态 $j$).

**证** 设 $Q_{ij}^{(m)}$ 表示从状态 $i$ 出发, 恰好有 $m$ 次进入状态 $j$ 的概率, 则 $Q_{ij} = \lim\limits_{m\to\infty} Q_{ij}^{(m)}$ 表示从状态 $i$ 出发无穷多次到达状态 $j$ 的概率, 且 $Q_{ij}^{(1)} = f_{ij}$.

又 $Q_{ij}^{(m+1)}$ 可以看作 Markov 链从状态 $i$ 出发, 经过 $n(n \geqslant 1)$ 步转移后首次进入状态 $j$, 然后又恰好 $m$ 次返回 $j$ 的概率, 所以

$$
Q_{ij}^{(m+1)} = \sum_{n=1}^{\infty} f_{ij}^{(n)} Q_{jj}^{(m)} = Q_{ii}^{(m)} f_{ij}.
$$

令 $i = j$, 则有

$$
Q_{jj}^{(m+1)} = Q_{jj}^{(m)} f_{jj} = Q_{jj}^{(m-1)} f_{jj}^2 = \cdots = Q_{jj}^{(1)} f_{jj}^m = f_{jj}^{m+1}.
$$

可得

$$
Q_{jj} = \lim_{m\to\infty} f_{jj}^{(m+1)} = \begin{cases} 1, & f_{jj} = 1, \text{即 } j \text{ 常返}, \\ 0, & f_{jj} < 1, \text{即 } j \text{ 非常返}. \end{cases}
$$

**定理 4.2.3** (常返状态判别准则) 状态 $j$ 常返的充分必要条件是

$$
\sum_{n=1}^{\infty} p_{jj}^{(n)} = \infty.
$$

**证** 定义

$$I_n = \begin{cases} 1, & X_n = j, \\ 0, & X_n \neq j, \end{cases}$$

则

$$\begin{aligned} & E[\text{回到 } j \text{ 的次数}|X_0 = j] \\ = & E\left\{\sum_{n=1}^{\infty} I_n \middle| X_0 = j\right\} = \sum_{n=1}^{\infty} E\left\{I_n | X_0 = j\right\} \\ = & \sum_{n=1}^{\infty} p_{jj}^{(n)}. \end{aligned}$$

由定理 4.2.2 可知, 命题成立.

由定理 4.2.3, 若状态 $j$ 非常返, 则 $\lim\limits_{n\to\infty} p_{jj}^{(n)} = 0$.

常返态又进一步分为正常返状态和零常返状态.

设状态 $i$ 常返, 则从 $i$ 出发经 $n(\geqslant 1)$ 步首次返回 $i$ 的时刻 $T_{ii}$ 在 $X_0 = i$ 条件下的分布列为

| $T_{ii}$ | 1 | 2 | $\cdots$ | $n$ | $\cdots$ |
|---|---|---|---|---|---|
| $P$ | $f_{ii}^{(1)}$ | $f_{ii}^{(2)}$ | $\cdots$ | $f_{ii}^{(n)}$ | $\cdots$ |

记 $\mu_i = E(T_{ii}) = \sum\limits_{n=1}^{\infty} n f_{ii}^{(n)}$, 称 $\mu_i$ 为**状态 $i$ 的平均返回时间**(expected number of transitions needed to return to state $i$).

**定义 4.2.4** 设状态 $i$ 常返, 若 $\mu_i < \infty$, 则称状态 $i$ 是**正常返的**(positive recurrent); 如果 $\mu_i = \infty$, 则称状态 $i$ 是**零常返的**(null recurrent).

**定义 4.2.5** 设非空正整数集合 $\{n : n \geqslant 1, p_{ii}^{(n)} > 0\}$ 的最大公约数为 $t$, 称 $t$ 为状态 $i$ 的周期. 若 $t > 1$, 则称状态 $i$ 为**周期的**(periodic); 若 $t = 1$, 则称状态 $i$ 为**非周期的**(aperiodic); 若状态 $i$ 正常返、非周期, 则称状态 $i$ 是**遍历的**(ergodic).

**定理 4.2.4** 设状态 $i$ 常返, 周期为 $t(\geqslant 1)$, 则

$$\lim_{n\to\infty} p_{ii}^{(nt)} = \frac{t}{\mu_i}. \tag{4.15}$$

特别地, 状态 $i$ 零常返当且仅当

$$\lim_{n\to\infty} p_{ii}^{(n)} = 0; \tag{4.16}$$

状态 $i$ 遍历当且仅当

$$\lim_{n\to\infty} p_{ii}^{(n)} = \frac{1}{\mu_i}. \tag{4.17}$$

证明从略, 感兴趣的读者可参看文献 [5].

至此, 我们可以得到关于状态分类的判别法:

(1) $i$ 非常返$\Leftrightarrow \sum\limits_{n=0}^{\infty} p_{ii}^{(n)} < \infty$;

(2) $i$ 零常返$\Leftrightarrow \sum\limits_{n=0}^{\infty} p_{ii}^{(n)} = \infty$且 $\lim\limits_{n\to\infty} p_{ii}^{(n)} = 0$;

(3) $i$ 正常返$\Leftrightarrow \sum\limits_{n=0}^{\infty} p_{ii}^{(n)} = \infty$且$\overline{\lim\limits_{n\to\infty}} p_{ii}^{(n)} > 0$;

(4) $i$ 遍历$\Leftrightarrow \sum\limits_{n=0}^{\infty} p_{ii}^{(n)} = \infty$且 $\lim\limits_{n\to\infty} p_{ii}^{(n)} = \dfrac{1}{\mu_i} > 0$.

此外, 在状态性质的判别上还有如下定理.

**定理 4.2.5** 设 $i \leftrightarrow j$, 则

(1) $i$ 与 $j$ 或同为常返, 或同为非常返;

(2) 在常返情形, $i$ 与 $j$ 或同为正常返, 或同为零常返;

(3) $i$ 与 $j$ 或同为非周期的, 或同为周期的且有相同的周期.

**证** (1) 由 $i \leftrightarrow j$, 则必存在 $l \geqslant 1,n \geqslant 1$, 使得

$$p_{ij}^{(l)} = \alpha > 0, \quad p_{ji}^{(n)} = \beta > 0.$$

由 C-K 方程, 总有

$$p_{ii}^{(l+m+n)} \geqslant p_{ij}^{(l)} \cdot p_{jj}^{(m)} \cdot p_{ji}^{(n)} = \alpha\beta \cdot p_{jj}^{(m)}, \tag{4.18}$$

$$p_{jj}^{(l+m+n)} \geqslant p_{ji}^{(n)} \cdot p_{ii}^{(m)} \cdot p_{ij}^{(l)} = \alpha\beta \cdot p_{ii}^{(m)}, \tag{4.19}$$

分别将以上两式两边对 $m$ 求和得

$$\sum_{m=1}^{\infty} p_{ii}^{(l+m+n)} \geqslant \alpha\beta \sum_{m=1}^{\infty} p_{jj}^{(m)},$$

$$\sum_{m=1}^{\infty} p_{jj}^{(n+m+l)} \geqslant \alpha\beta \sum_{m=1}^{\infty} p_{ii}^{(m)}.$$

所以$\sum\limits_{k=1}^{\infty} p_{ii}^{(k)} = \infty$ 和 $\sum\limits_{k=1}^{\infty} p_{jj}^{(k)} = \infty$ 同为无穷或同为有限. 故由定理 4.2.3 知, $i$ 与 $j$ 或同为常返或同为非常返.

(2) 对式 (4.18) 和 (4.19) 两边分别同时令 $m \to \infty$, 则有

$$\lim_{m\to\infty} p_{ii}^{(l+m+n)} \geqslant \alpha\beta \lim_{m\to\infty} p_{jj}^{(m)}, \quad \lim_{m\to\infty} p_{jj}^{(n+m+l)} \geqslant \alpha\beta \lim_{m\to\infty} p_{ii}^{(m)}.$$

可见 $\lim\limits_{k\to\infty} p_{ii}^{(k)}$与 $\lim\limits_{k\to\infty} p_{jj}^{(k)}$ 同时为零或同时为正, 因此状态 $i$ 和 $j$ 在常返情形同为

正常返或同为零常返.

(3) 设 $j$ 的周期为 $t_j$, 由于

$$p_{jj}^{(l+n)} \geqslant p_{ji}^{(n)} \cdot p_{ij}^{(l)} = \alpha\beta > 0,$$

故 $t_j$ 可整除 $l+n$, 取 $m$ 使 $p_{ii}^{(m)} > 0$, 则由 C-K 方程知

$$p_{jj}^{(n+m+l)} \geqslant p_{ji}^{(n)} \cdot p_{ii}^{(m)} \cdot p_{ij}^{(l)} > 0.$$

故 $t_j$ 可整除 $n+m+l$, 从而 $t_j$ 可整除 $m$. 设 $i$ 的周期为 $t_i$, 则 $t_j \leqslant t_i$; 同样由对称性可证 $t_i \leqslant t_j$, 于是 $t_i = t_j$, 命题得证.

**定理 4.2.6** 已知 $i$ 常返, 若 $i \to j$, 则 $j$ 必常返, 且 $f_{ji} = 1$.

**证** 若 $f_{ji} < 1$, 则自 $j$ 出发经任意有限步都不能到达 $i$ 的概率为 $1 - f_{ji} > 0$. 又 $i \to j$, 故自 $i$ 出发经有限步不能返回 $i$ 的概率 $1 - f_{ii} > 0$, 即 $f_{ii} < 1$, 这与 $i$ 是常返态矛盾, 故 $f_{ji} = 1$. 又由于 $f_{ji} = \sum\limits_{l=1}^{\infty} f_{ji}^{(l)}$, 所以至少存在一个 $n \geqslant 1$, 使 $f_{ji}^{(n)} > 0$, 从而由定理 4.2.1 得

$$p_{ji}^{(n)} = \sum_{l=1}^{n} f_{ji}^{(l)} p_{ii}^{(n-l)} \geqslant f_{ji}^{(n)} p_{ii}^{(0)} = f_{ji}^{(n)} > 0,$$

故 $j \to i$, 从而 $i \leftrightarrow j$. 又 $i$ 是常返态, 故 $j$ 也是常返态.

**例 4.2.1** 已知 Markov 链 $\{X_n, n = 0, 1, 2, \cdots\}, I = \{1, 2, 3, 4\}$, 一步转移概率矩阵

$$\boldsymbol{P} = \begin{bmatrix} 1/4 & 1/4 & 1/4 & 1/4 \\ 0 & 0 & 1 & 0 \\ 0 & 0 & 0 & 1 \\ 1 & 0 & 0 & 0 \end{bmatrix},$$

其状态转移概率如图 4.1 所示.

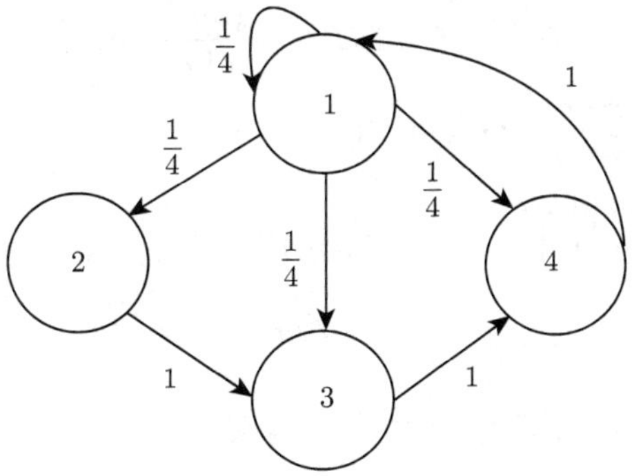


图 4.1

此链的每一状态都可达另一状态, 即 4 个状态都是相通的, 因此只需考虑状态 1.

因为 $p_{11}=\dfrac{1}{4}>0$, 故 $\{n:p_{11}>0\}$ 最大公约数是 $t=1$, 即状态 1 是非周期的.

由于 $f_{11}^{(1)}=\dfrac{1}{4}$, 而

$$\begin{aligned}
f_{11}^{(2)}&=P\{X_2=1,X_1\neq 1|X_0=1\}\\
&=P\{X_2=1,X_1=2|X_0=1\}\\
&\quad+P\{X_2=1,X_1=3|X_0=1\}\\
&\quad+P\{X_2=1,X_1=4|X_0=1\}\\
&=P\{X_2=1|X_0=1,X_1=4\}\cdot P\{X_1=4|X_0=1\}\\
&=p_{41}\cdot p_{14}=\frac{1}{4}.
\end{aligned}$$

类似可得 $f_{11}^{(3)}=\dfrac{1}{4},f_{11}^{(4)}=\dfrac{1}{4},f_{11}^{(n)}=0,n=5,6,\cdots$. 所以

$$f_{11}=\sum_{n=1}^{\infty}f_{11}^{(n)}=\frac{1}{4}+\frac{1}{4}+\frac{1}{4}+\frac{1}{4}=1.$$

于是状态 1 是常返的. 又因为

$$\mu_1=\sum_{n=1}^{\infty}n\cdot f_{11}^{(n)}=\frac{1}{4}\sum_{n=1}^{4}n=\frac{5}{2}<\infty,$$

因此状态 1 是正常返的, 所以状态 1 是遍历的. 由定理 4.2.5 知, 此链所有状态都是正常返的, 所以都是遍历的.

**例 4.2.2**　直线上无限制随机游动 (续例 4.1.1).

显然所有状态都是相通的, 对状态 0, 有

$$p_{00}^{(2n)}=\mathrm{C}_{2n}^{n}(pq)^n=\frac{(2n)!}{n!n!}(pq)^n,$$

由 Stirling 公式 $n!\approx\left(\dfrac{n}{\mathrm{e}}\right)^n\sqrt{2\pi n}$, 可知

$$p_{00}^{(2n)}\approx\frac{\left(\dfrac{(2n)!}{\mathrm{e}}\right)^{2n}\cdot\sqrt{2\pi\cdot 2n}(pq)^n}{\left(\dfrac{n}{\mathrm{e}}\right)^n\sqrt{2\pi n}\cdot\left(\dfrac{n}{\mathrm{e}}\right)^n\sqrt{2\pi n}}=\frac{(4pq)^n}{\sqrt{2\pi n}},\quad p_{00}^{(2n+1)}=0.$$

由 $p+q=1$, 知 $4pq\leqslant 1$, 等号 “=” 成立当且仅当 $p=q=\dfrac{1}{2}$, 此时

$$\sum_{n=1}^{\infty}p_{00}^{(n)}=\infty,\quad 且\quad p_{00}^{(n)}\to 0\ \ (n\to\infty).$$

所以状态 0 是零常返态, 由于所有状态都相通, 因此所有状态此时都是零常返的.

当 $p \neq q$ 时, $4pq < 1$, $\sum\limits_{n=1}^{\infty} p_{00}^{(n)} < \infty$, 此时所有状态都是非常返的. 显然周期 $t = 2$.

## 4.3 状态空间的分解

有别于对单个状态的类型的讨论, 这一节将从整体上来研究 Markov 链的状态空间.

**定义 4.3.1** 设 $C$ 是状态空间 $I$ 的一个子集, 如果对任意的 $i \in C, j \overline{\in} C$ 都有 $p_{ij} = 0$, 则称 $C$ 是一个**闭集**(closed set). 如果 $C$ 的所有状态都是相通的, 则称闭集 $C$ 是**不可约的**(irreducible). 特别地, 称 Markov 链是不可约的, 如果除 $I$ 外没有其他闭的**真子集**(proper subset).

**定理 4.3.1** $C$ 是闭集的充要条件是对任意 $i \in C, j \notin C$, 都有

$$p_{ij}^{(n)} = 0, \quad n \geqslant 1.$$

**证** 充分性显然, 只需证必要性.

由 C-K 方程, 当 $i \in C, j \notin C$ 时,

$$p_{ij}^{(2)} = \sum_{k \in C} p_{ik} p_{kj} + \sum_{k \notin C} p_{ik} p_{kj} = 0,$$

用归纳法, 可证得

$$p_{ij}^{(n)} = 0, \quad i \in C, \quad j \notin C, \quad n \geqslant 1.$$

定理 4.3.1 说明从闭集内任一状态, 不论转移多少步, 都不能转移到闭集之外的状态上去, 即随着时间的推移, 闭集内任一状态只能在闭集内部的状态之间转移.

显然, 一个 Markov 链的整个状态空间 $I$ 是其最大的一个闭集. 如果 $p_{ii} = 1$, 则称状态 $i$ 是吸收态. 吸收态 $i$ 构成的单点集 $\{i\}$ 是最小的闭集.

**定理 4.3.2** (i) Markov 链的所有常返态构成一个闭集;

(ii) 不可约的 Markov 链或者全是常返态, 或者全是非常返态.

**证** (i) 设 $i$ 是常返态, 且 $i \to j$, 则必有 $i \leftrightarrow j$. 否则, 设 $j \nrightarrow i$, 那么由于 $i \to j$, 于是 $i$ 到达 $j$ 后就不能返回 $i$, 这与 $i$ 是常返态矛盾, 故必有 $j \to i$, 从而 $i \leftrightarrow j$. 所以 $j$ 也是常返态, 即自常返态出发所能到达的状态必定是常返态 (常返态不可能转移到非常返态上去). 因此常返态组成的集合是一个闭集.

(ii) 由 (i) 易得.

**定理 4.3.3** (分解定理 (decomposition theorem))　状态空间 $I$ 必可分解为

$$N + C_1 + C_2 + \cdots + C_h + \cdots,$$

其中, $N$ 是全体非常返态组成的集合, $C_1, C_2, \cdots, C_h, \cdots$ 是互不相交的由常返态组成的闭集, 而且

(i) 对每一确定的 $h$, $C_h$ 内任意两状态相通;

(ii) $C_h$ 与 $C_g (h \neq g)$ 中的状态之间不相通.

**证**　先将状态空间 $I$ 中的状态按常返态和非常返态分成两类: 非常返态组成集合 $N$, 常返态组成集合 $C$. 则由定理 4.3.2 知 $C$ 是一闭集.

在 $C$ 中再按相通关系分类: 任取一状态 $i_1 \in C$, 凡与 $i_1$ 相通的状态组成集合 $C_1$; 接着任取状态 $i_2 \notin C_1$, 凡与 $i_2$ 相通的状态组成集合 $C_2 \cdots\cdots$ 按此方法进行下去, 直至 $C$ 中的状态归类完毕. 这样就将 $C$ 分解成 $C_1, C_2, \cdots, C_h, \cdots$ 闭集之和, 这些闭集显然满足条件 (i), (ii).

称闭集 $C_1, C_2, \cdots, C_h, \cdots$ 为**基本常返闭集**. 由定理 4.3.2 可知系统在 $I$ 中运行情况: 若从某一非常返态出发, 则系统可能一直在非常返集 $N$ 中运动, 也可能在某一时刻进入某个基本常返闭集, 而后一直在该闭集中运动; 若从某一常返态出发, 则系统就永远在该常返态所在的基本常返闭集中运动.

**定义 4.3.2**　设闭集 $A$ 是状态空间的子集, 如果 $A$ 不含有闭的真子集, 则称**闭集 $A$ 是不可约的**. Markov 链的状态空间是**不可约的**, 则该 Markov 链是不可约的.

由定理 4.3.2 易得: 一个不可约的 Markov 链, 或者没有非常返状态, 或者没有常返状态. 又由定理 4.3.3 可知, 在只有常返状态的不可约 Markov 链中, 所有的状态都是相通的.

对于不可约的 Markov 链, 若它的所有状态都是非常返的, 则称为**不可约非常返链**; 若它的所有状态是常返的, 则称为**不可约常返链**. 下面给出不可约链是常返链的一个判别准则.

**定理 4.3.4**　不可约 Markov 链是常返的充要条件是下列方程组没有非零有界解

$$Z_i = \sum_{j=1}^{\infty} p_{ij} Z_j, \quad i = 1, 2, \cdots.$$

证明略. 读者可参看文献 [8].

**例 4.3.1**　设 Markov 链 $X_T$ 的状态空间 $I = \{1, 2, \cdots, 6\}$, 一步转移概率矩阵

$$
\boldsymbol{P}=\begin{bmatrix}
0 & 0 & 1 & 0 & 0 & 0\\
0 & 0 & 0 & 0 & 0 & 1\\
0 & 0 & 0 & 0 & 1 & 0\\
\frac{1}{3} & \frac{1}{3} & 0 & \frac{1}{3} & 0 & 0\\
1 & 0 & 0 & 0 & 0 & 0\\
0 & \frac{1}{2} & 0 & 0 & 0 & \frac{1}{2}
\end{bmatrix}.
$$

该 Markov 链各状态之间转移示意图如图 4.2 所示.

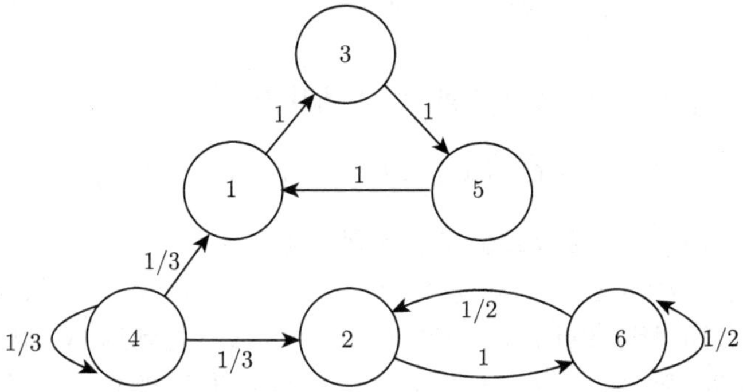


图 4.2

由图 4.2 中可知, $f_{11}^{(3)}=1; f_{11}^{(n)}=0, n\neq 3$, 所以

$$f_{11}=\sum_{n=1}^{\infty} f_{11}^{(n)}=1,$$

$$\mu_1=\sum_{n=1}^{\infty} n\cdot f_{11}^{(n)}=3<\infty,$$

可见状态 1 常返, 且周期 $t=3$, 含 1 的基本常返闭集为

$$C_1=\{i:1\to i\}=\{1,3,5\},$$

因此, 状态 3, 5 也正常返且周期为 3.

再考虑状态 6, 因 $f_{66}^{(1)}=\frac{1}{2}, f_{66}^{(2)}=\frac{1}{2}\cdot 1=\frac{1}{2}; f_{66}^{(n)}=0, n\geqslant 3$, 所以

$$f_{66}=\sum_{n=1}^{\infty} f_{66}^{(n)}=1,$$

$$\mu_6=\sum_{n=1}^{\infty} n\cdot f_{66}^{(n)}=\frac{1}{2}+2\cdot\frac{1}{2}=\frac{3}{2}<\infty,$$

故状态 6 也正常返. 由于 $p_{66}=\frac{1}{2}$, 故 $t=1$, 因此状态 6 非周期. 含 6 的基本常返闭集为

$$C_2=\{i:6\to i\}=\{2,6\}.$$

状态 2, 6 正常返, 非周期, 故为遍历状态.

最后考虑状态 4, 由 $f_{44}^{(1)}=\frac{1}{3}; f_{44}^{(n)}=0, n\neq 1$, 所以

$$f_{44}=\sum_{n=1}^{\infty} f_{11}^{(n)}=\frac{1}{3}<1,$$

故 4 非常返. 又 $p_{44}=\frac{1}{3}$, 故 4 非周期. 综上所述有

$$I=N+C_1+C_2=\{4\}+\{1,3,5\}+\{2,6\}.$$

**例 4.3.2** 带有一个吸收壁的随机游动 (续例 4.1.2).

状态空间 $I=\{0,1,2,\cdots\}$ 可分解为 $N=\{1,2,\cdots\}, C=\{0\}$. 状态 0 为吸收态, 正常返, 非周期, 因此遍历. $C$ 是闭集, $C$ 中状态不能到达 $N$. 状态 1 是非常返的, 因假设 1 常返, 则由 $1\to 0$, 就有 $0\to 1$, 这与 0 为吸收态矛盾. 因此 $N$ 是非常返集.

**例 4.3.3** 带一个反射壁的随机游动 (续例 4.1.4).

该 Markov 链的状态空间为 $I=\{0,1,2,\cdots\}$, 一步转移概率为

$$p_{i,i+1}=p,\ i=0,1,2,\cdots,\quad p_{i,i-1}=q=1-p,\ i=1,2,\cdots,\quad p_{00}=q,\ 0<p<1.$$

由于每一个状态都可达, 故该链不可约. 由 $p_{00}=q(>0)$ 得周期 $t=1$. 为判断该 Markov 链是否常返, 由定理 4.3.4 考察下列方程组,

$$Z_1=p\cdot Z_2,\quad Z_i=qZ_{i-1}+pZ_{i+1},\quad i=2,3,\cdots.$$

由此得

$$Z_{i+1}-Z_i=\left(\frac{q}{p}\right)^i Z_1,\quad i=1,2,\cdots,$$

解得

$$Z_i=\frac{1-(q/p)^i}{1-q/p}Z_1,\quad i=1,2,\cdots.$$

若 $p>q$, 则 $\{Z_i\}$ 为非零有界解, 此时该 Markov 链非常返;

若 $p\leqslant q$, 则 $\{Z_i\}$ 无界, 即所考察的方程组无界, 此时该 Markov 链是常返的.

# 4.4 遍历定理与平稳分布

## 4.4.1 遍历定理

在实际中常常要研究当 $n$ 很大时 $p_{ij}^{(n)}$ 的性质, 在数学上就是要研究 $\lim\limits_{n\to\infty} p_{ij}^{(n)}$ 是否存在. 如果存在, 是否与 $i$ 有关? 在 Markov 链的理论中, 有关这一问题的定理统称为**遍历定理**(ergodic theorem).

**定理 4.4.1** 如果 $j$ 非常返或零常返, 则 $\lim\limits_{n\to\infty} p_{ij}^{(n)} = 0$.

**证** 若 $j$ 非常返, 则由定理 4.2.3, 有 $\sum\limits_{n=1}^{\infty} p_{jj}^{(n)} < \infty$, 故 $\lim\limits_{n\to\infty} p_{jj}^{(n)} = 0$.

由于

$$p_{ij}^{(n)} = \sum_{l=1}^{n} f_{ij}^{(l)} p_{jj}^{(n-l)},$$

取 $m$, 使 $1 \leqslant m \leqslant n$, 有

$$p_{ij}^{(n)} \leqslant \sum_{l=1}^{m} f_{ij}^{(l)} p_{jj}^{(n-l)} + \sum_{l=m+1}^{n} f_{ij}^{(l)}.$$

令 $n \to \infty$, 则由 $\lim\limits_{n\to\infty} p_{jj}^{(n)} = 0$ 知

$$\sum_{l=1}^{m} f_{ij}^{(l)} p_{jj}^{(n-l)} \to 0;$$

再令 $m \to \infty$, 则由 $\sum\limits_{l=1}^{\infty} f_{ij}^{(l)} \leqslant 1$ 知

$$\sum_{l=m+1}^{n} f_{ij}^{(l)} \to 0 \quad (\text{收敛级数余项趋于 } 0),$$

因此

$$\lim_{n\to\infty} p_{ij}^{(n)} = 0.$$

若 $j$ 零常返, 则由定理 4.2.4 显然有 $p_{jj}^{(n)} \to 0(n \to \infty)$, 故命题结论成立.

**推论 4.4.1** 若 Markov 链的状态空间有穷, 那么

(i) 该链的状态不可能全是非常返的 (非常返态集不可能是闭集);

(ii) 若链是不可约的, 则状态全是 (正) 常返的;

(iii) 不存在零常返态 (零常返态一定是无穷多个).

**证** (i) 设状态空间 $I = 0, 1, 2, \cdots, k$ 中的状态全是非常返的, 则对任意的 $i, j \in I$, 由定理 4.4.1 知: $\lim\limits_{n\to\infty} p_{ij}^{(n)} = 0$, 于是

$$\sum_{j=1}^{k} p_{ij}^{(n)} \to 0 \quad (n \to \infty).$$

另一方面, 有

$$\sum_{j=1}^{k} p_{ij}^{(n)} = 1.$$

这就产生了矛盾, 因此有限 Markov 链的状态不可能全是非常返的.

(ii) 不可约链的状态空间是一个闭集, 由 (i) 知, 它至少含有一个常返态, 因此全是常返态.

(iii) 假设 $I$ 中含有零常返态 $i$, 则 $C = \{j : i \to j\}$ 是不可约集, 它是有限集, 且所有状态零常返, 于是由定理 4.4.1 知, 当 $n \to \infty$ 时, 有

$$1 = \sum_{j \in C} p_{ij}^{(n)} \to 0,$$

这导致矛盾. 故 $I$ 中不可能含有零常返态.

**推论 4.4.2** 若 Markov 链有一个零常返态, 则必有无穷多个零常返态.

**证** 设 $i$ 为零常返态, 则 $C = \{j, i \to j\}$ 为不可约集, 其状态全是零常返态, 故 $C$ 不可能是有限集, 否则同 (iii) 相矛盾.

**定理 4.4.2** 如果 $j$ 是正常返, 非周期 (即遍历态), 则有

$$\lim_{n\to\infty} p_{ij}^{(n)} = \frac{f_{ij}}{\mu_j}. \tag{4.20}$$

**证** 因为 $j$ 是遍历的, 所以由状态分类的判别法 (4) 有

$$\lim_{n\to\infty} p_{jj}^{(n)} = \frac{1}{\mu_j} > 0.$$

因为

$$p_{ij}^{(n)} = \sum_{l=1}^{n} f_{ij}^{(l)} p_{jj}^{(n-l)},$$

取 $m$, 使 $1 \leqslant m \leqslant n$, 有

$$p_{ij}^{(n)} = \sum_{l=1}^{m} f_{ij}^{(l)} p_{jj}^{(n-l)} + \sum_{l=m+1}^{n} f_{ij}^{(l)} p_{jj}^{(n-l)},$$

从而

$$0 \leqslant p_{ij}^{(n)} - \sum_{l=1}^{m} f_{ij}^{(l)} p_{jj}^{(n-l)} = \sum_{l=m+1}^{n} f_{ij}^{(l)} p_{jj}^{(n-l)} \leqslant \sum_{l=m+1}^{n} f_{ij}^{(l)}.$$

令 $n \to \infty$, 则得

$$0 \leqslant \lim_{n\to\infty} \left( p_{ij}^{(n)} - \sum_{l=1}^{m} f_{ij}^{(l)} p_{jj}^{(n-l)} \right) = \lim_{n\to\infty} p_{ij}^{(n)} - \sum_{l=1}^{m} f_{ij}^{(l)} \lim_{n\to\infty} p_{jj}^{(n-l)} \leqslant \sum_{l=m+1}^{\infty} f_{ij}^{(l)},$$

即

$$0 \leqslant \lim_{n\to\infty} p_{ij}^{(n)} - \sum_{l=1}^{m} f_{ij}^{(l)} \frac{1}{\mu_j} \leqslant \sum_{l=m+1}^{\infty} f_{ij}^{(l)}.$$

再令 $m \to \infty$, 得

$$\lim_{n\to\infty} p_{ij}^{(n)} - \sum_{l=1}^{\infty} f_{ij}^{(l)} \frac{1}{\mu_j} = 0,$$

即

$$\lim_{n\to\infty} p_{ij}^{(n)} = \sum_{l=1}^{\infty} f_{ij}^{(l)} \frac{1}{\mu_j} = \frac{f_{ij}}{\mu_j}.$$

**推论 4.4.3** 如果 $j$ 是正常返, 非周期 (即遍历) 的, 且 $j \to i$, 则有

$$\lim_{n\to\infty} p_{ij}^{(n)} = \frac{1}{\mu_j}. \tag{4.21}$$

**证** 因 $j$ 常返, 且 $j \to i$, 故由定理 4.2.6 有

$$f_{ij} = 1.$$

又由定理 4.4.2 知 $\lim\limits_{n\to\infty} p_{ij}^{(n)} = \dfrac{f_{ij}}{\mu_j}$, 故得

$$\lim_{n\to\infty} p_{ij}^{(n)} = \frac{1}{\mu_j}.$$

综上所述, 若 Markov 链不可约, 状态 $j$ 非周期常返, 则有

$$\lim_{n\to\infty} p_{ij}^{(n)} = \frac{1}{\mu_j} \geqslant 0,$$

称 $\left\{\dfrac{1}{\mu_j}\right\}$ 为**极限分布**(limit distribution).

### 4.4.2　平稳分布

**定义 4.4.1**　设 Markov 链 $\{X_n, n \geqslant 0\}$ 的转移概率矩阵为 $\boldsymbol{P} = (p_{ij})$, 如果非负数列 $\{\pi_j\}$ 满足

$$\sum_{j=0}^{\infty} \pi_j = 1, \quad \pi_j = \sum_{i=0}^{\infty} \pi_i p_{ij}, \quad j = 0, 1, 2, \cdots,$$

则称 $\{\pi_j, j \in I\}$ 为 $\{X_n, n \geqslant 0\}$ 的**平稳分布**(stationary distribution).

对平稳分布

$$\pi_j = \sum_{i=0}^{\infty} \pi_i p_{ij} = \sum_{i=0}^{\infty} \left( \sum_{k=0}^{\infty} \pi_k p_{ki} \right) p_{ij} = \sum_{k=0}^{\infty} \pi_k \left( \sum_{i=0}^{\infty} p_{ki} p_{ij} \right) = \sum_{k=0}^{\infty} \pi_k p_{kj}^{(2)},$$

一般地有

$$\pi_j = \sum_{i=0}^{\infty} \pi_i p_{ij}^{(n)}, \quad n = 1, 2, \cdots.$$

如果 Markov 链的初始分布 $P\{X_0 = j\} = f_j, j = 0, 1, 2, \cdots$ 是平稳分布, 则对任意非负整数 $n$, 有

$$\begin{aligned} P\{X_n = j\} &= \sum_{i=0}^{\infty} P\{X_0 = i, X_n = j\} \\ &= \sum_{i=0}^{\infty} P\{X_0 = i\} P\{X_n = j | X_0 = i\} \\ &= \sum_{i=0}^{\infty} f_i p_{ij}^{(n)} = f_j, \quad j = 0, 1, 2, \cdots, \end{aligned}$$

即 $X_n$ 的分布 (即 $\{X_n, n \geqslant 0\}$ 在时刻 $n$ 的绝对分布) 也是平稳分布, 而且正好是初始分布 $\{f_j\}$. 这说明平稳分布不随时间的移动而变化, 这正是“平稳”二字的由来.

**定理 4.4.3**　非周期不可约常返链是正常返的充要条件是它存在平稳分布, 且此时平稳分布就是极限分布.

证明略, 读者可参看文献 [3].

由定理易知, 非周期不可约正常返链的平稳分布是唯一的, 就是极限分布.

**定理 4.4.4**　设 Markov 链的状态空间有限, $I = \{1, 2, \cdots, n\}$. 如果存在正整数 $n_0$, 使对一切 $i, j \in I$ 都有

$$p_{ij}^{(n_0)} > 0,$$

则此 Markov 链是遍历的, 且 $\{p_j = \lim\limits_{k\to\infty} p_{ij}^{(k)}, j = 1, 2, \cdots, n\}$ 是方程组

$$p_j = \sum_{i=1}^{n} p_i p_{ij}, \quad i = 1, 2, \cdots, n$$

满足条件 $p_j > 0, \sum\limits_{j=1}^{n} p_j = 1$ 的唯一解, 也即该 Markov 链的平稳分布存在且唯一.

证明略, 可参见文献 [1].

**例 4.4.1** 设 Markov 链的状态空间为 $I = \{1, 2, 3, 4\}$, 一步转移概率矩阵

$$\boldsymbol{P} = \begin{bmatrix} 1 & 0 & 0 & 0 \\ 0 & 1 & 0 & 0 \\ \dfrac{1}{3} & \dfrac{2}{3} & 0 & 0 \\ \dfrac{1}{4} & \dfrac{1}{4} & 0 & \dfrac{1}{2} \end{bmatrix}.$$

该 Markov 链的状态 1, 2 都是吸收态, 即 $\{1\}$ 和 $\{2\}$ 都是正常返非周期的基本常返闭集, 而 $N = \{3, 4\}$. 由于

$$p_{11}^{(n)} = 1, \quad p_{21}^{(n)} = 0, \quad p_{31}^{(n)} = \frac{1}{3},$$

$$p_{41}^{(n)} = \sum_{l=1}^{n} f_{41}^{(l)} p_{11}^{(n-l)} = \sum_{l=1}^{n} f_{41}^{(l)} = \frac{1}{4} + \frac{1}{2}\cdot\frac{1}{4} + \frac{1}{2}\cdot\frac{1}{2}\cdot\frac{1}{4} + \cdots + \frac{1}{2^{n-1}}\cdot\frac{1}{4}$$

$$= \frac{1}{4}\cdot\frac{1-\left(\dfrac{1}{2}\right)^n}{1-\dfrac{1}{2}} = \frac{1}{2} - \frac{1}{2^{n+1}}.$$

这说明 $\lim\limits_{n\to\infty} p_{ij}^{(n)}$ 存在, $i = 1, 2, 3, 4$, 但与 $i$ 有关.

**例 4.4.2** 带一个反射壁的随机游动 (续例 4.3.3).

状态空间 $I = \{0, 1, 2, \cdots\}$, 一步转移概率为

$$p_{ii+1} = p, \quad i = 0, 1, 2, \cdots, \ 0 < p < 1,$$

$$p_{ii-1} = q = 1 - p, \quad i = 1, 2, \cdots,$$

$$p_{00} = q.$$

由前面的讨论知, 当 $p > q$ 时, 该链是非常返的; 当 $p \leqslant q$ 时, 该链是常返的. 下面判断在常返时是正常返还是零常返, 为此考察该链何时具有平稳分布, 此时

$$\pi_0 = \sum_{i=0}^{\infty} \pi_i p_{i0}, \quad \pi_j = \sum_{i=0}^{\infty} \pi_i p_{ij} = p\pi_{j-1} + q\pi_{j+1}, \quad j = 1, 2, \cdots,$$

改写为

$$\pi_1 = \frac{p}{q}\pi_0, \quad \pi_{j+1} - \pi_j = \frac{p}{q}(\pi_j \pi_{j-1}), \quad j = 1, 2, \cdots .$$

由此解得

$$\pi_j = \left(\frac{p}{q}\right)^j \pi_0, \quad j = 1, 2, \cdots .$$

只要 $\pi_0 \geqslant 0$, 就有 $\pi_j \geqslant 0$. 再由 $\sum\limits_{j=0}^{\infty} \pi_j = 1$, 得

$$\left[1 + \frac{p}{q} + \left(\frac{p}{q}\right)^2 + \cdots\right] \pi_0 = 1.$$

如果 $p = q = \dfrac{1}{2}$, 上式括号中级数发散, 于是不存在平稳分布, 此时链是零常返的.

如果 $p < q$, 则有

$$\pi_0 = \left(\frac{1}{1 - \frac{p}{q}}\right)^{-1} = 1 - \frac{p}{q} > 0, \quad \pi_j = \left(1 - \frac{p}{q}\right)\left(\frac{p}{q}\right)^j, \quad j = 1, 2, \cdots .$$

此时存在平稳分布 $\{\pi_j, j = 0, 1, 2, \cdots\}$, 于是当 $p < q$ 时该链是正常返的, 又因链是非周期的, 故此时链是遍历的.

**例 4.4.3**　考虑只有 3 个状态的 Markov 链, 它的转移概率矩阵为

$$\boldsymbol{P} = \begin{bmatrix} q & p & 0 \\ q & 0 & p \\ 0 & q & p \end{bmatrix}.$$

其中 $0 < p < 1, q = 1 - p$. 该转移概率矩阵给出如下在 (1, 2, 3) 上质点的随机游动: 质点自 1 出发, 下一步停留在 1 的概率为 $q$, 来到 2 的概率为 $p$; 自 2 出发, 到达 1 和 3 的概率分别为 $q$ 和 $p$; 自 3 出发, 停留在 3 和到达 2 的概率分别为 $p$ 和 $q$. 对 $n = 1$, 条件

$$p_{ij}^{(1)} > 0, \quad \forall i, j \in I$$

并不成立, 但

$$\boldsymbol{P}^2 = (p_{ij}^{(2)}) = \begin{bmatrix} q^2 + pq & pq & p^2 \\ q^2 & 2pq & p^2 \\ q^2 & pq & pq + p^2 \end{bmatrix},$$

故对所有的 $i, j = 1, 2, 3$ 都有

$$p_{ij}^{(2)} > 0.$$

从而此 Markov 链是遍历的, 即

$$\lim_{n\to\infty} p_{ij}^{(n)} = p_j \quad (i, j = 1, 2, 3).$$

为求 $p_j, j = 1, 2, 3$, 求解如下方程组

$$\begin{cases} p_1 = p_1 q + p_2 q, \\ p_2 = p_1 p + p_3 q, \\ p_3 = p_2 p + p_3 p, \\ p_1 + p_2 + p_3 = 1, \end{cases}$$

解得

$$p_1 \left[1 + \frac{p}{q} + \left(\frac{p}{q}\right)^2\right] = 1, \quad p_2 = \frac{p}{q} p_1, \quad p_3 = \left(\frac{p}{q}\right)^2 p_1.$$

若 $p = q = \dfrac{1}{2}$, 则 $p_1 = p_2 = p_3 = \dfrac{1}{3}$, 这表明在极限情形三状态是等可能的, 也就是说不管初始状态如何, 当质点随机游动相当长的时间后, 质点处于任一状态的可能性是相同的, 因为此时质点在任一时刻“向前”或“向后”的可能性相同.

若 $p \neq q$, 则得

$$p_j = \frac{1 - \dfrac{p}{q}}{1 - \left(\dfrac{p}{q}\right)^3} \left(\frac{p}{q}\right)^{j-1} \quad (j = 1, 2, 3).$$

若 $p > q$, 则由上式知 $p_j$ 随 $j$ 的增大而增大. 例如, 当 $p = 2q$ 时, 可得

$$p_1 = \frac{1}{7}, \quad p_2 = \frac{2}{7}, \quad p_3 = \frac{4}{7}.$$

这表明质点从当前状态转移到前一状态的可能性大于转移到后一状态的可能性.

若 $p < q$, 则 $p_j$ 随 $j$ 的增大而减小. 例如, 当 $p = \dfrac{1}{2} q$ 时, 可得

$$p_1 = \frac{4}{7}, \quad p_2 = \frac{2}{7}, \quad p_3 = \frac{1}{7}.$$

这表明质点从当前状态转移到前一状态的可能性小于转移到后一状态的可能性.

**例 4.4.4** 作为遍历性不成立的例子, 考虑转移概率矩阵为

$$\boldsymbol{P} = \begin{bmatrix} 1 & 0 \\ 0 & 1 \end{bmatrix}$$

的 Markov 链. 由于 $\boldsymbol{P}^n = \boldsymbol{P}$, 可见

$$p_{11}^{(n)} = p_{22}^{(n)} = 1, \quad p_{12}^{(n)} = p_{21}^{(n)} = 0.$$

由于 $\lim\limits_{n\to\infty} p_{11}^{(n)} \neq \lim\limits_{n\to\infty} p_{21}^{(n)}$, 故遍历性不成立.

**例 4.4.5**　设某厂的商品销售状况可分为三个状态: 滞销 (用 1 表示)、正常 (用 2 表示)、畅销 (用 3 表示)(按一个月计). 若经过对历史资料的整理分析, 其销售状态的变化 (从这月到下月) 与起始时刻无关, 且其状态转移概率矩阵为 ($p_{ij}$ 表示从销售状态 $i$ 经一个月后转为销售状态 $j$ 的概率)

$$\boldsymbol{P} = \begin{bmatrix} \frac{1}{2} & \frac{1}{2} & 0 \\ \frac{3}{9} & \frac{1}{9} & \frac{5}{9} \\ \frac{1}{6} & \frac{4}{6} & \frac{1}{6} \end{bmatrix}.$$

经计算可得 $\boldsymbol{P}^{(2)} > 0$, 即 2 步转移概率矩阵中每个元素均大于 0, 这样该 Markov 链存在平稳分布 $\{\pi_j, j = 1, 2, 3\}$, 且可由方程组

$$\begin{cases} \pi_1 = \dfrac{1}{2}\pi_1 + \dfrac{3}{9}\pi_2 + \dfrac{1}{6}\pi_3, \\ \pi_2 = \dfrac{1}{2}\pi_1 + \dfrac{1}{9}\pi_2 + \dfrac{4}{6}\pi_3, \\ \pi_3 = \dfrac{5}{9}\pi_2 + \dfrac{1}{6}\pi_3, \\ 1 = \pi_1 + \pi_2 + \pi_3, \end{cases}$$

解得: $\pi_1 = \dfrac{8}{23}, \pi_2 = \dfrac{9}{23}, \pi_3 = \dfrac{6}{23}$.

此结果表明, 经过相当长的时间后, 正常销售的可能性最大, 而畅销的可能性较小.

**例 4.4.6**　设有 6 个车站, 它们之间有公路连接, 如图 4.3 所示. 如果汽车每天可以从一个站驶到与之有公路相连的相邻车站, 在夜间到达车站留宿并接受加油、清洗、检修等服务. 次日清晨各站按相同比例将汽车派往与其相邻的车站. 试说明在运行了很长时间以后, 各站每晚留宿的汽车比例趋于稳定, 并求出比例, 以便正确设置各站规模.

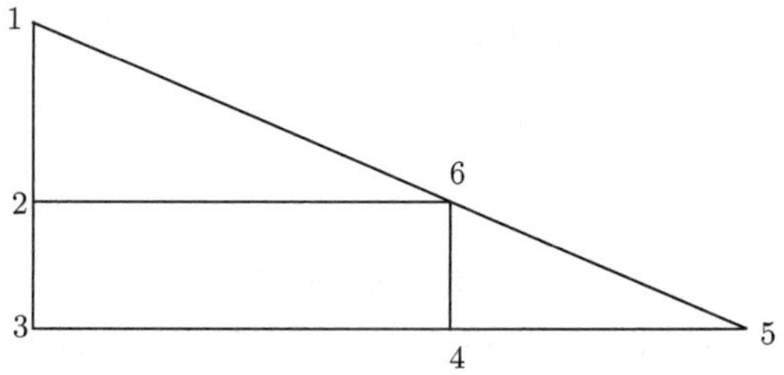


图 4.3

**解** 设一辆汽车在第 $n$ 天留宿的站号为 $X_n$, 则在已知 $X_n = k(k = 1, 2, 3, 4, 5, 6)$ 的条件下第 $n+1$ 天它留宿的站号以等可能的概率到达与 $k$ 站相连的任一车站, 而与第 $n-1$ 天及其以前各天汽车留宿何站无关. 从而, 一辆汽车的留宿 (运行) 情况 $\{X_n, n \geqslant 0\}$ 是一个齐次 Markov 链, 其一步转移概率矩阵为

$$\boldsymbol{P} = \begin{bmatrix} 0 & 1/2 & 0 & 0 & 0 & 1/2 \\ 1/3 & 0 & 1/3 & 0 & 0 & 1/3 \\ 0 & 1/2 & 0 & 1/2 & 0 & 0 \\ 0 & 0 & 1/3 & 0 & 1/3 & 1/3 \\ 0 & 0 & 0 & 1/2 & 0 & 1/2 \\ 1/4 & 1/4 & 0 & 1/4 & 1/4 & 0 \end{bmatrix}.$$

可解得平稳分布, $\pi_1 = \dfrac{1}{8}, \pi_2 = \dfrac{3}{16}, \pi_3 = \dfrac{1}{8}, \pi_4 = \dfrac{3}{16}, \pi_5 = \dfrac{1}{8}, \pi_6 = \dfrac{1}{4}$.

## 4.5 Markov 链的最优停时

在第 3 章简单提到了最优停时, 这一节我们将该概念一般化.

设 $\boldsymbol{P}$ 是一状态空间为 $I$ 的离散时间 Markov 链的转移概率矩阵, 为简单起见, 先假定 $I$ 是有限的, 但后面的讨论同样可以应用到无限状态空间的情形. 设每个状态的收益函数 $f$, 它表示当 Markov 链到达该状态后“玩家”停止时的收益. 还假设该 Markov 链的所有状态并非非周期的, 否则玩家可以一直进行下去直到到达收益最大的状态. 一个停止规则或停时是一个随机变量 $N$. 由于玩家 $n$ 时刻决定停止与否仅仅与 $n$ 时刻以前发生的状态有关, 即玩家不能靠未来的信息决定是否停止, 且我们考虑的是齐次 Markov 链, 所以不难知道最合理的不考虑未来的停止规则具有如下的形式: 状态空间 $I$ 被分为两个集合 $I_1$ 和 $I_2$, 如果 Markov 链的状态在 $S_1$ 中取值, 那么玩家继续游戏; 如果 Markov 链的状态在 $S_2$ 中取值, 则玩家停止游戏. 这里的目的就是在所有的停止规则中选择能使期望收益最大化的停止规则. 为此,

令 $v(x)$ 表示在初始状态 $x$ 下, 选择最优停止策略时的期望收益, 则 $v(x)$ 可表示为

$$v(x) = \max_{N} E[f(X(N))|X(0) = x]. \tag{4.22}$$

显然 $v(x)$ 满足如下条件:

(1) $v(x) \geqslant f(x)$, 即 $v(x)$ 大于或等于初始游戏的收益;

(2) $v(x) \geqslant \boldsymbol{P}v(x)$, 即 $v(x)$ 大于或等于玩家继续游戏的最大**期望收益**(expected revenue).

事实上,

$$v(x) = \max\{f(x), \boldsymbol{P}v(x)\}. \tag{4.23}$$

如果令 $I_1$ 表示在最优策略下玩家继续游戏的状态集; $I_2$ 表示在最优策略下玩家停止游戏的状态集, 并记

$$N = \min\{j \geqslant 0 : X(j) \in I_2\}, \tag{4.24}$$

则有

$$v(x) = E[f(X(N))|X(0) = x]. \tag{4.25}$$

下面讨论函数 $v$ 的性质. 为此, 先引入**上调和函数**(superharmonic function) 的概率.

**定义 4.5.1** 如果函数 $u$ 满足

$$u(x) \geqslant \boldsymbol{P}u(x), \tag{4.26}$$

则称函数 $u$ 为对应于 $\boldsymbol{P}$ 的上调和函数.

**定理 4.5.1** 设 $u$ 是上调和函数, $N$ 满足式 (4.23), 令 $N_k = \min\{N, k\}$, 则有

$$u(x) \geqslant E[u(X(N_k))|X(0) = x]. \tag{4.27}$$

**证** 当 $k = 0$ 时, 结论显然成立. 假设 $k = n - 1$ 时结论成立, 则有

$$\begin{aligned}
&E[u(X(N_k))|X_0 = x] \\
=&\sum_{y\in I} P\{X(N_k) = y|X_0 = x\}u(y) \\
=&\sum_{y\in I}\sum_{z\in I} P\{X(N_k) = y|X(N_{k-1}) = z\}P\{X(N_{k-1}) = z|X(0) = x\}u(y) \\
=&\sum_{z\in I_1}\sum_{y\in I} P\{X(N_k) = y|X(N_{k-1}) = z\}P\{X(N_{k-1}) = z|X(0) = x\}u(y) \\
&+\sum_{z\in I_2}\sum_{y\in I} P\{X(N_k) = y|X(N_{k-1}) = z\}P\{X(N_{k-1}) = z|X(0) = x\}u(y),
\end{aligned}$$

若 $z \in I_1$, 则

$$\sum_{y\in I} P\{X(N_k)=y|X(N_{k-1})=z\}u(y)=\boldsymbol{P}u(z)\leqslant u(z).$$

若 $z \in I_2$, 则 $P\{X(N_k)=z|X(N_{k-1})=z\}=1$, 故

$$\begin{aligned}&\sum_{z\in I_2}\sum_{y\in I} P\{X(N_k)=y|X(N_{k-1})=z\}P\{X(N_{k-1})=z|X(0)=x\}u(y)\\=&\sum_{z\in I_2} P\{X(N_{k-1})=z|X(0)=x\}u(z).\end{aligned}$$

因此,

$$\begin{aligned}E[u(X(N_k))|X_0=x]&\leqslant\sum_{z\in I} P\{X(N_{k-1})=z|X(0)=x\}u(z)\\&=E[u(X(N_{k-1}))|X_0=x]\leqslant u(x).\end{aligned}$$

由于 $u$ 是有界函数, 则令 $k\to\infty$, 可得

$$u(x)\geqslant\lim_{k\to\infty}E[u(X(N_k))|X(0)=x]=E[u(X(N))|X(0)=x].$$

先假定 $u(x)\geqslant f(x)$, 则有

$$u(x)\geqslant E[u(X(N))|X(0)=x]\geqslant E[f(X(N))|X(0)=x]=v(x),$$

即每个大于 $f$ 的上调和函数都大于或等于期望收益函数. 如果 $\{u_i(x)\}$ 是任意的上调和函数集, 则易知

$$u(x)=\inf_i u_i(x)$$

也是上调和函数. 因此可得下面的结论.

**定理 4.5.2** $v$ 是对应于 $\boldsymbol{P}$ 的最小上调和函数.

上述结论给出了一个求 $v$ 的算法: 令

$$u_1(x)=\begin{cases}f(x), & \text{当 } x \text{ 是吸收态时},\\ \max f(x), & \text{其他},\end{cases}\tag{4.28}$$

这就给出了 $\boldsymbol{P}$ 的一个上调和函数. 然后令

$$u_2(x)=\max\{\boldsymbol{P}u_1(x),f(x)\},$$

则由于 $u_1$ 是上调和函数, 且 $u_1(x)\geqslant f(x)$, 因此 $u_2(x)\leqslant u_1(x)$, 故有

$$\boldsymbol{P}u_2(x)\leqslant\boldsymbol{P}u_1(x)\leqslant u_2(x),$$

即 $u_2$ 也是一个大于 $f$ 的上调和函数. 同理, 则可定义

$$u_n(x)=\max\{\boldsymbol{P}u_{n-1}(x),f(x)\},$$

则 $u_n$ 是一个大于 $f$ 但是小于 $u_{n-1}$ 的上调和函数. 易证

$$v(x)=\lim_{n\to\infty}u_n(x).$$

事实上, 令 $u(z)=\lim\limits_{n\to\infty}u_n(z)$, 则 $u$ 也是上调和函数, 同时有 $u(z)\geqslant f(z)$. 因此, 由 $u$ 的性质可得

$$u(z)\geqslant v(z). \tag{4.29}$$

定义停止集合为

$$I_1=\{z:u(z)>f(z)\},$$
$$I_2=\{z:u(z)=f(z)\}.$$

在 $I_1$ 中, $\boldsymbol{P}u(z)=u(z)$(因为若 $\boldsymbol{P}u(z)<u(z)$, 则对于某些 $n$ 有 $\boldsymbol{P}u_n(z)<u(z)\leqslant u_n(z)$. 因此 $u_{n+1}(z)=\max\{\boldsymbol{P}u_n(z),f(z)\}<u(z)$, 这导致矛盾), 所以

$$u(z)=E[u(X(N))|X(0)=z],$$

其中 $N$ 是对应于 $I_1$ 的停时策略. 因为 $v(z)$ 是所有可选择的停止集合中期望收益最大的, 所以

$$u(z)\leqslant v(z). \tag{4.30}$$

由式 (4.29) 和 (4.30) 即得 $u(z)=v(z)$. 在 $I_2$ 中, 由 $v$ 的性质可得 $v(z)\geqslant f(z)=u(z)$.

**例 4.5.1**　设 $\{X(n),n=0,1,2,\cdots\}$是状态空间 $I=\{0,1,2,3,4,5,6\}$ 上带有两个吸收壁 (0 和 6) 的一个简单随机游动 $\left(p=\dfrac{1}{2}\right)$. 令收益函数 $f=[0,2,4,5,9,3,0]$ (向量形式). 显然玩家在状态 4 时应该停止且在状态 0 和 6 时应该停止. 在状态 5 时, 以 $\dfrac{1}{2}$ 的概率转到状态 4, 以 $\dfrac{1}{2}$ 的概率转到状态 6; 玩家不停止继续的期望收益至少为 $\dfrac{9}{2}>f(5)=3$, 因此在状态 5 时应该继续游戏. 如果玩家从状态 3 开始, 那么只移动一步就停止的期望收益为 $\dfrac{f(2)+f(4)}{2}=\dfrac{13}{2}>f(3)=5$, 因此在状态 3 的最优策略也是继续, 且可得 $v(3)\geqslant\dfrac{13}{2}$. 如果玩家处于状态 2 开始, 则继续移动的期

望收益至少为 $\dfrac{f(1)+v(3)}{2}=\dfrac{17}{4}\geqslant f(2)$, 因此在状态 2 的最优策略也是继续, 且可得 $v(2)\geqslant\dfrac{17}{4}$. 同理, 在状态 1 下继续游戏的期望收益是 $\dfrac{v(2)}{2}\geqslant\dfrac{17}{8}\geqslant f(1)$, 因此在状态 1 的最优策略也是继续. 综上所述, 在这个例子中停止集 $I_2=\{0,4,6\}$. 价值函数如下

$$v(x)=E[f(X(N))|X(0)=x]=9P\{X(N)=4|X(0)=x\},$$

可得

$$v=\left[0,\frac{9}{4},\frac{9}{2},\frac{27}{4},9,\frac{9}{2},0\right]\text{(计算过程留给读者)}.$$

考虑到实际中可能需要支付一定的费用才能使游戏继续下去, 接下来讨论带成本的最优停时问题. 一般地, 假定每一个状态, 都存在一个成本函数 $g(x)$, 使得必须付费后才能使链继续, 其他假设和前面一样. 这样, 我们有

$$v(x)=\max_N E\left[f(X_N)-\sum_{j=0}^{N-1}g(X_j)\middle|X_0=x\right],$$

类似地, 最大值在所有的停时 $N$ 中选取, 则 $v(x)$ 满足

$$v(x)=\max\{f(x),\boldsymbol{P}v(x)-g(x)\}.$$

这里, 如果 Markov 链继续, 那么减去成本后的期望净收益为 $\boldsymbol{P}v(x)-g(x)$. 同样可以将状态空间 $I$ 分为两个子集 $I_1$ 和 $I_2$, 且满足

$$I_2=\{x:v(x)=f(x)\},\tag{4.31}$$

当 Markov 链进入 $I_2$ 中的任意一个状态时, 最优停止规则是停止. 定义

$$u_n(x)=\max\{f(x),\boldsymbol{P}u_{n-1}(x)-g(x)\},\tag{4.32}$$

其中 $u_1(x)$ 见式 (4.27), 则有

$$v(x)=\lim_{n\to\infty}u_n(x).\tag{4.33}$$

**例 4.5.2** 考虑掷骰子游戏, 其中 $f=[1,2,3,4,5,0]$, $g=[1,1,1,1,1,1]$. 很明显, 当玩家掷到 4 点或 5 点时, 成本函数使得玩家更不可能继续进行游戏, 应该停止游戏; 同理, 当玩家掷到 3 点时, 也应该停止游戏, 因为这个结果不好也不坏, 而且继续游戏还需要成本. 但如果玩家掷到 1 点, 那么进行下一轮, 玩家的期望收益

是 $\frac{1}{6}(1+2+3+4+5+0)=\frac{5}{2}$, 考虑到成本, 得期望净利润为 $\frac{5}{2}-1=\frac{3}{2}$. 因此当掷到 1 点时, 玩家应该继续游戏.

假设当掷到 1 点或 2 点时, 玩家继续游戏; 当掷到其他点时, 玩家停止游戏, 令 $u(k)$ 为使用该策略的期望收益, 则有

$$\begin{cases} u(1)=u(2)=\frac{1}{6}[u(1)+u(2)+u(3)+u(4)+u(5)+u(6)]-1, \\ u(k)=k, \quad k=3,4,5, \end{cases}$$

解得 $u(1)=u(2)=\frac{3}{2}$. 由于 $u(2)<f(2)=2$, 所以当玩家掷到 2 点时, 停止是正确的选择. 因此停止集是 $I_2=\{2,3,4,5,6\}$, 且价值函数

$$v=\left[\frac{8}{5},2,3,4,5,0\right].$$

如果从初始函数 $u_1=[5,5,5,5,5,0]$ 开始迭代, 利用前面给出的算法, 则经过几步迭代, 便得到

$$v_{10}=\left[\frac{8}{5},2,3,4,5,0\right].$$

# 习　题　4

1. 考虑 Bernoulli 过程的移动平均

$$Y_n=\frac{1}{2}(X_n+X_{n-1}),$$

其中 $\{X_n, n=0,1,2,\cdots\}$ 是 $p=\frac{1}{2}$ 的独立 Bernoulli 序列. 试证明 $\{Y_n, n=1,2,\cdots\}$ 不是一个 Markov 链.

2. 设 $\{X_n, n\geqslant 1\}$ 是一个 Markov 链, 其状态空间 $I=\{a,b,c\}$, 转移矩阵为

$$\boldsymbol{P}=\begin{bmatrix} 1/2 & 1/4 & 1/4 \\ 2/3 & 0 & 1/3 \\ 3/5 & 2/5 & 0 \end{bmatrix}.$$

计算: (1) $P\{X_1=b, X_2=c, X_3=a, X_4=c, X_5=a, X_6=c, X_7=b|X_0=c\}$;

(2)$P\{X_{n+2}=c|X_n=b\}$.

3. $\{Y_n, n=0,1,2,\cdots\}$ 是直线上的整数格子点上的随机游动, 即

$$Y_n=Y_0+X_1+\cdots+X_n, \quad n\geqslant 1,$$

$\{Y_0, X_1, X_2, \cdots\}$ 相互独立, $\{X_1, X_2, \cdots\}$ 同分布, 有

$$P\{X_n = k\} = p_k, \quad \sum_{k=-\infty}^{+\infty} p_k = 1.$$

证明 $\{Y_n, n = 0, 1, 2, \cdots\}$ 是一个时齐的 Markov 链.

4. 设 $\{X_n\}$ 是一个独立同分布的取非负整数值的随机变量序列, $P(X_k = i) = a_i\ (i \geqslant 0)$. 令 $W_n = \left(\sum\limits_{k=1}^{n} X_k\right)^2$, $n \geqslant 1$. 证明: $\{W_n, n \geqslant 1\}$ 为一个 Markov 链, 并求其一步转移概率矩阵.

5. (存货问题) 设一个运货仓库每月进货的件数是一个独立同分布的随机变量序列 $\{\xi_n, n = 1, 2, \cdots\}$, 其中 $\xi_n$ 表示第 $n$ 个月的进货件数, 且 $P\{\xi_n = i\} = p_i, i = 1, 2, \cdots, N$. 仓库的货物容量为 $N$ 件, 每当仓库的货物达到 $N$ 件时, 就将这 $N$ 件货物打包发运. 记第 $n$ 个月的存货量为 $X_n$, 证明 $\{X_n, n = 0, 1, 2, \cdots\}$ 是一个齐次 Markov 链, 并求其一步转移概率矩阵.

6. 设赌徒甲有 $a$ 元, 赌徒乙有 $b$ 元, 每赌一局负者给胜者 1 元, 没有和局, 直到两人中有一个输光为止. 假定每一局甲乙获胜的概率都为 $\frac{1}{2}$, $X_n$ 表示第 $n$ 局时甲的赌金, 则 $\{X_n, n = 0, 1, 2, \cdots\}$ 是一个齐次 Markov 链.

(1) 写出状态空间和状态转移概率矩阵;

(2) 试求甲输光的概率.

7. 四个状态 $(0, 1, 2, 3)$ 的 Markov 链, 其一步转移概率矩阵

$$\boldsymbol{P} = \begin{bmatrix} 1/2 & 1/2 & 0 & 0 \\ 1/2 & 1/2 & 0 & 0 \\ 1/4 & 1/4 & 1/4 & 1/4 \\ 0 & 0 & 0 & 1 \end{bmatrix}.$$

(1) 画出状态转移概率图;

(2) 讨论各状态的性质.

8. 证明对任一 Markov 链, 状态 $i$ 可达状态 $j$ 的充要条件是 $f_{ij} > 0$.

9. 设齐次 Markov 链 $\{X_n, n = 0, 1, 2, \cdots\}$ 的状态空间 $I = \{1, 2, 3, 4, 5\}$, 状态转移概率矩阵为

$$\boldsymbol{P} = \begin{bmatrix} \frac{1}{2} & 0 & 0 & \frac{1}{2} & 0 \\ \frac{1}{2} & 0 & \frac{1}{2} & 0 & 0 \\ 0 & 0 & 1 & 0 & 0 \\ 1 & 0 & 0 & 0 & 0 \\ 0 & 1 & 0 & 0 & 0 \end{bmatrix}.$$

(1) 画出状态转移概率图;

(2) 讨论各状态的性质;

(3) 分解状态空间.

10. 设 Markov 链 $\{X_n, n \geqslant 0\}$, 其状态空间 $I=\{0,1,2,3,\cdots\}$. 对 $i \in \{1,2,3,\cdots\}$, $p_{i,i+1}=\lambda_i>0$, $p_{i,i-1}=\mu_i>0$, $p_{ii}=\sigma_i=1-\lambda_i-\mu_i$; $p_{00}=\sigma_0$, $p_{01}=\lambda_0$, $\lambda_0+\sigma_0=1$. 证明：当 $\sum\limits_{i=1}^{\infty}\dfrac{\mu_1\mu_2\cdots\mu_k}{\lambda_1\lambda_2\cdots\lambda_k}=\infty$ 时, 该 Markov 链所有的状态都是常返的.

11. 设 Markov 链的状态空间 $I=0,1,2,3,\cdots$, 转移概率矩阵为

$$\boldsymbol{P}=\begin{bmatrix} 1-p & p & 0 & 0 & 0 & \cdots \\ 1-p & 0 & p & 0 & 0 & \cdots \\ 1-p & 0 & 0 & p & 0 & \cdots \\ 1-p & 0 & 0 & 0 & p & \cdots \\ \vdots & \vdots & \vdots & \vdots & \vdots & \end{bmatrix}.$$

证明该链是不可约遍历 Markov 链并求其平稳分布.

12. 证明：有限的、不可约的 Markov 链是非周期的, 当且仅当存在数 $n$, 使得对于所有 $i$ 及 $k$ 有 $p_{ik}^n>0$.

13. 设齐次 Markov 链 $\{X_n, n=0,1,2,\cdots\}$ 的状态空间 $I=\{1,2,3\}$, 状态转移概率矩阵为

$$\boldsymbol{P}=\begin{bmatrix} \frac{1}{2} & \frac{1}{2} & 0 \\ \frac{1}{3} & 0 & \frac{2}{3} \\ 0 & \frac{2}{5} & \frac{3}{5} \end{bmatrix}.$$

(1) 讨论遍历性;

(2) 求平稳分布;

(3) 求概率 $P\{X(3)=3|X(1)=1,X(2)=2\}$;

(4) 已知 $X(1)$ 的分布律如表所示：

| $X(n)$ | 1 | 2 | 3 |
|---|---|---|---|
| $P$ | $\frac{1}{2}$ | $\frac{1}{3}$ | $\frac{1}{6}$ |

. 求 $P\{X(1)=1,X(2)=2,X(3)=3\}$ 及 $X(2)$ 的分布律.

14. 假设顾客随机地到达服务窗口, 按先后次序接受服务, 每个顾客接受服务的时间是单位时间, 服务完毕即离开窗口, 假设第 $n$ 个单位时间到达服务窗口的顾客数是随机变量 $Y_n$, 分布律

$$p_k=P\{Y_n=k\},\quad k=0,1,2,\cdots,$$

$X_n$ 表示第 $n$ 个单位时间排队等待服务和接受服务的顾客数, 若 $Y_0,Y_1,Y_2,\cdots$ 相互独立, 证明 $\{X_n, n\geqslant 0\}$ 是齐次 Markov 链.

15. 考虑带有吸收壁 0 和 $a+b$ 的随机游动, 设质点的初始位置为 $a$, 向右移动的概率为 $p$, 向左的概率为 $q=1-p$, 求质点被 0 吸收的概率.

16. 设$\{\xi_i, i\geqslant 1\}$ 是独立同分布随机变量序列, 且有 $P\{\xi_1=k\}=p_k>0$, $k=0,1,$

$2, \cdots, \sum_{k=0}^{\infty} p_k = 1$. 令 $X_0 = 0$ 及 $X_n = \max\{\xi_1, \xi_2, \cdots, \xi_n\}$, $n \geqslant 1$, 问 $\{X_n, n \geqslant 0\}$ 是否构成 Markov 链? 若是, 求出一步转移矩阵 $\boldsymbol{P}$.

17. 已知 Markov 链 $X = \{X_n, n \geqslant 0\}$ 的状态空间为 $E = \{0, 1, 2, \cdots\}$, 而其一步转移矩阵为

$$\boldsymbol{P} = \begin{bmatrix} 0 & 1 & 0 & & & & & \\ 0 & \frac{1}{2} & \frac{1}{2} & & & & \mathbf{0} & \\ 0 & 0 & \left(\frac{1}{2}\right)^2 & 1-\left(\frac{1}{2}\right)^2 & & & & \\ 0 & 0 & 0 & \left(\frac{1}{2}\right)^3 & 1-\left(\frac{1}{2}\right)^3 & & & \\ & & & & \ddots & \ddots & & \\ & \mathbf{0} & & & & \left(\frac{1}{2}\right)^n & 1-\left(\frac{1}{2}\right)^n & \cdots \\ & & & & & & \ddots & \cdots \end{bmatrix}.$$

试分析此链是否常返.

18. $A, B$ 两罐各装 $N$ 个球. 试做如下试验: 在时刻 $n$, 先从 $N$ 个球中等概率地任取一球, 然后从 $A, B$ 两罐中任选一个, 选 $A$ 的概率为 $p$, 选 $B$ 的概率为 $q$, $p+q=1$. 之后再将选出的球放入选好的罐中. 设 $X_n$ 为时刻 $n$ 时 $A$ 罐中的球数. 试求出此 Markov 链 $\{X_n, n = 1, 2, \cdots\}$ 的转移概率矩阵.

19. 设昨日、今日都下雨, 则明日有雨的概率为 0.7; 昨日无雨、今日有雨, 则明日无雨的概率为 0.5; 昨日有雨、今日无雨, 则明日有雨的概率为 0.4; 昨日、今日都无雨, 则明日有雨的概率为 0.2. 若已知星期一、星期二均下雨, 求星期四下雨的概率.

20. 设 Markov 链具有状态空间 $I = \{0, 1, 2, \cdots\}$, 转移概率为 $p_{i,i+1} = p_i, p_{ii} = r_i, p_{i,i-1} = q_i (i \geqslant 0)$, 其中 $p_i, q_i > 0$, $p_i + r_i + q_i = 1$. 称这种 Markov 链为生灭链, 它是不可约的. 记

$$a_0 = 1, \quad a_j = \frac{p_0 p_1 \cdots p_{j-1}}{q_1 q_2 \cdots q_j}, \quad j \geqslant 1.$$

证明此 Markov 链存在平稳分布的充要条件为 $\sum_{j=0}^{\infty} a_j < \infty$.

21. 设市场上有 $A, B, C, D$ 四种啤酒, 经过市场调查发现: $A$ 种啤酒的广告在改变广告方式后, 买 $A$ 种啤酒及另三种啤酒 $B, C, D$ 的顾客每两个月的平均转移概率如下:

$$A \to A(95\%) \to B(2\%) \to C(2\%) \to D(1\%),$$
$$B \to A(30\%) \to B(60\%) \to C(6\%) \to D(4\%),$$
$$C \to A(20\%) \to B(10\%) \to C(70\%) \to D(0\%),$$
$$D \to A(20\%) \to B(20\%) \to C(10\%) \to D(50\%).$$

设目前购买 $A, B, C, D$ 四种啤酒的顾客的分布为 $(25\%, 30\%, 35\%, 10\%)$, 求半年后 $A$ 种啤酒占有的市场份额.

22. 设同类型产品装在两个盒子里, 盒 1 内有 8 个一等品和 2 个二等品, 盒 2 内有 6 个一等品和 4 个二等品. 做有放回的随机抽查, 每次抽查一个, 第一次在盒 1 内取. 取到一等品, 继续在盒 1 内取; 取到二等品, 继续在盒 2 内取. 以 $X_n$ 表示第 $n$ 次取到产品的等级数, 则 $\{X_n, n = 1, 2, \cdots\}$ 是齐次 Markov 链.

(1) 写出状态空间和转移概率矩阵;

(2) 恰好第 3, 5, 8 次取到一等品的概率为多少?

(3) 求过程的平稳分布.

23. 一个国家在稳定经济条件下其商品出口可用三状态的 Markov 链来描述, 其中状态 "1" 表示今年比去年增长 5%; "−1" 表示今年比去年减少 5%; "0" 表示波动低于 5%. 设由以往的数据可求得转移概率矩阵为

$$\boldsymbol{P} = \begin{matrix} -1 \\ 0 \\ 1 \end{matrix} \begin{bmatrix} 0.6 & 0.4 & 0 \\ 0.35 & 0.3 & 0.35 \\ 0 & 0.2 & 0.8 \end{bmatrix}.$$

试求每个状态的平均返回时间 $\mu_i (i = -1, 0, 1)$, 并比较在稳定经济条件下增长趋势与减少趋势的期望长度.

24. 设齐次 Markov 链 $X = \{X_n, n \geqslant 0\}$ 的状态空间为 $S = \{1, 2, \cdots, 8\}$, 一步转移概率矩阵为

$$\boldsymbol{P} = \begin{bmatrix} 0 & \frac{1}{4} & \frac{1}{2} & \frac{1}{4} & 0 & 0 & 0 & 0 \\ 0 & 0 & 0 & 0 & \frac{1}{2} & \frac{1}{2} & 0 & 0 \\ 0 & 0 & 0 & 0 & \frac{1}{3} & \frac{2}{3} & 0 & 0 \\ 0 & 0 & 0 & 0 & 0 & 1 & 0 & 0 \\ 0 & 0 & 0 & 0 & 0 & 0 & 1 & 0 \\ 0 & 0 & 0 & 0 & 0 & 0 & \frac{1}{2} & \frac{1}{2} \\ 1 & 0 & 0 & 0 & 0 & 0 & 0 & 0 \\ 1 & 0 & 0 & 0 & 0 & 0 & 0 & 0 \end{bmatrix}.$$

试分解 Markov 链 $X$ 的状态空间, 并讨论状态的周期性.

# 第 5 章　连续时间的 Markov 过程

第 4 章讨论了时间和状态都离散的 Markov 链, 本章将介绍时间连续状态离散的 Markov 过程.

## 5.1　连续时间 Markov 过程的定义及其基本性质

不失一般性, 我们仅讨论取非负整数值的连续时间 Markov 过程 $\{X(t), t \geqslant 0\}$.

**定义 5.1.1**　设随机过程 $X_T = \{X(t), t \geqslant 0\}$ 的状态空间 $I = \{0, 1, 2, \cdots\}$, 如果对任意的 $0 \leqslant t_1 < t_2 < \cdots < t_{n+1}$ 及 $i_1, i_2, \cdots, i_{n+1} \in I$, 都有

$$\begin{aligned} &P\{X(t_{n+1}) = i_{n+1}|X(t_1) = i_1, X(t_2) = i_2, \cdots, X(t_n) = i_n\} \\ =\ &P\{X(t_{n+1}) = i_{n+1}|X(t_n) = i_n\}, \end{aligned} \tag{5.1}$$

则称 $\{X(t), t \geqslant 0\}$ 为**连续时间的 Markov 过程** (continuous time Markov process).

式 (5.1) 表示的性质也称为 Markov 性或无后效性.

令 $p_{ij}(s, t) = P\{X(s+t) = j|X(s) = i\}$, 则显然 $p_{ij}(s, t)$ 表示过程 $\{X(t), t \geqslant 0\}$ 在 $s$ 时刻处于状态 $i$, 经过时间 $t$ 转移到状态 $j$ 的转移概率. 规定:

$$p_{ij}(s, 0) = P\{X(s) = j|X(s) = i\} = \begin{cases} 1, & i = j, \\ 0, & i \neq j. \end{cases} \tag{5.2}$$

**定义 5.1.2**　如果连续时间 Markov 过程 $\{X(t), t \geqslant 0\}$ 的转移概率 $p_{ij}(s, t) = P\{X(s+t) = j|X(s) = i\}$ 与 $s$ 无关, 则称 $\{X(t), t \geqslant 0\}$ 为**连续时间的齐次 Markov 过程**. 此时转移概率简记为 $p_{ij}(t) = p_{ij}(s, t)$, 其相应的转移概率矩阵简记为 $\boldsymbol{P}(t) = (p_{ij}(t)), t \geqslant 0, i, j \in I$.

以下我们讨论的 Markov 过程, 如果没有特别说明均指连续时间的齐次 Markov 过程.

显然, 连续时间的齐次 Markov 过程 $\{X(t), t \geqslant 0\}$ 的转移概率 $p_{ij}(t)$ 具有下列性质:

(1) $\forall t \geqslant 0, i, j \in I,\ p_{ij}(t) \geqslant 0$;

(2) $\forall t \geqslant 0, i \in I,\ \sum\limits_{j \in I} p_{ij}(t) = 1$;　　(5.3)

(3) $p_{ij}(s+t)=\sum_{k\in I}p_{ik}(s)p_{kj}(t)$. (5.4)

性质 (3) 称为连续时间的齐次 Markov 过程的 **Chapman-Kolmogorov 方程**, 简称为 C-K 方程.

以下我们规定:

$$\lim_{t\to 0}p_{ij}(t)=\delta_{ij}=\begin{cases}1, & i=j,\\ 0, & i\neq j.\end{cases} \tag{5.5}$$

式 (5.5) 称为**连续性条件**(continuous condition)(或**标准形条件**(standard condition)). 满足连续性条件的 Markov 过程称为**随机的 Markov 过程**. 随机连续的直观意义是: 当系统经过很短的时间, 其状态几乎不变, 也就是说系统刚进入一个状态又立刻离开这个状态是不可能的.

连续时间的 Markov 过程 $\{X(t),t\geqslant 0\}$ 在初始时刻 (零时刻) 取各状态的概率

$$p_i=p_i(0)=P\{X(0)=i\},\quad i\in I \tag{5.6}$$

称为它的**初始概率分布**. 在 $t(\geqslant 0)$ 时刻取各状态的概率

$$p_i(t)=P\{X(t)=i\},\quad i\in I \tag{5.7}$$

称为它在 $t(\geqslant 0)$ 时刻的**绝对概率分布**.

利用全概率公式易得

$$p_j(t)=\sum_{i\in I}p_i(0)p_{ij}(t),\quad j\in I, \tag{5.8}$$

式 (5.8) 表明连续时间 Markov 过程的**绝对概率分布完全由初始分布和转移概率函数所确定**.

与离散时间 Markov 链类似, 连续时间的 Markov 过程的有限维分布也是由其初始分布和转移概率函数所确定的.

## 5.2 Kolmogorov 微分方程

由式 (5.3)—(5.5) 给出的条件可以证明当 $i,j$ 固定时, $p_{ij}(t)$ 是关于 $t$ 的**一致连续函数**(uniformly continuity function) 并可研究 $p_{ij}(t)$ 的**可微性**(differentiability).

**定理 5.2.1**　$\forall i,j\in I$, $p_{ij}(t)$ 在 $(0,\infty)$ 上是 $t$ 的一致连续函数.

**证**　设 $h>0$, 由 C-K 方程, 有

$$\begin{aligned}p_{ij}(t+h)-p_{ij}(t)&=\sum_{k\in I}p_{ik}(h)p_{kj}(t)-p_{ij}(t)\\&=p_{ii}(h)p_{ij}(t)-p_{ij}(t)+\sum_{k\neq i}p_{ik}(h)p_{kj}(t)\\&=\sum_{k\neq i}p_{ik}(h)p_{kj}(t)-[1-p_{ii}(h)]p_{ij}(t).\end{aligned}$$

由此可知

$$p_{ij}(t+h)-p_{ij}(t)\geqslant-[1-p_{ii}(h)]p_{ij}(t)\geqslant-[1-p_{ii}(h)],$$

$$p_{ij}(t+h)-p_{ij}(t)\leqslant\sum_{k\neq i}p_{ik}(h)p_{kj}(t)\leqslant\sum_{k\neq i}p_{ik}(h)=1-p_{ii}(h),$$

因此

$$|p_{ij}(t+h)-p_{ij}(t)|\leqslant 1-p_{ii}(h).$$

对 $h<0$, 可得类似的不等式, 一般地, 有

$$|p_{ij}(t+h)-p_{ij}(t)|\leqslant 1-p_{ii}(|h|).$$

由连续性条件, 令 $h\to 0$, 命题成立.

**定理 5.2.2** 设 $p_{ij}(t)$ 是连续时间的 Markov 过程的转移概率函数, 则有

(1) $\lim\limits_{t\to 0^+}\dfrac{p_{ij}(t)}{t}=q_{ij}<\infty, i,j\in I$且$i\neq j$;

(2) $\lim\limits_{t\to 0^+}\dfrac{1-p_{ii}(t)}{t}=q_i\leqslant\infty, i\in I$.

证明略, 可参见文献 [8].

以下我们记 $q_{ii}=-q_i$. 定理 5.2.2 中, $q_{ij}$ 是 $p_{ij}(t)$ 在 $t=0$ 处的右导数, 我们称 $q_{ij}$ 为连续时间 Markov 过程从状态 $i$ 到状态 $j$ 的**转移概率密度**(transition probability density)(**或转移速率或跳跃强度**).

连续时间 Markov 过程的转移概率密度构成的矩阵 $\boldsymbol{Q}=(q_{ij})$ 称为该 Markov 过程的**转移概率密度矩阵**, 简称为 Markov 过程的**密度矩阵**, 或称为转移概率密度矩阵 $\boldsymbol{P}(t)$ 的**密度矩阵**(也称为 $\boldsymbol{Q}$ 矩阵). 如果 $\forall i\in I$ 有

$$\sum_{j\neq i}q_{ij}=q_i<\infty, \tag{5.9}$$

则称该 Markov 过程的密度矩阵 $\boldsymbol{Q}$ 是**保守的**(conservative).

若连续时间 Markov 过程具有有限状态空间 $I=\{0,1,2,\cdots,n\}$, 则其密度矩阵 $\boldsymbol{Q}$ 必是保守的. 事实上, 由 $\sum\limits_{j\in I}p_{ij}(t)=1$, 从而有

$$\frac{1-p_{ii}(t)}{t}=\sum_{j\neq i}\frac{p_{ij}(t)}{t}.$$

因上式右边是有限项之和, 故令 $t\to 0$ 取极限得

$$q_i=\sum_{j\neq i}q_{ij}<\infty.$$

有限状态 Markov 过程的密度矩阵

$$\boldsymbol{Q}=[q_{ij}]=\begin{bmatrix} q_{00} & q_{01} & \cdots & q_{0n}\\ q_{10} & q_{11} & \cdots & q_{1n}\\ \vdots & \vdots & & \vdots\\ q_{n0} & q_{n1} & \cdots & q_{nn}\end{bmatrix},$$

其转移概率密度具有如下性质:

(1) $q_{ij}\geqslant 0, i,j=0,1,\cdots,n, i\neq j$;

(2) $q_{ii}=-q_i\leqslant 0, i=0,1,\cdots,n$;　　(5.10)

(3) $\sum\limits_{j=0}^{n}q_{ij}=0, i=0,1,\cdots,n$.　　(5.11)

上述三条性质由定理 5.2.2 及 $\boldsymbol{Q}$ 的保守性即可得到.

对于保守的 Markov 过程, $p_{ij}(t)$ 满足如下的 Kolmogorov 微分方程.

**定理 5.2.3**　$\forall i,j\in I, t\geqslant 0$ 且 $\sum\limits_{j\neq i}q_{ij}=-q_{ii}<\infty$ 有

(1) **向后方程**(backward equation)

$$p'_{ij}(t)=-q_ip_{ij}(t)+\sum_{k\neq i}q_{ik}p_{kj}(t);\tag{5.12}$$

(2) 若 $q_j<\infty$ 且 $\lim\limits_{h\to 0}\dfrac{p_{kj}(h)}{h}=q_{kj}, k\in I$, 则可得如下的**向前方程**(forward equation)

$$p'_{ij}(t)=-p_{ij}(t)q_j+\sum_{k\neq j}p_{ik}(t)q_{kj}.\tag{5.13}$$

证明略, 可参看文献 [6].

在式 (5.12) 中, 将 $j$ 看作固定值, $i$ 变动, 即研究 $p_{0j}(t),p_{1j}(t),\cdots,p_{nj}(t),\cdots$, 所以称 (5.12) 为向后方程; 在式 (5.13) 中, 我们将 $i$ 看作固定值, $j$ 变动, 即考虑 $p_{i0}(t),p_{i1}(t),\cdots,p_{in}(t),\cdots$, 所以称 (5.13) 为向前方程. 利用方程组 (5.12) 和 (5.13) 及初始条件

$$\lim_{t\to 0} p_{ij}(t)=\delta_{ij}=\begin{cases}1, & i=j,\\ 0, & i\neq j,\end{cases}$$

我们可解得 $p_{ij}(t)$. Kolmogorov 向后方程和向前方程虽然形式上不同, 但可以证明由它们求得的解 $p_{ij}(t)$ 是相同的. 在实际应用中, 当固定最后所处状态 $j$ 研究 $p_{ij}(t)$ 时, 采用向后方程 (5.12) 较方便; 当固定起始状态 $i$ 研究 $p_{ij}(t)$ 时, 则采用向前方程 (5.13) 较为方便.

向后方程和向前方程可写成矩阵形式

$$\boldsymbol{P}'(t)=\boldsymbol{Q}\boldsymbol{P}(t);$$

$$\boldsymbol{P}'(t)=\boldsymbol{P}(t)\boldsymbol{Q},$$

其中矩阵 $\boldsymbol{P}'(t)$ 是 $\boldsymbol{P}(t)$ 的导数矩阵, 即

$$\boldsymbol{P}'(t)=[p'_{ij}(t)]=\begin{bmatrix} p'_{00}(t) & p'_{01}(t) & \cdots & p'_{0n}(t) & \cdots \\ p'_{10}(t) & p'_{11}(t) & \cdots & p'_{1n}(t) & \cdots \\ \vdots & \vdots & & \vdots & \\ p'_{n0}(t) & p'_{n1}(t) & \cdots & p'_{nn}(t) & \cdots \\ \vdots & \vdots & & \vdots & \end{bmatrix}.$$

如果已知初始分布

$$p_0(0),p_1(0),\cdots,p_n(0),\cdots,$$

则可由 Kolmogorov 向前方程, 解得 $t$ 时刻的绝对分布为

$$p'_j(t)=\sum_{i\in I}p_i(t)q_{ij},\quad j=0,1,2,\cdots,n,\cdots, \tag{5.14}$$

微分方程组 (5.14) 称为 Fokker-Planck 方程, 解该方程组可得任意时刻 $t$ 的 Markov 过程的一维分布.

## 5.3 平稳分布与遍历性

**定义 5.3.1** 设连续时间 Markov 过程 $\{X(t),t\geqslant 0\}$ 的转移概率矩阵为 $\boldsymbol{P}(t)=[p_{ij}(t)]$, $\{p_i,i=0,1,2,\cdots\}$ 为任一概率分布, 即

$$p_i\geqslant 0,\quad i=0,1,2,\cdots,\quad 且 \quad \sum_{i=0}^{\infty}p_i=1,$$

如果 $\forall t \geqslant 0$,

$$p_j = \sum_{i=0}^{\infty} p_i p_{ij}(t), \tag{5.15}$$

则称概率分布 $\{p_i, i=0,1,2,\cdots\}$ 为 Markov 过程 $\{X(t), t\geqslant 0\}$ 的**平稳分布**(stationary distribution).

由定义, 所谓平稳分布就是不因转移而变化的分布, 与无条件概率

$$p_j(t+h) = \sum_{i\in I}^{\infty} p_i(t) p_{ij}(h)$$

相比较, 可知当无条件概率 $p_j(t) = P\{X(t) = j\} = p_j$ 是仅与 $j$ 有关的常数时, 该 Markov 过程存在平稳分布.

如果连续时间 Markov 过程 $\{X(t), t \geqslant 0\}$ 存在平稳分布, 即

$$p_j(t) = \pi_j(\text{常数}), \quad j = 0,1,2,\cdots,$$

则由 Kolmogorov 向前方程有

$$\sum_{k\neq j} \pi_k q_{kj} = \pi_j q_j, \tag{5.16}$$

上式就是平稳分布所必须满足的方程.

前面已讨论了 $p_{ij}(t)$ 在 $t \to 0$ 时的性质, 如连续性、可微性等, 这些性质称为 $p_{ij}(t)$ 的**无穷小**(infinitesimal) 性质. 下面我们来讨论 $p_{ij}(t)$ 当 $t \to \infty$ 时的性质, 即遍历性质. 由于 $p_{ij}(t)$ 是 Markov 过程的重要特征, 所以有时也用 $\{p_{ij}(t), t \geqslant 0\}$ 在 $t \to 0$ 来表示 Markov 过程. 为简单起见, 以下我们假定所有状态之间都是相通的, 即 $\forall i, j \in I$, 存在 $s, t > 0$ 使得

$$p_{ij}(s) > 0, \quad p_{ji}(t) > 0.$$

**定义 5.3.2**　设 $\forall h > 0$, $\{p_{ij}(h)\}$ 是某一个 Markov 过程的一步转移概率, 且有

$$p_{ij}^{(n)}(h) = p_{ij}(nh),$$

则称 $\{p_{ij}(h)\}$ 是该 Markov 过程的步长为 $h$ 的**离散骨架**(discrete skeleton).

**定理 5.3.1**　$\{p_{ij}(h)\}$ 是非周期且不可约的.

**证** 因为

$$
\begin{aligned}
p_{ii}(t) &= p_{ii}\left[\frac{(n-1)t}{n}+\frac{t}{n}\right] \geqslant p_{ii}\left[\frac{(n-1)t}{n}\right]\cdot p_{ii}\left(\frac{t}{n}\right)\\
&\geqslant p_{ii}\left[\frac{(n-2)t}{n}\right]\cdot\left[p_{ii}\left(\frac{t}{n}\right)\right]^2\\
&\geqslant \cdots \geqslant \left[p_{ii}\left(\frac{t}{n}\right)\right]^n.
\end{aligned}
$$

由连续性条件式 (5.5) 知, $\lim_{t\to 0} p_{ii}(t)=1$, 故存在充分大 $n$, 使得 $p_{ii}\left(\dfrac{t}{n}\right)>0$, 因此 $\forall t\geqslant 0$, 有 $p_{ii}(t)>0$. 特别地, $p_{ii}(h)>0$. 所以 $\{p_{ij}(h)\}$ 是非周期的.

又因对任意 $i,j\in I$, 存在 $s>0$, 使 $p_{ij}(s)>0$, 取 $n$ 使 $nh>s$, 故有

$$
p_{ij}^{(n)}(h)=p_{ij}(nh)\geqslant p_{ii}(nh-s)p_{ij}(s)>0,
$$

所以 $\{p_{ij}(h)\}$ 是不可约的.

**推论 5.3.1** 对一切 $h>0$ 及 $i,j\in I$, 有

$$
\lim_{n\to\infty} p_{ij}^{(n)}(h)=\lim_{n\to\infty} p_{ij}(nh)=\pi_j(h).
$$

**定理 5.3.2** 对一切 $i,j\in I$, 有

$$
\lim_{n\to\infty} p_{ij}(t)=\pi_j.
$$

**证** 由推论 5.3.1 可知, $\forall h>0$, 有

$$
\lim_{n\to\infty} p_{ij}(nh)=\pi_j(h).
$$

于是对任意 $\varepsilon>0$, 存在 $N$, 使得当 $m,n\geqslant N$ 时, 有

$$
|p_{ij}(mh)-p_{ij}(nh)|<\frac{\varepsilon}{3}.
$$

又由 $p_{ij}(t)$ 对 $t$ 是一致连续的 (定理 5.2.1), 所以可选 $h$ 充分小, 使 $p_{ij}(t)$ 在任一长为 $h$ 的区间内的两点上的绝对值小于 $\dfrac{\varepsilon}{3}$. 于是当这样的 $h$ 选定后, 只要 $t_1,t_2>Nh$, 就有

$$
|p_{ij}(t_1)-p_{ij}(t_2)|\leqslant|p_{ij}(t_1)-p_{ij}(mh)|+|p_{ij}(mh)-p_{ij}(nh)|+|p_{ij}(nh)-p_{ij}(t_2)|,
$$

选 $mh$ 满足 $mh\leqslant t_1<(m+1)h$ 及 $nh$ 满足 $nh\leqslant t_2<(n+1)h$, 可得

$$
|p_{ij}(t_1)-p_{ij}(t_2)|<\varepsilon,
$$

即 $\lim\limits_{t\to\infty} p_{ij}(t)$ 存在, 且其值与 $h$ 无关. 又 $\pi_j(h)$ 也与 $i$ 无关, 故

$$\lim_{n\to\infty} p_{ij}(t) = \pi_j.$$

定理 5.3.1 所表明的遍历性是在以 $h$ 为步长的离散骨架上成立, 而定理 5.3.2 所表明的遍历性是对任何时间 $t>0$ 时成立. 下面我们将进一步给出与平稳分布有关的遍历性质.

**定理 5.3.3** 平稳分布 $\{\pi_j\}$ 满足

(i) $\pi_j \geqslant 0$;

(ii) $\sum\limits_{j=0}^{\infty} \pi_j \leqslant 1$;

(iii) 对任意 $s>0$, 有 $\pi_j = \sum\limits_{j=0}^{\infty} \pi_k p_{kj}(s)$.

**证** (i) 显然成立.

(ii) 对任意 $N$, 有

$$\sum_{j=0}^{N} p_{ij}(t) \leqslant \sum_{j=0}^{\infty} p_{ij}(t) = 1.$$

先令 $t\to\infty$, 得

$$\sum_{j=0}^{N} \pi_j \leqslant 1.$$

再令 $N\to\infty$, 得

$$\sum_{j=0}^{\infty} \pi_j \leqslant 1.$$

(iii) 由 C-K 方程可知

$$p_{ij}(t+s) = \sum_{k=0}^{\infty} p_{ik}(t)p_{kj}(s) \geqslant \sum_{k=0}^{N} p_{ik}(t)p_{kj}(s).$$

先令 $t\to\infty$, 有

$$\pi_j \geqslant \sum_{k=0}^{N} \pi_k p_{kj}(s).$$

再令 $N\to\infty$, 有

$$\pi_j \geqslant \sum_{k=0}^{\infty} \pi_k p_{kj}(s).$$

这里只能取等号, 因为若严格不等式成立, 则有

$$\sum_{j=0}^{\infty}\pi_j > \sum_{j=0}^{\infty}\sum_{k=0}^{\infty}\pi_k p_{kj}(s) = \sum_{j=0}^{\infty}\pi_k\sum_{k=0}^{\infty}p_{kj}(s) = \sum_{k=0}^{\infty}\pi_k,$$

导致矛盾, 命题得证.

与离散时间 Markov 过程一样, 当 $\pi_j > 0$ 时, 称连续时间 Markov 过程的状态 $j$ 是**正常返的**; 又由于总是非周期的, 所以状态 $j$ 是**遍历的**.

需要指出, 如果 $p_j(t) = \pi_j$(常数) 构成平稳分布, 自然有 $\pi_j \geqslant 0$ 且 $\sum\limits_{j=0}^{\infty}\pi_j = 1$. 但如果 $\pi_j$ 是定理 5.3.2 的极限, 则由定理 5.3.3 知 $\{\pi_j\}$ 尚不一定是概率分布, 为此我们不加证明地给出下面的定理.

**定理 5.3.4** 如果存在 $\pi_j > 0$, 则对一切的 $i$, $\pi_i > 0$, 有

(i) $\sum\limits_{j\in I}\pi_j = 1$;

(ii) $\sum\limits_{k\neq j}^{\infty}\pi_k q_{kj} = \pi_j q_j$, 即满足平稳分布所满足的方程式 (5.16).

**例 5.3.1** 设某触发器只有“0”和“1”两个状态, 其中“0”表示工作态, “1”表示失效态. $X(t)$ 表示 $t$ 时刻触发器的状态, $\{X(t), t \geqslant 0\}$ 是状态空间为 $I = \{0, 1\}$ 的齐次 Markov 过程, 且 $p_{01}(t) = \lambda t + o(t)$, $p_{10}(t) = \mu t + o(t)$, 即密度矩阵

$$\boldsymbol{Q} = \begin{bmatrix} -\lambda & \lambda \\ \mu & -\mu \end{bmatrix}.$$

设 $p_0(0) = 1$, 试求 $\boldsymbol{P}(t) = [p_{ij}(t)]$, 绝对概率分布 $p_i(t)$ 及极限分布.

**解** 由向后方程得

$$\begin{bmatrix} p'_{00}(t) \\ p'_{10}(t) \end{bmatrix} = \begin{bmatrix} -\lambda & \lambda \\ \mu & -\mu \end{bmatrix}\begin{bmatrix} p_{00}(t) \\ p_{10}(t) \end{bmatrix},$$

化简后有

$$\mu p'_{00}(t) + \lambda p'_{10}(t) = 0.$$

上式两边积分并利用初始条件 $p_{00}(0) = 1, p_{10}(0) = 0$, 则有

$$\begin{cases} p'_{00}(t) + (\lambda+\mu)p_{00}(t) = \mu, \\ p_{00}(0) = 1. \end{cases}$$

用**常数变易法**(variation of constant) 解之得

$$p_{00}(t) = \frac{\mu}{\lambda+\mu} + \frac{\lambda \mathrm{e}^{-(\lambda+\mu)t}}{\lambda+\mu}.$$

从而有

$$
\begin{aligned}
p_{10}(t) &= \frac{\mu}{\lambda+\mu} - \frac{\mu \mathrm{e}^{-(\lambda+\mu)t}}{\lambda+\mu}, \\
p_{01}(t) &= \frac{\lambda}{\lambda+\mu} - \frac{\lambda \mathrm{e}^{-(\lambda+\mu)t}}{\lambda+\mu}, \\
p_{11}(t) &= \frac{\lambda}{\lambda+\mu} + \frac{\mu \mathrm{e}^{-(\lambda+\mu)t}}{\lambda+\mu}.
\end{aligned}
$$

又由 $p_0(0) = P\{X(0) = 0\} = 1$, 得绝对概率分布

$$
\begin{aligned}
p_0(t) &= p_0(0)p_{00}(t) = \frac{\mu}{\lambda+\mu} + \frac{\lambda \mathrm{e}^{-(\lambda+\mu)t}}{\lambda+\mu}, \\
p_1(t) &= p_{01}(t) = \frac{\lambda}{\lambda+\mu} - \frac{\lambda \mathrm{e}^{-(\lambda+\mu)t}}{\lambda+\mu}.
\end{aligned}
$$

令 $t \to \infty$, 得平稳分布 (极限分布) 为

$$
\begin{aligned}
p_0 &= \lim_{t\to\infty} p_{00}(t) = \frac{\mu}{\lambda+\mu}, \\
p_1 &= \lim_{t\to\infty} p_{01}(t) = \frac{\lambda}{\lambda+\mu}.
\end{aligned}
$$

## 5.4 生灭过程

这一节我们将专门讨论一类重要而特殊的连续时间 Markov 过程 —— **生灭过程** (birth-death process). 它在排队论、可靠性理论、生物、医学、物理、交通、通信、经济管理等领域都有着广泛的应用, 且其理论成果较为系统、成熟和深入.

**定义 5.4.1**　设连续时间 Markov 过程 $X_T = \{X(t), t \geqslant 0\}$ 的状态空间是 $I = \{0, 1, 2, \cdots\}$, 若转移概率矩阵 $\boldsymbol{P}(t) = [p_{ij}(t)]$ 满足: 当 $h$ 充分小时, 有

$$
\begin{cases}
p_{i,i+1}(h) = \lambda_i h + o(h), \\
p_{i,i-1}(h) = \mu_i h + o(h), \\
p_{ii}(h) = 1 - (\lambda_i + \mu_i)h + o(h), \\
p_{ij}(h) = o(h), \quad |i-j| \geqslant 2,
\end{cases}
\tag{5.17}
$$

则称 $X_T$ 为生灭过程.

式 (5.17) 表示, 当 $h$ 充分小时, 任给 $i \in I$, 状态 $i$ 只能转移到 $i+1$ 或 $i-1$ 或保持不变. 这个特性是许多生物群体、粒子裂变、信号计数等的共同特点, 因而可作为这一类物理自然现象的数学模型.

由密度矩阵的定义可知:

$$\begin{cases} q_{00}=-\lambda_0, q_{01}=\lambda_0, q_{0j}=0, \quad j\geqslant 2, \\ q_{ii}=-(\lambda_i+\mu_i), \quad q_{i,i+1}=\lambda_i, \quad q_{i,i-1}=\mu_i, \quad i\geqslant 1, \\ q_{ij}=0, \quad |i-j|\geqslant 2, \end{cases}$$

即 $\boldsymbol{Q}=[q_{ij}]$ 可表示为

$$\boldsymbol{Q}=\begin{bmatrix} -\lambda_0 & \lambda_0 & 0 & 0 & 0 & 0 & \cdots \\ \mu_1 & -(\lambda_1+\mu_1) & \lambda_1 & 0 & 0 & 0 & \cdots \\ 0 & \mu_2 & -(\lambda_2+\mu_2) & \lambda_2 & 0 & 0 & \cdots \\ 0 & 0 & \mu_3 & -(\lambda_3+\mu_3) & \lambda_3 & 0 & \cdots \\ \vdots & \vdots & \vdots & \vdots & \vdots & \vdots & \end{bmatrix}, \tag{5.18}$$

形如式 (5.18) 的矩阵, 称为生灭过程的 $\boldsymbol{Q}$ 矩阵. 显然它是保守的 $\boldsymbol{Q}$ 矩阵, 且当 $\lambda_i\geqslant 0(i\geqslant 0), \mu_i\geqslant 0(i\geqslant 1)$ 时, 有

$$i-1\leftrightarrow i\leftrightarrow i+1 \quad (i\geqslant 1),$$

即任给 $i,j\in I$, $i\leftrightarrow j$. 从而可知, 此时生灭过程的所有状态都是相通的, 故这样的生灭过程是不可约过程.

相应于上述生灭过程的 Kolmogorov 向后方程和向前方程分别为

$$p'_{ij}(t)=-(\lambda_i+\mu_i)p_{ij}(t)+\lambda_i p_{i+1,j}(t)+\mu_i p_{i-1,j}(t), \tag{5.19}$$

$$p'_{ij}(t)=-p_{ij}(t)(\lambda_j+\mu_j)+p_{i,j-1}(t)\lambda_{j-1}+p_{i,j+1}(t)\mu_{j+1}; \tag{5.20}$$

其绝对概率 $\{p_j(t), j\in I\}$ 满足 Fokker-Planck 方程

$$\begin{cases} p'_j(t)=-p_j(t)(\lambda_j+\mu_j)+p_{j-1}(t)\lambda_{j-1}+p_{j+1}(t)\mu_{j+1}, \quad j\geqslant 1, \\ p'_0(t)=-p_0(t)\lambda_0+p_1(t)\mu_1. \end{cases} \tag{5.21}$$

如果密度矩阵 $\boldsymbol{Q}$ 所对应的生灭过程存在平稳分布 $\{\pi_i, i=0,1,2,\cdots\}$, 则由式 (5.16), 有

$$\begin{cases} -(\lambda_i+\mu_i)\pi_i+\lambda_{i-1}\pi_{i-1}+\mu_{i+1}\pi_{i+1}=0, \quad i\geqslant 1, \\ -\lambda_0\pi_0+\mu_1\pi_1=0. \end{cases}$$

当 $\mu_k>0, k=0,1,2,\cdots$ 时, 可用递推法解上述方程组得

$$\pi_1=\frac{\lambda_0\pi_0}{\mu_1}, \pi_2=\frac{\lambda_0\lambda_1\pi_0}{\mu_1\mu_2}, \cdots, \pi_k=\frac{\lambda_0\lambda_1\cdots\lambda_{k-1}\pi_0}{\mu_1\mu_2\cdots\mu_k}, \cdots. \tag{5.22}$$

又因为 $\sum\limits_{i=0}^{\infty}\pi_i=1$, 故可求得平稳分布如下

$$\begin{cases}\pi_k=\dfrac{\lambda_0\lambda_1\cdots\lambda_{k-1}\pi_0}{\mu_1\mu_2\cdots\mu_k}, \quad k=1,2,\cdots,\\ \pi_0=\left(1+\sum\limits_{k=1}^{\infty}\dfrac{\lambda_0\lambda_1\cdots\lambda_{k-1}}{\mu_1\mu_2\cdots\mu_k}\right)^{-1}.\end{cases} \tag{5.23}$$

可以证明, 在级数 $\sum\limits_{k=1}^{\infty}\dfrac{\lambda_0\lambda_1\cdots\lambda_{k-1}}{\mu_1\mu_2\cdots\mu_k}$ 收敛的条件下, 以 $\boldsymbol{Q}$ 矩阵为密度矩阵的生灭过程存在平稳分布, 否则该生灭过程不存在平稳分布.

下面我们给出几个生灭过程在实际中的应用实例.

**例 5.4.1** ($M/M/S$ 排队)　设某货运港口有 $s$ 个装卸货物的船台, 在 $t$ 时刻到达港口的货轮数 $N(t)$ 是强度为 $\lambda$ 的 Poisson 过程. 到达港口后的货轮当有空闲的船台时, 立即接受装卸货服务, 否则排队等候, 直到有一个正在装卸货的货轮结束服务离开港口, 船台空出来以后再为排队等待装卸货的货轮服务. 假如每条货轮装卸货的服务时间 $T$ 都服从参数为 $\mu$ 的指数分布, 每条船的装卸货时间相互独立, 且与 $N(t)$ 独立.

令 $X(t)$ 表示 $t$ 时刻港口内的货轮数, 则因为已知 $t$ 时刻港口内的货轮数, 在 $t+\Delta t$ 时到达的货轮数由于 Poisson 过程增量的独立性与 $t$ 时刻以前到达的货轮数无关; 而且 $t$ 时正在装卸货的船只在 $t+\Delta t$ 时是否结束服务, 由于指数分布的无记忆性, 也与该船只在 $t$ 以前已经服务了多长时间无关, 所以 $\{X(t), t\geqslant 0\}$ 是连续时间的 Markov 过程.

设 $A(t)$ 表示 0 到 $t$ 时刻装卸完后离开港口的平均货轮数, $T_k$ 表示在 $t$ 时正在卸货的第 $k$ 条船还需要的服务时间, 则由题设条件得

$$\begin{aligned}&P\{X(t+\Delta t)=i|X(t)=i\}\\ =&P\{N(\Delta t)=0, A(\Delta t)=0|X(t)=i\}\\ &+P\left\{\bigcup_{k=1}^{\min\{i,s\}}[N(\Delta t)=k, A(\Delta t)=k]\middle|X(t)=i\right\}\\ =&P\left\{N(\Delta t)=0, \bigcap_{k=1}^{\min\{i,s\}}(T_k>\Delta t)\middle|X(t)=i\right\}+o(\Delta t)\\ =&\begin{cases}\mathrm{e}^{-\lambda\Delta t}\cdot\mathrm{e}^{-i\mu\Delta t}+o(\Delta t)=1-(\lambda+i\mu)\Delta t+o(\Delta t), & i\leqslant s,\\ \mathrm{e}^{-\lambda\Delta t}\cdot\mathrm{e}^{-s\mu\Delta t}+o(\Delta t)=1-(\lambda+s\mu)\Delta t+o(\Delta t), & i>s;\end{cases}\\ &P\{X(t+\Delta t)=i+1|X(t)=i\}\end{aligned}$$

$$
\begin{aligned}
&=P\{N(\Delta t)=1, A(\Delta t)=0|X(t)=i\} \\
&\quad+P\left\{\left.\bigcup_{k=2}^{\min\{i,s\}}[N(\Delta t)=k, A(\Delta t)=k-1]\right|X(t)=i\right\} \\
&=\lambda\Delta t+o(\Delta t), \quad i\leqslant 0; \\
&\quad P\{X(t+\Delta t)=i-1|X(t)=i\} \\
&=P\{N(\Delta t)=0, A(\Delta t)=1|X(t)=i\} \\
&\quad+P\left\{\left.\bigcup_{k=2}^{\min\{i,s\}}[N(\Delta t)=k-1, A(\Delta t)=k]\right|X(t)=i\right\} \\
&=P\left\{N(\Delta t)=0, \left.\bigcap_{k=1}^{\min\{i,s\}}(T_k\leqslant\Delta t)\right|X(t)=i\right\}+o(\Delta t) \\
&=\begin{cases}\mathrm{e}^{-\lambda\Delta t}\cdot(1-\mathrm{e}^{-i\mu\Delta t})+o(\Delta t)=i\mu\Delta t+o(\Delta t), & 1\leqslant i\leqslant s, \\ \mathrm{e}^{-\lambda\Delta t}\cdot(1-\mathrm{e}^{-s\mu\Delta t})+o(\Delta t)=s\mu\Delta t+o(\Delta t), & i>s.\end{cases}
\end{aligned}
$$

由以上的条件概率知从 $t$ 到 $t+\Delta t$ 的转移概率与 $t$ 无关, 故该 Markov 过程是齐次的, 且有

$$
\begin{aligned}
&q_i=\lim_{\Delta t\to\infty}\frac{1-p_{ii}(\Delta t)}{\Delta t}=\begin{cases}\lambda+i\mu, & i\leqslant s, \\ \lambda+s\mu, & i>s;\end{cases} \\
&q_{i,i+1}=\lambda, \quad i\geqslant 0; \\
&q_{i,i-1}=\begin{cases}i\mu, & i\leqslant s, \\ s\mu, & i>s;\end{cases} \\
&q_{ij}=0, \quad |i-j|\geqslant 2.
\end{aligned}
$$

所以 $\{X(t), t\geqslant 0\}$ 是一个生灭过程, 其向后方程为

$$
\begin{aligned}
&p'_{ij}(t)=-(\lambda+i\mu)p_{ij}(t)+\lambda p_{i+1,j}(t)+i\mu p_{i-1,j}(t), \quad 0\leqslant i\leqslant s, \\
&p'_{ij}(t)=-(\lambda+s\mu)p_{ij}(t)+\lambda p_{i+1,j}(t)+s\mu p_{i-1,j}(t), \quad i>s.
\end{aligned}
$$

由式 (5.22) 和 (5.23), 得

$$
\lambda_i=\lambda, \quad \mu_i=\begin{cases}i\mu, & 0\leqslant i\leqslant s, \\ s\mu, & i>s,\end{cases}
$$

$$\pi_k = \frac{\lambda_0\lambda_1\cdots\lambda_{k-1}\pi_0}{\mu_1\mu_2\cdots\mu_k} = \begin{cases} \dfrac{\lambda^k\pi_0}{k!\mu^k}, & 0 \leqslant k \leqslant s, \\ \dfrac{\lambda^k\pi_0}{s!s^{k-s}\mu^k}, & k > s, \end{cases}$$

$$\pi_0 = \left(1 + \sum_{k=1}^{\infty} \frac{\lambda_0\lambda_1\cdots\lambda_{k-1}}{\mu_1\mu_2\cdots\mu_k}\right)^{-1} = \left[1 + \sum_{k=1}^{s} \frac{1}{k!}\left(\frac{\lambda}{\mu}\right)^k + \sum_{k=s+1}^{s} \frac{1}{s!}\left(\frac{\lambda}{s\mu}\right)^k\right]^{-1}.$$

所以当 $\lambda < s\mu$ 时, 即在单位时间内到达港口的货轮平均数小于 $s$ 个船台上装卸完货物的平均货轮数时, 存在平稳分布. 此时我们可以对港口的装卸进行定量的分析, 例如在平稳态时, 可求出:

(1) 一条货轮来到而无须等待的概率 $\alpha_1 = P\{X(t) \leqslant s-1\} = \pi_0+\pi_1+\cdots+\pi_{s-1}$;

(2) 一条货轮来到而需等待两条或两条以上货轮装卸完才能进入船台进行装卸的概率 $\alpha_2 = P\{X(t) \geqslant s+1\} = 1-(\pi_0+\pi_1+\cdots+\pi_s)$;

(3) 在港口内排队等待的轮船的平均数 $b_1 = \sum\limits_{k=1}^{\infty} k\pi_{s+k-1}$;

(4) 在港口内轮船的平均数 $b_2 = \sum\limits_{k=1}^{\infty} k\pi_k$.

具体的数值实例见表 5.1.

**表 5.1 数值结果**

| $s$ | $\lambda$ | $\mu$ | $a_1$ | $a_2$ | $b_1$ | $b_2$ |
|---|---|---|---|---|---|---|
| 1 | 18 | 20 | 0.1 | 0.81 | 8.1 | 9 |
| 1 | 18 | 40 | 0.55 | 0.2025 | 0.37 | 0.818 |
| 1 | 9 | 20 | 0.55 | 0.2025 | 0.37 | 0.818 |
| 2 | 18 | 20 | 0.72 | 0.1257 | 0.23 | 1.1285 |
| 2 | 18 | 10 | 0.147 | 0.7674 | 7.7 | 9.47 |

这些数据为管理者提供很多有用的信息. 比如前面两行数据表明, 都是一个船台, 到港船只强度相同, 如装卸效率提高一倍, 那么货轮到港无须等待的概率由 0.1 提高到 0.55, 排队等待装卸的平均船只数也从 8.1 降为 0.37.

**例 5.4.2** (机床维修) 设有 $m$ 台机床, $s(\leqslant m)$ 个维修工人, 机床或者工作, 或者损坏等待维修. 机床损坏后, 如有维修工人空着, 则空着的工人立即来维修; 否则等着, 直到有一个工人修好手中的一台机床后再来修理. 机床按先坏先修的原则排队, 进一步假设:

(1) 在时刻 $t$ 正在工作的一台机床在 $(t, t+\Delta t]$ 中损坏的概率为 $\lambda\Delta t + o(\Delta t)$;

(2) 在时刻 $t$ 正在修理的一台机床在 $(t, t+\Delta t]$ 中被修好的概率为 $\mu\Delta t+o(\Delta t)$;

(3) 各机床之间的状态 (工作或损坏) 是相互独立的.

在上述假定下, 令 $X(t)$ 表示 $t$ 时刻损坏了的 (包括正在维修和等待维修的, 即

不在工作的) 机床台数, 则 $\{X(t), t \geqslant 0\}$ 是一个齐次的有限状态 Markov 过程, 其状态空间 $I=\{0,1,\cdots,m\}$, 则 $p_{k,k+1}(\Delta t)=P\{X(t+\Delta t)=k+1|X(t)=k\}$ 表示在 $t$ 时刻有 $k$ 台机床损坏的条件下, 在 $(t,t+\Delta t]$ 中又有一台机床损坏且 $\min\{k,s\}$ 台正在维修的机床在该段时间中都未修好的概率:

$$\begin{aligned}&\mathrm{C}_{m-k}^{1}[\lambda\Delta t+o(\Delta t)]\cdot[1-\lambda\Delta t-o(\Delta t)]^{m-k-1}\cdot[1-\mu\Delta t-o(\Delta t)]^{\min\{k,s\}}\\&=(m-k)\lambda\Delta t+o(\Delta t),\end{aligned}$$

即

$$p_{k,k+1}(\Delta t)=(m-k)\lambda\Delta t+o(\Delta t),\quad k=0,1,\cdots,m-1.$$

类似地, 可得

$$\begin{aligned}&p_{k,k-1}(\Delta t)=\begin{cases}k\mu\Delta t+o(\Delta t), & 1\leqslant k\leqslant s,\\ s\mu\Delta t+o(\Delta t), & s<k\leqslant m,\end{cases}\\&p_{kk}(\Delta t)=\begin{cases}1-[(m-k)\lambda+k\mu]\Delta t+o(\Delta t), & 1\leqslant k\leqslant s,\\ 1-[(m-k)\lambda+s\mu]\Delta t+o(\Delta t), & s<k\leqslant m,\end{cases}\\&p_{kj}(\Delta t)=o(\Delta t),\quad |k-j|\geqslant 2.\end{aligned}$$

因此该 Markov 过程是一个生灭过程, 相应地有

$$\begin{aligned}&\lambda_k=(m-k)\lambda,\quad k=0,1,\cdots,m-1,\\&\mu_k=\begin{cases}k\mu, & 1\leqslant k\leqslant s,\\ s\mu, & s<k\leqslant m.\end{cases}\end{aligned}$$

由式 (5.23) 得平稳分布如下:

(1) 当 $1\leqslant k\leqslant s$ 时, 有

$$\pi_k=\frac{m(m-1)\cdots(m-k+1)\lambda^k\pi_0}{k!\mu^k}=\mathrm{C}_m^k\left(\frac{\lambda}{\mu}\right)^k\pi_0;$$

(2) 当 $s<k\leqslant m$ 时, 有

$$\begin{aligned}\pi_k&=\frac{m(m-1)\cdots(m-s)\cdots(m-k+1)\lambda^k\pi_0}{s!s^{k-s}\mu^k}\\&=\mathrm{C}_m^k\frac{(s+1)(s+2)\cdots k}{s^{k-s}}\left(\frac{\lambda}{\mu}\right)^k\pi_0,\end{aligned}$$

其中, $\pi_0=\left[1+\sum\limits_{k=1}^{s}\mathrm{C}_m^k\left(\frac{\lambda}{\mu}\right)^k+\sum\limits_{k=s+1}^{m}\mathrm{C}_m^k\frac{(s+1)(s+2)\cdots k}{s^{k-s}}\left(\frac{\lambda}{\mu}\right)^k\right]^{-1}$.

由此可见, 在给定 $m, \lambda, \mu$ 之后, 对于不同的 $s$ 就可用上述公式求出相应的 $\{\pi_k\}$, 进而求出相应的均值 $\sum\limits_{k=1}^{m} k\pi_k$ (即安排 $s$ 个工人时, 平均不工作的机床台数) 等, 根据这些数据可确定合适的工人数 $s$.

# 习　题　5

1. 试证明 Poisson 过程 $\{N(t), t \geqslant 0\}$ 是连续时间的齐次 Markov 过程.

2. 设 $\{X(t), t \geqslant 0\}$ 是状态空间为 $I = \{0, 1\}$ 的 Markov 过程, 转移概率矩阵

$$\boldsymbol{P}(t) = \frac{1}{8}\begin{bmatrix} 1 + 7\mathrm{e}^{-8t} & 7 - 7\mathrm{e}^{-8t} \\ 1 - \mathrm{e}^{-8t} & 7 + \mathrm{e}^{-8t} \end{bmatrix}.$$

(1) $P\{X(0) = 0\} = \dfrac{1}{10}, P\{X(0) = 1\} = \dfrac{9}{10}$, 求时刻 $t$ 的绝对概率;

(2) 求密度矩阵 $\boldsymbol{Q}$.

3. 设 $\{X(t), t \geqslant 0\}$ 是状态空间为 $I = \{0, 1\}$ 的 Markov 过程, 转移概率矩阵 $\boldsymbol{P}(t)$ 的密度矩阵 $\boldsymbol{Q} = \begin{bmatrix} -\lambda & \lambda \\ \mu & -\mu \end{bmatrix}$.

(1) 求转移概率矩阵 $\boldsymbol{P}(t)$;

(2) 已知 $P\{X(0) = 0\} = p$, 求 $E[X(t)], D[X(t)]$.

4. 设 $\{N(t), t \geqslant 0\}$ 是参数为 $\lambda$ 的 Poisson 过程, 令

$$\{X(t) = 1\} = \bigcup_{n=0}^{\infty}(N(t) = 2n), \quad \{X(t) = 0\} = \bigcup_{n=0}^{\infty}(N(t) = 2n + 1), \quad t \geqslant 0,$$

试证明 $\{X(t), t \geqslant 0\}$ 是连续时间的 Markov 链, 并求 $\boldsymbol{P}(t)$ 与 $\boldsymbol{Q} = [q_{ij}]$.

5. 连续时间 Markov 链 $\{X(t), t \geqslant 0\}$ 的状态空间 $I = \{1, 2, \cdots, m\}$, $i \neq j$ 时 $q_{ij} = 1$, $q_{ii} = 1 - m$, 求 $p_{ij}(t)$.

6. 一质点在 1, 2, 3 点上做随机游动. 若在时刻 $t$ 质点位于这三个点之一, 则在 $[t, t + \Delta t)$ 内, 它以概率 $\Delta t + o(\Delta t)$ 分别转移到其他两点之一. 试求质点随机游动的 Kolmogorov 微分方程, 转移概率 $p_{ij}(t)$ 及平稳分布.

7. 设有 $a$ 台机器, 假定每台机器的使用寿命是随机的, 都服从参数为 $\mu$ 的指数分布, 且相互独立. 设 $X(t)$ 表示在 $t$ 时刻能使用的机器台数. 求:

(1) 在 $t$ 时刻有 $j$ 台机器能使用的条件下, 时间 $(t, t + \Delta t)$ 内有一台机器不能使用的概率;

(2) 概率转移函数满足的微分方程.

8. 设有两个通信信道, 每个信道的正常工作时间服从指数分布其参数为 $\lambda$, 两个信道何时产生中断是相互独立的. 信道一旦中断, 立刻进行维修, 其维修时间也服从指数分布其参数为 $\mu$. 两个信道的维修时间也是独立的. 设两个信道在 $t = 0$ 时均正常工作.

(1) 求这两个信道组成的系统的 $\boldsymbol{Q}$ 矩阵;

(2) 列出 Kolmogorov 向前微分方程.

9. 设 $\{X(t), t \geqslant 0\}$ 是生灭过程, $\lambda_i = 0$, $i \geqslant 0$, $\mu_n = n\mu, i \geqslant 1$ 且 $X(0) = j$. 求 $E[X(t)]$.

10. 有一个细菌菌群, 在一段时间内可以通过分裂等方式产生新的细菌, 并不会死去. 假设在 $\Delta t$ 时间内, 细菌分裂产生一个新细菌的概率为 $\lambda\Delta t + o(\Delta t)$, $X(t)$ 表示菌群的大小,

(1) 试证明 $\lambda_i = i\lambda$, $\mu_i = 0$;

(2) 求向前、向后微分方程; 并验证 $p_{kj}(t) = \mathrm{C}_{j-1}^{j-k}(\mathrm{e}^{-\lambda t})^k(1-\mathrm{e}^{-\lambda t})^{j-k}$ 满足 (2) 中方程, $j \geqslant k \geqslant 1$;

(3) 求条件期望 $E[X(t+s) - X(s)|X(s) = m]$.

11. 设有大量实验样品, 每个样品包含一个酵分子和母体物质. 若在 $(t, t+\Delta t)$ 内形成第二个酵分子的样品数与时刻 $t$ 未形成第二个酵分子的样本数成正比, 且与时刻 $t$ 无关. 任一包含一个酵分子的样品在 $(t, t+\Delta t)$ 内产生第二个酵分子的概率为 $\lambda\Delta t + o(\Delta t)$. 设在时间间隔 $\Delta t$ 内增加两个或更多酵分子的概率为 $o(\Delta t)$. 令 $X(t)$ 表示时刻 $t$ 系统中的酵分子数, 则 $\{X(t), t \geqslant 0\}$ 是齐次 Markov 过程, 证明: $X(t)$ 是生灭过程.

12. 设 $\boldsymbol{Q} = (q_{ij}, i, j \in I)$ 是标准转移概率矩阵 $\boldsymbol{P}(t)$ 的密度矩阵, 若 $\sup\limits_{i\in I}(-q_{ii}) < +\infty$, 证明: $\lim\limits_{t\in 0^+} p_{ii} = 1$ 对一切 $i \in I$ 成立.

13. 已知 Markov 链的转移概率矩阵为 $\boldsymbol{P}(t)$, 计算 $\boldsymbol{Q}$ 矩阵, 其中

$$\boldsymbol{P}(t) = \frac{1}{5}\begin{bmatrix} 2+3\mathrm{e}^{-3t} & 1-\mathrm{e}^{-3t} & 2-2\mathrm{e}^{-3t} \\ 2-2\mathrm{e}^{-3t} & 1+4\mathrm{e}^{-3t} & 2-2\mathrm{e}^{-3t} \\ 2-2\mathrm{e}^{-3t} & 1-\mathrm{e}^{-3t} & 2+3\mathrm{e}^{-3t} \end{bmatrix}.$$

14. 假设 $\{N(t), t \geqslant 0\}$ 是强度为 $\lambda$ 的齐次 Poisson 过程, 其状态空间为 $S = \{0, 1, 2, \cdots\}$, 证明

$$\sum_{j=i+2}^{\infty} = p_{ij} = o(t).$$

15. 设随机过程 $\{Y_n, n \geqslant 0\}$ 的状态空间为 $E$, $Y_n$ 满足条件:

(1) $Y(n) = f(Y(n-1), X(n))$, $n \geqslant 1$, 其中 $f: E \times E \to E$, 且 $X(n)$ 取值在 $E$ 上;

(2) $\{X_n, n \geqslant 1\}$ 是独立同分布随机序列, 且 $Y(0)$ 与 $\{X_n, n \geqslant 1\}$ 也相互独立,

试证明: $\{Y(n), n \geqslant 0\}$ 是 Markov 过程.

16. 设某车间有 $M$ 台车床, 由于各种原因车床时而工作, 时而停止, 假设在时刻 $t$, 一台正在工作的车床, 在时刻 $t+h$ 停止工作的概率为 $\mu h + o(h)$, 而在时刻 $t$ 不工作的车床, 在时刻 $t+h$ 开始工作的概率为 $\lambda h + o(h)$, 且各车床工作的情况是相互独立的. 若 $N(t)$ 表示时刻 $t$ 正在工作的车床数, 求

(1) 齐次 Markov 过程 $\{N(t), t \geqslant 0\}$ 的平稳分布;

(2) 若 $M = 10, \lambda = 60, \mu = 30$, 系统处于平稳状态时有一半以上的车床在工作的概率.

17. 一条电路供 $m$ 个焊工用电, 每个焊工均是间断用电, 现在假设,

(1) 若一个焊工在 $t$ 时用电, 而在 $(t, t+\Delta t)$ 内停止用电的概率为 $\mu\Delta t + o(\Delta t)$;

(2) 若一个焊工在 $t$ 时没有用电, 而在 $(t, t+\Delta t)$ 内用电的概率为 $\lambda\Delta t + o(\Delta t)$,

每个焊工的工作状况是相互独立的, 设 $X(t)$ 表示在 $t$ 时正在用电的焊工数.

(1) 求该过程的状态空间和 $\boldsymbol{Q}$ 矩阵;

(2) 设 $X(0)=0$, 求绝对概率 $p_j(t)$ 满足的微分方程;

(3) 当 $t\to\infty$ 时, 求极限分布 $p_j$.

18. 设 $[0,t]$ 内到达的顾客数服从 Poisson 分布, 参数为 $\lambda t$. 设有单个服务员, 服务时间为指数分布的排队系统 $(M/M/1)$, 平均服务时间为 $1/\mu$. 试证明:

(1) 在服务员的服务时间内到达的顾客的平均数为 $\lambda/\mu$;

(2) 在服务员的服务时间内无顾客到达的概率为 $\mu/(\lambda+\mu)$.

19. 在生灭过程中 $X=\{X_t:t\geqslant 0\}$ 中, 如果 $\lambda_i=\lambda i+a$, $\mu_i=\mu i(\lambda>0,\mu>0,a>0)$, 则 $X$ 可用来描述某群体的有迁入的线性增长现象, 其中 $X_t$ 表示群体的个体总数, $\lambda i$ 和 $a$ 分别表示 $X_i=i$ 时, 该群体的自然增长率和有迁入的增长水平, $\mu i$ 表示群体在 $X_i=i$ 时的自然消亡率. 试计算在任意时刻 $t$ 该群体所包含个体的平均数.

20. 一个教授开始办公时, 学生 $A,B,C$ 到达其办公室, 他们待在办公室的时间服从均值分别为 $1,1/2,1/3$ 小时的指数分布, 即速率分别为 $1,2,3$. 到三位学生都离开办公室的期望时间为多少?

# 第6章 随机分析

在前面研究 Markov 过程时, 我们集中研究了转移概率分布, 了解了它的分析性质及其满足的方程, 进而得到过程本身的一些统计性质. 本章我们将对随机过程的一个实现 $X(t)$ 本身讨论, 具体来说主要讨论 $X(t)$ 作为一个随机函数的连续、导数和积分等问题, 即将普通微积分的结果推广到随机过程中来. 以下我们主要针对 $X(t)$ 二阶矩存在的过程及二阶矩存在的随机变量的全体构成的空间 $H$ 展开讨论.

## 6.1 二阶矩过程

在许多情况下, 人们关心的是一个过程的一阶矩、二阶矩特征, 这是比较容易得到的随机过程的"外部"数字特征, 因此研究二阶矩存在的随机变量是一个重要的方向: 通过深入分析, 了解这类随机过程有哪些共同性质.

### 6.1.1 二阶矩过程及 $H$ 空间的定义

**定义 6.1.1** 随机过程 $\{X(t), t \in T\}$, 若对任意 $t \in T$ 都有

$$m(t) = E[X(t)] < +\infty, \tag{6.1}$$

$$D(t) = E[(X(t) - m(t))^2] < +\infty, \tag{6.2}$$

则称它为**二阶矩过程**(second order moment).

二阶矩过程是一类最为常见, 应用十分广泛的随机过程. 二阶矩过程的协方差函数 $\Gamma(s,t) = E[(X(s) - m(s))\overline{(X(t) - m(t))}]$ 总是存在的. 事实上, 由 Schwarz 不等式有

$$\begin{aligned}&\left(E\left[\left|(X(s) - m(s))\overline{(X(t) - m(t))}\right|\right]\right)^2\\ \leqslant &E\left[|(X(s) - m(s))|^2\right] \cdot E\left[|(X(t) - m(t))|^2\right],\end{aligned}$$

由定义可知上式右边有穷.

容易知道, 二阶矩过程的相关函数 $R(s,t)$ 也存在. 一般由随机过程的均值函数和协方差函数并不能确定随机过程的全部统计特性, 但如果是正态过程, 由均值函数和协方差函数就可以完全确定这一过程的有穷维分布函数族, 从而完全确定随机过程的统计特性.

概率空间 $(\Omega, \mathcal{F}, P)$ 上所有具有二阶矩的随机变量的全体构成的集合, 称为 $H$ **空间**. 它具有很好的性质: $H$ 空间是 $\mathbb{C}$ 或 $\mathbb{R}$ 上的线性空间; 其内积可以定义为 $(X,Y)=E[XY]$, 其中 $X,Y\in H$, 所以 $H$ 空间也是**内积空间**(inner product space); 借助内积可以定义范数 $\|X\|=\sqrt{(X,X)}=\sqrt{E[X^2]}$, 故 $H$ 空间又是**线性赋范空间**(normed linear space ); 根据范数定义又可以定义距离 $d(X,Y)=\|X-Y\|$, 因此 $H$ 又是距离空间, 有了距离, 就可以考虑极限、连续、积分等一系列问题.

### 6.1.2　均方极限

**定义 6.1.2**　设 $\{X, X_n\in H, n\geqslant 1\}\subset H$, 如果

$$\lim_{n\to\infty} d(X_n, X)=0, \tag{6.3}$$

则称 $X_n$ **均方收敛**(mean square convergence) 于 $X$, 或称 $X$ 是 $X_n$ 的**均方极限**(mean square limit), 记作

$$\underset{n\to\infty}{\mathrm{l.i.m.}}\, X_n = X. \tag{6.4}$$

若

$$\lim_{m,n\to\infty} d(X_m, X_n)=0, \tag{6.5}$$

则称序列 $\{X_n, n\geqslant 1\}$ 为 **Cauchy 序列**(Cauchy sequence).

可以证明 $H$ 空间是**完备的**(complete) 赋范线性空间 (Banach 空间).

**定理 6.1.1**　如果 $\{X_n, n\geqslant 1\}$ 是 $H$ 空间中的 Cauchy 序列, 则必然存在 $X\in H$, 使得 $\underset{n\to\infty}{\mathrm{l.i.m.}}\, X_n = X$.

证明略. 参见文献 [2].

该定理给出了判断均方极限是否存在的一个充分条件.

**定理 6.1.2**　如果 $\underset{n\to\infty}{\mathrm{l.i.m.}}\, X_n = X$, $\underset{n\to\infty}{\mathrm{l.i.m.}}\, X_n = Y$, 则 $X=Y$.

**证**　由条件知: 当 $n\to\infty$ 时, $\|X_n-X\|\to 0$, $\|X_n-Y\|\to 0$. 所以

$$\begin{aligned}\lim_{n\to\infty}\|X-Y\| &= \lim_{n\to\infty}\|X-X_n+X_n-Y\|\\ &\leqslant \lim_{n\to\infty}\|X_n-X\|+\lim_{n\to\infty}\|X_n-Y\|=0,\end{aligned}$$

即 $X=Y$.

该定理说明均方极限如果存在, 则极限具有唯一性. 均方极限也具有与一般极限相类似的如下运算法则.

**定理 6.1.3**　设 $\underset{n\to\infty}{\mathrm{l.i.m.}}\, X_n = X$, $\underset{n\to\infty}{\mathrm{l.i.m.}}\, Y_n = Y$, 则有

(1) $\lim\limits_{n\to\infty} E[X_n]=E[X]$, $\lim\limits_{n\to\infty} E|X_n|^2=E|X|^2$;

(2) $\lim\limits_{n,m\to\infty}(X_m, Y_n) = (X, Y)$;

(3) $\underset{n\to\infty}{\text{l.i.m.}}(\alpha X_n + \beta Y_n) = \alpha X + \beta Y$.

**证** (1) 因为

$$|E(X_n) - E(X)| \leqslant E|X_n - X| \leqslant \|X_n - X\| \to 0, \quad n \to \infty,$$

所以 $\lim\limits_{n\to\infty}|E(X_n) - E(X)| = 0$, 即 $\lim\limits_{n\to\infty}E(X_n) = E(X)$.

同理, 由 $|\|X_n\| - \|X\|| \leqslant \|X_n - X\|$ 可得 $\lim\limits_{n\to\infty}E|X_n|^2 = E|X|^2$.

(2) 由于

$$\begin{aligned}|(X_m, Y_n) - (X, Y)| =& |(X, Y_n - Y) + (X_m - X, Y) + (X_m - X, Y_n - Y)| \\ \leqslant& |(X, Y_n - Y)| + |(X_m - X, Y)| + |(X_m - X, Y_n - Y)| \\ \leqslant& \|X\|\,\|Y_n - Y\| + \|X_m - X\|\,\|Y\| + \|X_m - X\|\,\|Y_n - Y\|,\end{aligned}$$

且当 $m \to \infty$ 时, $\|X_m - X\| \to 0$; 当 $n \to \infty$ 时, $\|Y_n - Y\| \to 0$, 所以 $\lim\limits_{n,m\to\infty}|(X_m, Y_n) - (X, Y)| = 0$, 即 $\lim\limits_{n,m\to\infty}(X_m, Y_n) = (X, Y)$.

(3) 显然成立.

**定理 6.1.4** (内积的连续性) 设 $X_n, Y_n \in H$ $(n \geqslant 1)$ 及 $X, Y \in H$, 且

$$\underset{n\to\infty}{\text{l.i.m.}}\, X_n = X, \quad \underset{n\to\infty}{\text{l.i.m.}}\, Y_n = Y,$$

则有

$$\lim_{m,n\to\infty} E(X_m\overline{Y_n}) = E(X\overline{Y}). \tag{6.6}$$

**证** 因为

$$\begin{aligned}|E(X_m\overline{Y_n}) - E(X\overline{Y})| \leqslant& E|X_m\overline{Y_n} - X\overline{Y}| = E|X_m(\overline{Y_n} - \overline{Y}) + (X_m - X)\overline{Y}| \\ \leqslant& E|X_m(\overline{Y_n} - \overline{Y})| + E|(X_m - X)\overline{Y}| \\ \leqslant& \|X_m\| \cdot \|\overline{Y_n} - \overline{Y}\| + \|X_m - X\| \cdot \|\overline{Y}\|,\end{aligned}$$

又由题设有 $\underset{n\to\infty}{\text{l.i.m.}}\, X_n = X$, $\underset{n\to\infty}{\text{l.i.m.}}\, Y_n = Y$, 所以当 $m, n \to \infty$ 时, 上式右边极限为 0, 故有

$$\lim_{m,n\to\infty} E(X_m\overline{Y_n}) = E(X\overline{Y}).$$

**定理 6.1.5** (均方收敛准则 (mean square convergence criteria)) $\underset{n\to\infty}{\text{l.i.m.}}\, X_n = X$ 的充要条件是 $\lim\limits_{m,n\to\infty} E(X_m\overline{X_n})$ 存在, 且此时 $\lim\limits_{m,n\to\infty} E(X_m\overline{X_n}) = E|X|^2 = \|X\|^2$.

**证**　必要性由定理 6.1.3 的 (2) 立即可得, 下面证明充分性. 由于当 $m,n\to\infty$ 时,

$$\begin{aligned}\|X_m-X_n\|^2=&(X_m-X_n,X_m-X_n)\\=&(X_m,X_m)-(X_m,X_n)-(X_n,X_m)+(X_n,X_n)\to 0,\end{aligned}$$

所以 $\{X_n,n\geqslant 1\}$ 是 Cauchy 序列. 由定理 6.1.1, 存在 $X\in H$, 使得 $\underset{n\to\infty}{\mathrm{l.i.m.}}\,X_n=X$.

## 6.2　二阶矩过程的均方微积分

6.1 节给出了随机变量序列的均方极限, 在此基础上, 本节我们将进一步讨论二阶矩过程 $\{X(t),t\in T\}$ 的连续性及微积分.

### 6.2.1　均方连续性

**定义 6.2.1**　设 $\{X(t),t\in T\}$ 是二阶矩过程, 若对任意的 $t_0\in T$, 有

$$\underset{t\to t_0}{\mathrm{l.i.m.}}\,X(t)=X(t_0), \tag{6.7}$$

则称 $\{X(t),t\in T\}$ 在 $t_0$ 点**均方连续**(continuity in mean square).

如果 $X(t)$ 对 $T$ 中的一切 $t\in T$ 都均方连续, 则称 $\{X(t),t\in T\}$ 在 $T$ 上均方连续.

采用定义验证 $\{X(t),t\in T\}$ 均方连续一般不方便, 通常是通过考虑其自相关函数 $R(s,t)=E[X(s)\overline{X(t)}]$ 的特性来判定 $\{X(t),t\in T\}$ 本身的均方连续性.

**定理 6.2.1** (均方连续准则)　(1) $\{X(t),t\in T\}$在$t_0$均方连续的充要条件是 $R(s,t)$ 在 $(t_0,t_0)$ 处连续;

(2) $\{X(t),t\in T\}$ 在 $T$ 上均方连续的充要条件是 $\forall t\in T, R(s,t)$ 在 $(t,t)$ 连续;

(3) $\forall t\in T$, $R(s,t)$ 在 $(t,t)$ 上连续的充要条件是 $R(s,t)$ 在 $T\times T$ 上连续.

**证**　(1) $X(t)$ 在 $t_0$ 处均方连续, 即

$$\underset{t\to t_0}{\mathrm{l.i.m.}}\,X(t)=X(t_0).$$

由定理 6.1.5, 其充要条件为

$$\lim_{\substack{s\to t_0\\ t\to t_0}}E\left[X(s)\overline{X(t)}\right]=E\left[X(t_0)\overline{X(t_0)}\right],$$

即

$$\lim_{\substack{s\to t_0\\ t\to t_0}}R(s,t)=R(t_0,t_0).$$

(2) 由在 $T$ 上均方连续的定义及命题 (1) 立得.

(3) 必要性显然, 只证充分性. 由 $R(s,t)$ 在 $\{(t,t),t\in T\}$ 上二元连续, 知

$$\underset{s\to s_0}{\mathrm{l.i.m.}}\, X(s)=X(s_0),\quad \underset{t\to t_0}{\mathrm{l.i.m.}}\, X(t)=X(t_0),$$

又由定理 6.1.4, 有

$$\lim_{\substack{s\to s_0\\ t\to t_0}} E\left[X(s)\overline{X(t)}\right]=E\left[X(s_0)\overline{X(t_0)}\right],$$

即

$$\lim_{\substack{s\to s_0\\ t\to t_0}} R(s,t)=R(s_0,t_0).$$

**例 6.2.1**　讨论 Poisson 过程的均方连续性.

设 $\{X(t),t\geqslant 0\}$ 是 Poisson 过程且 $X(0)=0$, 则有

$$P\{X(t)-X(s)=j\}=\mathrm{e}^{-\lambda(t-s)}\frac{[\lambda(t-s)]^j}{j!},\quad j=0,1,\cdots,t>s.$$

令 $s=0$, 得 $E[X(t)]=\lambda t$. 当 $s<t$ 时, 有

$$\begin{aligned}\Gamma(s,t)&=E\left[(X(s)-\lambda s)(X(t)-\lambda t)\right]\\&=E\{(X(s)-\lambda s)[(X(s)-\lambda s)+(X(t)-\lambda t)-(X(s)-\lambda s)]\}\\&=E[(X(s)-\lambda s)^2]+E[(X(s)-\lambda s)(X(t)-X(s)]\\&\quad -E[(X(s)-\lambda s)(\lambda t-\lambda s)]\\&=D[X(s)]=\lambda s.\end{aligned}$$

当 $s>t$ 时, 类似得 $\Gamma(s,t)=\lambda t$, 所以其协方差函数为

$$\Gamma(s,t)=\lambda\min\{s,t\},$$

相应地, 其自相关函数为

$$R(s,t)=\Gamma(s,t)+m(s)m(t)=\lambda\min\{s,t\}+\lambda^2 st.$$

由于 $R(s,t)$ 在 $\{(t,t),t>0\}$ 是二元连续, 可知 $X(t)$ 在 $t\geqslant 0$ 时均方连续.

**注**　Poisson 过程几乎所有的样本函数都在某些点按通常意义间断. 这并不与均方连续矛盾. 因为均方意义下在 $t_0$ 点连续指的是随机地抽取一个样本函数, 它在 $t_0$ 处间断的概率是 0.

### 6.2.2　均方导数

**定义 6.2.2**　设 $\{X(t), t \in T\}$ 是二阶矩过程, 若对任意的 $t_0 \in T$,

$$\underset{h \to 0}{\text{l.i.m.}} \frac{X(t_0 + h) - X(t_0)}{h} \tag{6.8}$$

存在, 则称 $\{X(t), t \in T\}$ 在 $t_0$ **均方可微**(mean square differentiable), 该极限称为 $X(t)$ 在 $t_0$ 处的**均方导数**或**均方微商**(mean square derivative), 记作 $\left.\frac{\mathrm{d}X(t)}{\mathrm{d}t}\right|_{t=t_0}$ 或 $X'(t_0)$; $X'(t_0)\mathrm{d}t$ 称为在 $t_0$ 处的**均方微分**(mean square differential).

若二阶矩过程 $\{X(t), t \in T\}$ 在 $T$ 中每一点均方可微, 则称二阶矩过程 $\{X(t), t \in T\}$ 在 $T$ 上均方可微. 由 $H$ 空间的完备性可知 $\{X'(t), t \in T\}$ 仍属于 $H$. 对 $X'(t)$ 再求导可以获得二阶均方导数 $X''(t)$, 类似地可以定义高阶导数.

同样地, 采用定义验证 $\{X(t), t \in T\}$ 均方可微性也不方便, 通常是借助研究其自相关函数 $R(s, t)$ 的**广义二次可微**(generalized quadratically differentiable) 特性来判定 $\{X(t), t \in T\}$ 的均方可微性.

称 $f(s, t)$ 在 $(s, t)$ 处广义二次可微, 如果

$$\lim_{h, h' \to 0} \frac{1}{hh'} [f(s + h, t + h') - f(s + h, t) - f(s, t + h) + f(s, t)]$$

存在.

**定理 6.2.2** (均方可微准则)　(1) $\{X(t), t \in T\}$ 在 $t_0$ 均方可微的充要条件是 $R(s, t)$ 在 $(t_0, t_0)$ 处广义二次可微;

(2) $\{X(t), t \in T\}$ 在 $T$ 上均方可微的充要条件是 $R(s, t)$ 在一切 $\{(t, t), t \in T\}$ 上广义二次可微.

**证**　(1) 由均方收敛准则可知, $X(t)$ 在点 $t$ 均方可微, 即

$$\underset{h \to 0}{\text{l.i.m.}} \frac{X(t + h) - X(t)}{h}$$

存在的充分必要条件是

$$\lim_{h, h' \to 0} E\left[\frac{X(t + h) - X(t)}{h} \cdot \overline{\frac{X(t + h') - X(t)}{h'}}\right]$$

存在, 这等价于要求

$$\begin{aligned}
&\lim_{h, h' \to 0} E\left[\frac{1}{hh'}\left(X(t + h)\overline{X(t + h')} - X(t + h)\overline{X(t)} - X(t)\overline{X(t + h')} + X(t)\overline{X(t)}\right)\right] \\
=& \lim_{h, h' \to 0} \frac{1}{hh'} [R(t + h, t + h') - R(t + h, t) - R(t, t + h') + R(t, t)]
\end{aligned}$$

存在, 即要求 $R(s,t)$ 在点 $(t,t)$ 广义二次可微.

(2) 由 (1) 及 $T$ 上均方可微的定义即可得.

自相关函数 $R(s,t)$ 的**偏导数**(partial derivative) 和随机过程 $X(t)$ 及其均方导数 $X'(t)$ 的互相关函数存在如下关系.

**定理 6.2.3** 若 $X(t)$ 的自相关函数 $R(s,t)$ 在 $\{(t,t),t\in T\}$ 上广义二次可微, 则 $\dfrac{\partial}{\partial s}R(s,t)$, $\dfrac{\partial}{\partial t}R(s,t)$, $\dfrac{\partial^2}{\partial s\partial t}R(s,t)$, $\dfrac{\partial^2}{\partial t\partial s}R(s,t)$ 都存在, 且

$$E[X'(s)\overline{X(t)}]=\frac{\partial}{\partial s}R(s,t); \tag{6.9}$$

$$E[X(s)\overline{X'(t)}]=\frac{\partial}{\partial t}R(s,t); \tag{6.10}$$

$$E[X'(s)\overline{X'(t)}]=\frac{\partial^2}{\partial s\partial t}R(s,t)=\frac{\partial^2}{\partial t\partial s}R(s,t). \tag{6.11}$$

**证明** 由定理 6.2.2 的 (2) 知, 对任意 $t\in T$, $X'(t)$ 存在. 又由定理 6.1.3 的 (2) 有

$$\begin{aligned}E\left[X'(s)\overline{X}(t)\right]&=\lim_{h\to0}E\left[\left(\frac{X(s+h)-X(s)}{h}\right)\cdot\overline{X}(t)\right]\\&=\lim_{h\to0}\frac{R(s+h,t)-R(s,t)}{h}\\&=\frac{\partial}{\partial s}R(s,t).\end{aligned}$$

第二式类似可得. 下证第三式成立.

与上面同样的理由, 知

$$\begin{aligned}&E\left[X'(s)\overline{X}'(t)\right]\\&=\lim_{\substack{h\to0\\h'\to0}}E\left[\frac{X(s+h)-X(s)}{h}\cdot\frac{\overline{X(t+h')-X(t)}}{h'}\right]\\&=\lim_{\substack{h\to0\\h'\to0}}\frac{1}{h}E\left[\frac{X(s+h)\overline{X(t+h')}-X(s+h)\overline{X(t)}}{h\prime}-\frac{X(s)\overline{X(t+h')}-X(s)\overline{X(t)}}{h\prime}\right]\\&=\lim_{h\to0}\frac{1}{h}\left[\lim_{h'\to0}\left(\frac{R(s+h,t+h')-R(s+h,t)}{h'}-\frac{R(s,t+h')-R(s,t)}{h'}\right)\right]\\&=\lim_{h\to0}\frac{1}{h}\left[\frac{\partial}{\partial t}R(s+h,t)-\frac{\partial}{\partial t}R(s,t)\right]\\&=\frac{\partial^2}{\partial t\partial s}R(s,t).\end{aligned}$$

上面第三个等号是因为二重极限存在且对固定的 $h$, 当 $h'\to0$ 时单重极限存在, 则**累次极限**(repeated limit) 必存在且与**二重极限**(double limit) 相等.

类似地可以证明

$$E\left[X'(s)\overline{X'(t)}\right]=\frac{\partial^2}{\partial s\partial t}R(s,t)$$

成立.

**例 6.2.2**　$\{X(t),t\in[0,1]\}$ 定义如下:

$$P\{X(0)=0\}=1,\quad X(t)=Y_j,\quad \frac{1}{2^j}<t\leqslant\frac{1}{2^{j-1}},\quad j=1,2,\cdots,$$

其中 $Y_j,j=1,2,\cdots$ 是独立同分布的随机变量列, $E(Y_1)=0,D(Y_1)=1$. 显然 $E[X(t)]=0$, 而

$$R(s,t)=E[X(s)X(t)]=\begin{cases}E[Y_j^2]=1, & \dfrac{1}{2^j}<t,\quad s\leqslant\dfrac{1}{2^{j-1}},\quad j=1,2,\cdots,\\ 0, & \text{其他}.\end{cases}$$

易知 $\dfrac{\partial}{\partial s}R(0,0)=\dfrac{\partial}{\partial t}R(0,0)=\dfrac{\partial^2}{\partial s\partial t}R(0,0)=\dfrac{\partial^2}{\partial t\partial s}R(0,0)=0$. 但 $R(s,t)$ 不是广义二次可微的. 这是由于取 $h=h'$,

$$\lim_{h\to 0}\frac{R(h,h)-R(h,0)-R(0,h)+R(0,0)}{h^2}=\lim_{h\to 0}\frac{2}{h^2}=\infty.$$

所以 $X(t)$ 不是均方可微的.

**例 6.2.3**　设 $X(t)=\sin(At)$, 其中 $A$ 是随机变量, $E[A^4]<\infty$. 证明 $X'(t)=A\cos At$.

**证**　因为

$$\begin{aligned}&E\left\{\left|\frac{\sin[A(t+h)]-\sin(At)}{h}-A\cos(At)\right|^2\right\}\\ =&E\left\{\left|\frac{[\cos(Ah)-1]\sin(At)+[\sin(Ah)-Ah]\cos(At)}{h}\right|^2\right\}\\ \leqslant&2E\left\{\frac{[\cos(Ah)-1]^2\sin^2(At)}{h^2}\right\}+2E\left\{\frac{[\sin(Ah)-Ah]^2\cos^2(At)}{h^2}\right\}\\ \leqslant&2E\left[\frac{(Ah)^4}{h^2}\right]+2E\left[\frac{(Ah)^4}{h^2}\right]\\ \leqslant&4h^2E(A^4)\to 0\quad(h\to 0).\end{aligned}$$

上面第二个不等式用到 $\cos\alpha\leqslant 1+\alpha^2$, $\sin\alpha\leqslant\alpha+\alpha^2$, 所以 $X'(t)=A\cos At$.

二阶矩过程 $\{X(t),t\in T\}$ 在均方可微处一定均方连续; 均方导数是唯一的 (以概率 1 相等), 且满足以下运算规则.

**定理 6.2.4** 若 $X(t)$ 和 $Y(t)$ 都在 $T$ 上均方可导, $f(t)$ 是在 $T$ 上可导的普通函数, $\alpha,\beta$ 为常数, 则有

$$[\alpha X(t)+\beta Y(t)]'=\alpha X'(t)+\beta Y'(t); \tag{6.12}$$

$$[f(t)X(t)]'=f'(t)X(t)+f(t)X'(t). \tag{6.13}$$

**证** (1) 显然成立.

(2) 右边 $=\lim\limits_{h\to 0}\left[\dfrac{f(t+h)-f(t)}{h}\right]X(t)+\lim\limits_{h\to 0}\left[\dfrac{X(t+h)-X(t)}{h}\right]f(t)$

$=\lim\limits_{h\to 0}\left[\dfrac{f(t+h)-f(t)}{h}\right]X(t)+\lim\limits_{h\to 0}\left[\dfrac{X(t+h)-X(t)}{h}\right]f(t+h)$

$=\lim\limits_{h\to 0}\dfrac{f(t+h)X(t+h)-f(t)X(t)}{h}=$ 左边.

### 6.2.3 均方积分

**定义 6.2.3** 设 $\{X(t),t\in T\}$ 是二阶矩过程, $f(t)$ 是普通函数, 取 $T=[a,b]$ 的一组分点:

$$a=t_0<t_1<\cdots<t_n=b,$$

令 $\Delta_n=\max\limits_{1\leqslant k\leqslant n}\{t_k-t_{k-1}\}$, 作和式

$$Y_n=\sum_{k=1}^{n}f(u_k)X(u_k)(t_k-t_{k-1}), \tag{6.14}$$

其中, $u_k\in[t_{k-1},t_k],k=1,2,\cdots,n$. 若当 $\Delta_n\to 0$ 时, $\{Y_n\}$ 均方收敛, 则称 $f(t)X(t)$ 在 $[a,b]$ 上 (Riemann) **均方可积**(mean square integrable); $\{Y_n\}$ 收敛的极限称为 $f(t)X(t)$ 在 $[a,b]$ 上 (Riemann) **均方积分**(mean square integral), 记为 $\int_a^b f(t)X(t)\mathrm{d}t$.

**注** 均方积分的结果是一个随机变量, 且均方积分是唯一的.

同样地, 采用定义验证 $f(t)X(t)$ 均方可积性十分烦琐, 通常是借助研究 $X(t)$ 的自相关函数 $R(s,t)$ 与 $f(s)\overline{f(t)}$ 的乘积的二重积分来判定 $f(t)X(t)$ 的均方可积性. 类似于计算定积分一般不采用定义而是用 Newton–Leibniz 公式.

**定理 6.2.5** $f(t)X(t)$ 在 $[a,b]$ 上均方可积的充分必要条件是下列二重积分存在

$$\int_a^b\int_a^b f(s)\overline{f(t)}R(s,t)\mathrm{d}s\mathrm{d}t. \tag{6.15}$$

**证** 由均方收敛准则, $f(t)X(t)$ 在 $[a,b]$ 上均方可积, 即

$$\lim_{\Delta_n\to 0}\sum_{k=1}^{n} f(u_k)X(u_k)(t_k-t_{k-1})$$

存在的充分必要条件是下列极限存在:

$$\begin{aligned}
&\lim_{\Delta_n\to 0} E\left[\left(\sum_{k=1}^{n} f(u_k)X(u_k)(t_k-t_{k-1})\right)\overline{\left(\sum_{l=1}^{n} f(u_l)X(u_l)(t_l-t_{l-1})\right)}\right]\\
=&\lim_{\Delta_n\to 0}\sum_{k=1}^{n}\sum_{l=1}^{n} f(u_k)\overline{f(u_l)}E\left[X(u_k)\overline{X(u_l)}\right](t_k-t_{k-1})(t_l-t_{l-1})\\
=&\lim_{\Delta_n\to 0}\sum_{k=1}^{n}\sum_{l=1}^{n} f(u_k)\overline{f(u_l)}R(u_k,u_l)(t_k-t_{k-1})(t_l-t_{l-1}),
\end{aligned}$$

也即要求 $\int_a^b\int_a^b f(s)\overline{f(t)}R(s,t)\mathrm{d}s\mathrm{d}t$ 存在.

下面我们讨论均方积分的性质.

**定理 6.2.6** 设 $f(t)X(t)$ 在 $[a,b]$ 上均方可积, 则有

$$(1)E\left[\int_a^b f(t)X(t)\mathrm{d}t\right]=\int_a^b f(t)E[X(t)]\mathrm{d}t, \tag{6.16}$$

$$E\left[\left(\int_a^b f(s)X(s)\mathrm{d}s\right)\overline{\left(\int_a^b f(t)X(t)\mathrm{d}t\right)}\right]=\int_a^b\int_a^b f(s)\overline{f(t)}R(s,t)\mathrm{d}s\mathrm{d}t; \tag{6.17}$$

$$(2)\int_a^b[\alpha X(t)+\beta Y(t)]\mathrm{d}t=\alpha\int_a^b X(t)\mathrm{d}t+\beta\int_a^b Y(t)\mathrm{d}t; \tag{6.18}$$

$$(3)\int_a^b X(t)\mathrm{d}t=\int_a^c X(t)\mathrm{d}t+\int_c^b X(t)\mathrm{d}t,\ a\leqslant c\leqslant b. \tag{6.19}$$

**证** (1) 由定理 6.2.3 易得; (2) 和 (3) 的证明与数学分析中普通函数相应的积分性质的证明类似.

**定理 6.2.7** 设 $X(t)$ 在 $[a,b]$ 上均方连续, 则有

(1) $X(t)$在 $[a,b]$ 上均方可积;

(2) $\left\|\int_a^b X(t)\mathrm{d}t\right\|\leqslant\int_a^b\|X(t)\|\mathrm{d}t$;

(3) 令 $Y(t)=\int_a^t X(s)\mathrm{d}s(a\leqslant t\leqslant b)$, 则 $\{Y(t),t\geqslant 0\}$ 在 $[a,b]$ 上均方连续和均方可导, 且 $Y'(t)=X(t)$.

**证** (1) 由定理 6.2.1 知, 若 $X(t)$ 在 $[a,b]$ 上均方连续, 则 $R(s,t)$ 必在 $[a,b]\times[a,b]$ 上连续, 于是 $R(s,t)$ 在 $[a,b]\times[a,b]$ 上可积. 再由定理 6.2.5 可得 $X(t)$ 在 $[a,b]$ 上均方可积.

(2) 由 (1) 知 $\int_a^b X(t)\mathrm{d}t$ 一定存在. 因为

$$\|X(t)\| = (X(t),X(t))^{\frac{1}{2}} = E[X(t)\overline{X(t)}]^{\frac{1}{2}} = [R(t,t)]^{\frac{1}{2}},$$

故 $\|X(t)\|$ 连续, 从而 $\int_a^b \|X(t)\|\mathrm{d}t$ 存在. 故有

$$\begin{aligned}\left\|\int_a^b X(t)\mathrm{d}t\right\| &= \left\|\lim_{\Delta_n\to 0}\sum_k X(u_k)(t_k-t_{k-1})\right\| = \lim_{\Delta_n\to 0}\left\|\sum_k X(u_k)(t_k-t_{k-1})\right\| \\ &\leqslant \lim_{\Delta_n\to 0}\sum_k \|X(u_k)\|(t_k-t_{k-1}) = \int_a^b \|X(t)\|\mathrm{d}t.\end{aligned}$$

(3) 由条件知 $Y(t)$ 均方连续显然成立, 故只需证其均方可导. 因为

$$\begin{aligned}\left\|\frac{Y(t+h)-Y(t)}{h}-X(t)\right\| &= \left\|\frac{1}{h}\int_t^{t+h}[X(s)-X(t)]\mathrm{d}s\right\| \\ &\leqslant \frac{1}{h}\int_t^{t+h}\|X(s)-X(t)\|\mathrm{d}s \\ &\leqslant \max_{|t-s|\leqslant h}\|X(s)-X(t)\| \to 0,\quad h\to 0,\end{aligned}$$

所以 $\lim\limits_{h\to 0}\dfrac{Y(t+h)-Y(t)}{h} = X(t)$, 即 $Y'(t)=X(t)$.

均方积分与数学分析中普通函数的积分类似, 故而微积分中的 Leibniz 定理, 微积分基本公式 (Newton-Leibniz 公式)、分布积分法等都可以类似地推广到均方积分中来 (定理 6.2.8—定理 6.2.10). 遗憾的是微积分的中值定理不能推广到随机过程中来, 所以本章讨论的均方局部积分平均有着不同的性质.

**定理 6.2.8** 如果 $X(t)$ 在 $[a,b]$ 上均方连续, $f(t,s)$ 及其偏导数 $\dfrac{\partial f(t,s)}{\partial t}$ 都在 $T\times T$ 上连续, 令

$$Y(t)=\int_a^t f(t,s)X(s)\mathrm{d}s,\quad a\leqslant t\leqslant b,$$

则有

$$Y'(t)=\int_a^t \frac{\partial f(t,s)}{\partial t}X(s)\mathrm{d}s + f(t,t)X(t). \tag{6.20}$$

**定理 6.2.9**　如果 $X(t)$ 在 $[a,b]$ 上均方可微, $X'(t)$ 均方连续, 则有

$$X(b)-X(a)=\int_a^b X'(t)\mathrm{d}t. \tag{6.21}$$

**定理 6.2.10**　如果 $X'(t)$ 在 $[a,b]$ 上均方连续, $f(t,s)$ 及其偏导数 $\dfrac{\partial f(t,s)}{\partial t}$ 都在 $T\times T$ 上连续, 令

$$Y(t)=\int_a^t f(t,s)X'(s)\mathrm{d}s,\quad a\leqslant t\leqslant b,$$

则有

$$Y(t)=f(t,s)X(s)\Big|_a^t-\int_a^t\frac{\partial f(t,s)}{\partial t}X(s)\mathrm{d}s. \tag{6.22}$$

**例 6.2.4**　设 $X(t)=2A^2t$, $A$ 为随机变量, $E(A^4)<\infty$, 试求 $\displaystyle\int_0^t X(t)\mathrm{d}t$.

**解**　由 $R(s,t)=E[X(s)X(t)]=E(4A^4st)=4E(A^4)st$ 连续, 知 $\displaystyle\int_0^t X(t)\mathrm{d}t$ 存在. 在定义中可取 $u_k=\dfrac{1}{2}(t_k+t_{k-1})$, 则

$$\sum_{k=1}^n X(u_k)(t_k-t_{k-1})=\sum_{k=1}^n\left[2A^2\frac{1}{2}(t_k+t_{k-1})(t_k-t_{k-1})\right]=A^2(t^2-0)\to A^2t^2,$$

所以

$$\int_0^t X(t)\mathrm{d}t=\int_0^t 2A^2t\mathrm{d}t=A^2t^2.$$

**例 6.2.5**　Wiener 过程的可积性.

设 $\{X(t),t\in T\}$ 是 Wiener 过程, 则对任意的 $s<t$, 有

$$\begin{aligned}R_X(s,t)&=E[X(s)X(t)]=E[X(s)(X(t)-X(s)+X(s))]\\&=E[X(s)(X(t)-X(s))+X^2(s)]=E[X^2(s)]=\sigma^2s.\end{aligned}$$

同理, 当 $t<s$ 时, $R_X(s,t)=\sigma^2t$. 从而 $R_X(s,t)=\sigma^2\min\{s,t\}$. 由于

$$\int_0^u\int_0^u R_X(s,t)\mathrm{d}s\mathrm{d}t=\sigma^2\int_0^u\mathrm{d}t\left[\int_0^t s\mathrm{d}s+\int_t^u t\mathrm{d}s\right]=\frac{\sigma^2u^3}{3}$$

对一切有穷的 $u$ 存在, 故均方积分

$$Y(u)=\int_0^u X(t)\mathrm{d}t$$

存在. 当 $s<t$ 时, 有

$$R_Y(s,t)=\int_0^s\int_0^t R_X(u,v)\mathrm{d}u\mathrm{d}v=\int_0^s\int_0^t\sigma^2\min\{u,v\}\mathrm{d}u\mathrm{d}v=\frac{1}{6}\sigma^2s^2(3t-s).$$

### 6.2.4 均方导数与均方积分的分布

对二阶矩过程 $\{X(t), t\in[a,b]\}$, 均方导数 $\{X'(t), t\in[a,b]\}$ 与均方积分 $Y(t)=\int_a^t X(t)\mathrm{d}t, t\in[a,b]$ 的二阶性质可由 $X_T$ 的二阶性质所决定. 由 $X_T$ 的有穷维分布函数族或特征函数族出发, 如何求出其均方导数 $X_T'$ 及均方积分 $Y_T$ 的有穷维分布函数族或特征函数族, 在实际中是有重要意义的.

**定理 6.2.11** 设 $\{X(t), t\in[a,b]\}$ 为二阶矩过程, 其有穷维特征函数族为

$$\{\phi(t_1,\cdots,t_n;\theta_1,\cdots,\theta_n), n\geqslant 1, t_1,\cdots,t_n\in T\}.$$

(1) 若 $X_T$ 的均方导数存在, 则对任意 $t_1,\cdots,t_n\in T, t_1+h_1,\cdots,t_n+h_n\in T$, 有

$$\begin{aligned}&\phi_{X'}(t_1,\cdots,t_n;\theta_1,\cdots,\theta_n)\\=&\lim_{h_1,\cdots,h_n\to 0}\phi\left(t_1+h_1,t_1,\cdots,t_n+h_n,t_n;\frac{\theta_1}{h_1},-\frac{\theta_1}{h_1},\cdots,\frac{\theta_n}{h_n},-\frac{\theta_n}{h_n}\right).\end{aligned}\tag{6.23}$$

(2) 若 $X_T$ 的均方积分 $Y_T$ 存在, 则对任意的 $t_1,\cdots,t_n\in T$, 有

$$\begin{aligned}&\phi_Y(t_1,\cdots,t_n;\theta_1,\cdots,\theta_n)\\=&\lim_{\Delta_{m_1}^{(1)},\cdots,\Delta_{m_n}^{(n)}\to 0}\phi(u_1^{(1)},\cdots,u_{m_1}^{(1)},\cdots,u_1^{(n)},\cdots,u_{m_n}^{(n)},\cdots,\\&\theta_1(t_1^{(1)}-t_0^{(1)}),\cdots,\theta_1(t_{m_1}^{(1)}-t_{m_1-1}^{(1)}),\cdots,\theta_n(t_1^{(n)}-t_0^{(n)}),\cdots,\theta_n(t_{m_n}^{(n)}-t_{m_n-1}^{(n)})),\end{aligned}\tag{6.24}$$

其中, $[a,t_i]$ 的分点为

$$a=t_0^{(i)}<t_1^{(i)}<\cdots<t_{m_i}^{(i)}=t_i,$$

$$u_k^{(i)}\in[t_{k-1}^{(i)},t_k^{(i)}],\quad 1\leqslant k\leqslant m_i,\quad \Delta_{m_i}^{(i)}=\max_{1\leqslant k\leqslant m_i}\left\{t_k^{(i)}-t_{k-1}^{(i)}\right\},\quad i=1,2,\cdots,n.$$

**证** 只证 (1) 中 $n=2$ 的情形, 其他的可以类似证明.

$$\begin{aligned}&\phi_{X'}(t_1,t_2;\theta_1,\theta_2)=E[\exp\{\mathrm{i}\theta_1X'(t_1)+\mathrm{i}\theta_2X'(t_2)\}]\\=&E\left[\exp\left(\mathrm{i}\theta_1\lim_{h_1\to 0}\frac{X(t_1+h_1)-X(t_1)}{h_1}+\mathrm{i}\theta_2\lim_{h_2\to 0}\frac{X(t_2+h_2)-X(t_2)}{h_2}\right)\right]\\=&\lim_{h_1,h_2\to 0}E\left[\exp\left(\mathrm{i}\frac{\theta_1}{h_1}X(t_1+h_1)-\mathrm{i}\frac{\theta_1}{h_1}X(t_1)+\mathrm{i}\frac{\theta_2}{h_2}X(t_2+h_2)-\mathrm{i}\frac{\theta_2}{h_2}X(t_2)\right)\right].\end{aligned}$$

**定理 6.2.12** 设 $X_T=\{X(t),t\in[a,b]\}$ 是正态过程.

(1) 若 $X_T$ 均方导数存在, 则 $X_T'=\{X'(t),t\in[a,b]\}$ 是正态过程.

(2) 若 $X_T$ 均方积分 $Y(t)=\int_a^t X(t)\mathrm{d}t, t\in[a,b]$ 存在, 则 $Y_T=\{Y(t),t\in[a,b]\}$ 是正态过程.

**证**　这里只证明 (1), (2) 的证明留给读者. 不妨设 $X_T$ 均值为零, $(X(t_1),\cdots,X(t_n))$ 的特征函数为

$$\phi(t_1,\cdots,t_n;\theta_1,\cdots,\theta_n)=\exp\left\{-\frac{1}{2}\sum_{i,j=1}^{n}\theta_i\theta_j\Gamma(t_i,t_j)\right\}.$$

当 $n=1$ 时,

$$\begin{aligned}&\phi_{X'}(t_1;\theta_1)=\lim_{h_1\to 0}\phi\left(t_1+h_1,t_1;\frac{\theta_1}{h_1},-\frac{\theta_1}{h_1}\right)\\ =&\lim_{h_1\to 0}\exp\left\{-\frac{\theta_1^2}{2h_1^2}\left[\Gamma(t_1+h_1,t_1+h_1)-\Gamma(t_1+h_1,t_1)-\Gamma(t_1,t_1+h_1)+\Gamma(t_1,t_1)\right]\right\}\\ =&\exp\left\{-\frac{\theta_1^2}{2}\frac{\partial^2}{\partial t_1^2}\Gamma(t_1,t_1)\right\}=\exp\left\{-\frac{\theta_1^2}{2}\Gamma_{X'X'}(t_1,t_1)\right\}.\end{aligned}$$

因此 $X'(t_1)$ 是正态随机变量. 同理, 对一般的 $n$, 有

$$\begin{aligned}\phi_{X'}(t_1,\cdots,t_n;\theta_1,\cdots,\theta_n)&=\exp\left\{-\frac{1}{2}\sum_{i,j=1}^{n}\theta_i\theta_j\frac{\partial^2\Gamma(t_i,t_j)}{\partial t_i\partial t_j}\right\}\\ &=\exp\left\{-\frac{1}{2}\sum_{i,j=1}^{n}\theta_i\theta_j\Gamma_{X'X'}(t_i,t_j)\right\},\end{aligned}$$

因此 (1) 成立.

**例 6.2.6　阈交问题** (threshold crossing problem).

设 $\{X(t),t\in T\}$ 是一个随机过程, 记 $N(x_0;t_1,t_2)$ 为在某一时间间隔 $[t_1,t_2]\subset T$ 中, 与直线 $x=x_0$ 的交点的个数. 由于 $X(t)$ 的随机性, 对固定的 $x_0,t_1,t_2$, $N(x_0;t_1,t_2)$ 是一个随机变量.

如果用 $X(t)$ 表示时刻 $t$ 某结构中的应力 (例如, 飞机飞行中机翼中的应力、高层建筑物中的应力、桥梁中的应力等), 由于影响结构应力的因素很多, 而且有不少是随机的, 所以 $X(t)$ 是随机过程. 设结构所用材料的疲劳应力为 $x_0$, 则很多场合是需要根据应力超过疲劳应力重复次数来进行结构设计. 在数学上也就是要求出 $N(x_0;t_1,t_2)$ 的概率分布或求其均值等数字特征. 由于影响 $X(t)$ 的因素很多, 而每一个因素的影响又不大. 由中心极限定理可以设 $X(t)$ 是正态过程. 进一步假定 $X(t),t\in T$ 是均方可微的, 并令

$$Y(t)=u[X(t)-x_0],\quad t\in T,$$

其中 $u(x)$ 为单位阶梯函数, 即

$$u(x)=\begin{cases}1, & x\geqslant 0,\\ 0, & x<0.\end{cases}$$

则对 $Y(t)$ 求导数, 形式上有

$$Y'(t)=X'(t)\delta[X(t)-x_0],$$

这里 $\delta(x)$ 是 Dirac 的 $\delta$ 函数, 这是一个广义函数, 直观上可理解为在原点的一个无限窄又无限高的脉冲, 满足

$$\int_{-\infty}^{\infty}\delta(x)\mathrm{d}x=1.$$

$\delta(x)$ 有如下重要性质, 即对任意 $g(x)$, 有

$$\int_{-\infty}^{\infty}\delta(y)g(x-y)\mathrm{d}y=g(x).$$

因为 $Y'(t)$ 的样本函数由一些 $\delta$ 函数, 或一些单位脉冲组成, 其方向向上或向下, 要视 $X(t)$ 以正的斜率还是以负的斜率与水平线 $X(t)=x_0$ 相交而定, 所以

$$N(x_0;t_1,t_2)=\int_{t_1}^{t_2}|Y'(t)|\mathrm{d}t=\int_{t_1}^{t_2}|X'(t)|\delta(X(t)-x_0)\mathrm{d}t.$$

两边取数学期望, 则有

$$\begin{aligned}&E[N(x_0;t_1,t_2)]\\ =&\int_{t_1}^{t_2}E[|X'(t)|\delta(X(t)-x_0)]\mathrm{d}t\\ =&\int_{t_1}^{t_2}\int_{-\infty}^{\infty}\int_{-\infty}^{\infty}|x'|\delta(x-x_0)f(t,x;,t,x')\mathrm{d}x\mathrm{d}x'\mathrm{d}t\\ =&\int_{t_1}^{t_2}\int_{-\infty}^{\infty}|x'|f(t,x_0;t,x')\mathrm{d}x'\mathrm{d}t,\end{aligned}\tag{6.25}$$

其中 $f(t,x_0;t,x')$ 是 $(X(t),X(t'))$ 的联合分布密度, 若记

$$r(t,x_0)=\int_{-\infty}^{\infty}|x'|f(t,x_0;t,x')\mathrm{d}x'.\tag{6.26}$$

则由式 (6.26) 可知 $r(t,x_0)$ 是 $X(t)$ 在 $t$ 时与 $x_0$ 相交的平均强度. 特别在 $X(t),t\in T$ 是平稳过程时, $r(t,x_0)$ 与 $t$ 无关, $r(t,x_0)=r(x_0)$, 它表示单位时间 $X(t)$ 与 $x_0$ 相交

的次数. 类似, 如用 $f(r_1,x_1;r_1,x_1';r_2,x_2,r_2,x_2')$ 表示 $(X(r_1),X'(r_1),X(r_2),X'(r_2))$ 的联合分布密度, 则可得

$$\begin{aligned}&E[N^2(x_0;t_1,t_2)]\\=&\int_{t_1}^{t_2}\int_{t_1}^{t_2}\int_{-\infty}^{\infty}\int_{-\infty}^{\infty}|x_1'||x_2'|f(r_1,x_0;r_1,x_1';r_2,x_0,r_2,x_2')\mathrm{d}x_1'\mathrm{d}x_2'\mathrm{d}r_1\mathrm{d}r_2\end{aligned}$$

等.

有时我们只关心向上与 $x_0$ 相交的次数或向下与 $x_0$ 相交的次数, 如果分别记它们为 $N_+(x_0;t_1,t_2)$ 和 $N_-(x_0;t_1,t_2)$, 则类似地, 有

$$E[N_+(x_0;t_1,t_2)]=\int_{t_1}^{t_2}\int_0^{\infty}x'f(t,x_0;t,x')\mathrm{d}x'\mathrm{d}t,$$

$$E[N_-(x_0;t_1,t_2)]=-\int_{t_1}^{t_2}\int_{-\infty}^{0}x'f(t,x_0;t,x')\mathrm{d}x'\mathrm{d}t.$$

## 6.3　Itô 随机积分

本节讨论如下形式的 Itô 积分,

$$\int_a^b X(t)\mathrm{d}W(t),$$

其中 $X(t)$ 是实二阶矩过程, $W(t)$ 是 Wiener 过程 (Brown 运动), 并分析它的主要性质. 此形式的随机积分在近代通信、滤波及控制论中有着广泛的应用.

### 6.3.1　Itô积分的定义

为简单起见, 以下假定 $W(t)$ 是标准 Brown 运动, 即任给 $s,t\in T$, $W(t)-W(s)$ 服从正态分布 $N(0,|t-s|)$.

**定义 6.3.1**　设 $\{X(t),t\in[a,b]\}$ 为二阶矩过程, $0\leqslant a<b$, $W(t)$ 是标准 Brown 过程满足:

$$\begin{aligned}&R(s,t)=\min\{s,t\},\\&\mathrm{Var}[W(t)-W(s)]=|t-s|.\end{aligned}$$

对 $[a,b]$ 的一组分点:

$$a=t_0<t_1<\cdots<t_n=b,$$

令 $\varDelta_n=\max\limits_{1\leqslant k\leqslant n}\{t_k-t_{k-1}\}$, 作和式

$$I_n = \sum_{k=1}^{n} X(t_{k-1})[W(t_k) - W(t_{k-1})],$$

如果均方极限 $\underset{\Delta_n \to 0}{\mathrm{l.i.m.}} I_n$ 存在, 则称该极限为 $X(t)$ **关于** $W(t)$ **的 Itô 积分**, 记为

$$(I)\int_a^b X(t)\mathrm{d}W(t).$$

**注** 在 Itô 积分的定义中, 不能按通常的 Riemann 积分那样作和式, 即

$$I_n = \sum_{k=1}^{n} X(t_k')[W(t_k) - W(t_{k-1})], \quad t_k' \in [t_{k-1}, t_k].$$

因为当 $t_k'$ 在 $[t_{k-1}, t_k]$ 中任意选择时, $I_n$ 的均方极限可能不存在, 所以这里取固定的左端点. 如果取其他点可以得到其他的积分, 如果取 $t_k' = \dfrac{t_k + t_{k-1}}{2}$, 得和式

$$S_n = \sum_{k=1}^{n} X\left(\frac{t_k + t_{k-1}}{2}\right)[W(t_k) - W(t_{k-1})],$$

若 $\underset{\Delta_n \to 0}{\mathrm{l.i.m.}} S_n$ 存在, 则称该极限为 $X(t)$ 关于 $W(t)$ 的 Stratonovich 积分, 记为

$$(S)\int_a^b X(t)\mathrm{d}W(t).$$

**定理 6.3.1** 设 $X(t)$ 均方连续, 且对任意的 $s_1', s_2' \leqslant t_{k-1} < t_k$ 及 $s_1 < s_2 \leqslant t_{k-1}$, $(X(s_1'), X(s_2'), W(s_2) - W(s_1))$ 与 $W(t_k) - W(t_{k-1})$ 相互独立, 则 $X(t)$ 关于 $W(t)$ 的 Itô 积分存在且唯一.

证明略, 参见文献 [2].

**例 6.3.1** 求 $(I)\int_a^b W(t)\mathrm{d}W(t)$.

**解** 对 $[a, b]$ 的一组分点:

$$a = t_0 < t_1 < \cdots < t_n = b, \quad \Delta_n = \max_{1 \leqslant k \leqslant n}\{t_k - t_{k-1}\},$$

$$\begin{aligned} I_n &= \sum_{k=1}^{n} W(t_{k-1})[W(t_k) - W(t_{k-1})] \\ &= -[W^2(t_0) - W(t_0)W(t_1) + W^2(t_1) - W(t_1)W(t_2) \\ &\quad + \cdots + W^2(t_{n-1}) - W(t_{n-1})W(t_n)] \\ &= \frac{1}{2}[W^2(b) - W^2(a)] - \frac{1}{2}\sum_{k=1}^{n}[W(t_k) - W(t_{k-1})]^2. \end{aligned}$$

下面计算 $\sum\limits_{k=1}^{n}[W(t_k)-W(t_{k-1})]^2$.

令 $\Delta W_k=W(t_k)-W(t_{k-1}),\Delta t_k=t_k-t_{k-1}$, 则有

$$
\begin{aligned}
&E\left[\sum_{k=1}^{n}\Delta W^2(t_k)-(b-a)\right]^2=E\left[\sum_{k=1}^{n}(\Delta W_k^2-\Delta t_k)\right]^2\\
=&\sum_{k=1}^{n}E(\Delta W_k^2-\Delta t_k)^2+\sum_{i\neq j}E\left[(\Delta W_i^2-\Delta t_i)(\Delta W_j^2-\Delta t_j)\right]\\
=&\sum_{k=1}^{n}E\left(\Delta W_k^4-2\Delta W_k^2\Delta t_k+\Delta t_k^2\right)\\
=&\sum_{k=1}^{n}\left[E(\Delta W_k^4)-2E(\Delta W_k^2\Delta t_k)+E(\Delta t_k)^2\right]=2\sum_{k=1}^{n}\Delta t_k^2\\
\leqslant&2\varDelta_n\sum_{k=1}^{n}\Delta t_k=2\varDelta_n(b-a)\to 0\quad(\varDelta_n\to 0).
\end{aligned}
$$

因此 $\lim\limits_{\varDelta_n\to 0}\sum\limits_{k=1}^{n}[W(t_k)-W(t_{k-1})]^2=b-a$. 所以

$$
(I)\int_a^b W(t)\mathrm{d}W(t)=\frac{1}{2}[W(b)^2-W(a)^2]-\frac{1}{2}(b-a).
$$

**注**　这个例子说明 Itô 积分不同于普通积分, 因为如果 $W(t)$ 是普通函数, 则利用分部积分公式积分结果应该是 $\frac{1}{2}[W(b)^2-W(a)^2]$. 但读者可以自己类似地验证 Stratonovich 积分

$$
(S)\int_a^b W(t)\mathrm{d}W(t)=\frac{1}{2}[W(b)^2-W(a)^2],
$$

这个结果则刚好与普通积分结果一致.

后面我们叙述 Itô 积分时都略去积分号前的 $(I)$. 易知 Itô 积分有与普通积分类似的如下性质.

**定理 6.3.2**　设 Itô 积分 $\int_a^b X(t)\mathrm{d}W(t)$ 与 $\int_a^b Y(t)\mathrm{d}W(t)$ 都存在, 则

(1) 对任意常数 $\alpha,\beta$ 有

$$
\int_a^b[\alpha X(t)+\beta Y(t)]\mathrm{d}W(t)=\alpha\int_a^b X(t)\mathrm{d}W(t)+\beta\int_a^b Y(t)\mathrm{d}W(t);\tag{6.27}
$$

(2) 当 $a\leqslant c\leqslant b$ 时, 有

$$
\int_a^b X(t)\mathrm{d}W(t)=\int_a^c X(t)\mathrm{d}W(t)+\int_c^b X(t)\mathrm{d}W(t).\tag{6.28}
$$

**定理 6.3.3** 若 Itô 积分 $\int_a^b X(t)\mathrm{d}W(t)$ 存在, 则

$$Y(t)=\int_a^t X(s)\mathrm{d}W(s),\quad a\leqslant t\leqslant b$$

存在且关于 $t$ 是均方连续的.

**证** $Y(t)$ 显然存在, 又

$$E[Y(t+h)-Y(t)]^2=E\left[\int_t^{t+h}X(s)\mathrm{d}W(s)\right]^2=\int_t^{t+h}E[X^2(s)]\mathrm{d}s\to 0\quad(h\to 0),$$

所以 $Y(t)$ 均方连续.

### 6.3.2 Itô 微分法则

设二阶矩过程 $X(t)$ 以概率 1 满足

$$X(t)-X(a)=\int_a^t A(s)\mathrm{d}s+\int_a^t B(s)\mathrm{d}W(s),\quad a\leqslant t\leqslant b,\tag{6.29}$$

其中 $A(s)$ 是二阶矩过程且均方可积分, $B(s)$ 满足定理 6.3.1 中的条件, 即第二个积分作为 Itô 存在, 且 $X(a)$ 与 $W(t),t\geqslant a$ 相互独立. 称式 (6.29) 定义的随机过程有 Itô 随机微分

$$A(t)\mathrm{d}t+B(t)\mathrm{d}W(t),$$

并记作

$$\mathrm{d}X(t)=A(t)\mathrm{d}t+B(t)\mathrm{d}W(t).$$

**注** 这里的随机微分不同于均方微分, 因为 (6.29) 式中第二个积分是 Itô 积分.

**例 6.3.2** 求随机微分 $\mathrm{d}W^2(t)$.

**解** 由例 6.3.1 知 $\int_0^t W(t)\mathrm{d}W(t)=\dfrac{W^2(t)}{2}-\dfrac{t}{2}$, 有

$$W^2(t)=t+2\int_0^t W(t)\mathrm{d}W(t).$$

因此随机微分形式为

$$\mathrm{d}W^2(t)=\mathrm{d}t+2W(t)\mathrm{d}W(t).$$

**定理 6.3.4** (Itô 公式) 设 $f(t,x)$ 是定义在 $T\times\mathbb{R}$ 上的连续函数, 且存在**右连续**(right continuous) 的偏导数 $\dfrac{\partial f}{\partial t},\dfrac{\partial f}{\partial x},\dfrac{\partial^2 f}{\partial x^2}$, $X(t)$ 的随机微分是

$$\mathrm{d}X(t)=A(t)\mathrm{d}t+B(t)\mathrm{d}W(t),$$

则 $Y(t)=f(t,X(t))$ 的随机微分为

$$\mathrm{d}Y(t)=\left[\frac{\partial f(t,X(t))}{\partial t}+\frac{\partial f(t,X(t))}{\partial x}A(t)+\frac{1}{2}\frac{\partial^2 f(t,X(t))}{\partial x^2}B^2(t)\right]\mathrm{d}t \\ +\frac{\partial f(t,X(t))}{\partial x}B(t)\mathrm{d}W(t).$$

证明略, 参见文献 [10].

**例 6.3.3**　用 Itô 公式求 $\int_a^b W(t)\mathrm{d}W(t)$.

**解**　令 $X(t)=W(t)$, 则 $\mathrm{d}X(t)=0\times\mathrm{d}t+1\times\mathrm{d}W(t)$. 设 $f(t,x)=\frac{1}{2}x^2$, 则 $Y(t)=f(t,X(t))=\frac{1}{2}W^2(t)$, $\frac{\partial f(t,x)}{\partial t}=0$, $\frac{\partial f(t,x)}{\partial x}=x$, $\frac{\partial^2 f(t,x)}{\partial x^2}=1$. 所以

$$\mathrm{d}Y(t)=\frac{1}{2}\mathrm{d}t+W(t)\mathrm{d}W(t),$$

即

$$\mathrm{d}\left(\frac{1}{2}W^2(t)\right)=\frac{1}{2}\mathrm{d}t+W(t)\mathrm{d}W(t).$$

两边积分得

$$\frac{1}{2}[W^2(b)-W^2(a)]=\int_a^b\frac{1}{2}\mathrm{d}t+\int_a^b W(t)\mathrm{d}W(t).$$

因此

$$\int_a^b W(t)\mathrm{d}W(t)=\frac{1}{2}[W^2(b)-W^2(a)]-\frac{1}{2}(b-a).$$

**注**　与例 6.3.1 中用 Itô 积分的定义求 $\int_a^b W(t)\mathrm{d}W(t)$ 比较, Itô 公式提供了求 Itô 积分更简洁的计算方法.

**定理 6.3.5** (多元 Itô 公式)　设普通函数 $F(t,\boldsymbol{x})=F(t,x_1,\cdots,x_m)$ 及其导数

$$\begin{aligned}&\frac{\partial F(t,\boldsymbol{x})}{\partial t},\\&\frac{\partial F(t,\boldsymbol{x})}{\partial x_i},\quad i=1,2,\cdots,m,\\&\frac{\partial^2 F(t,\boldsymbol{x})}{\partial x_i\partial x_j},\quad i,j=1,2,\cdots,m\end{aligned}$$

都是连续函数, 若随机过程 $X_i(t)$ 有随机微分

$$\mathrm{d}X_i(t)=A_i(t)\mathrm{d}t+B_i(t)\mathrm{d}W(t),\quad i=1,2,\cdots,m,$$

则 $Y(t)=F(t,\boldsymbol{X}(t))=F(t,X_1,\cdots,X_m)$ 的随机微分为

$$\mathrm{d}Y(t)=\left[\frac{\partial F(t,\boldsymbol{X}(t))}{\partial t}+\sum_{i=0}^{m}\frac{\partial F(t,\boldsymbol{X}(t))}{\partial x_i}A_i(t)+\frac{1}{2}\sum_{i,j=1}^{m}\frac{\partial^2 F(t,\boldsymbol{X}(t))}{\partial x_i\partial x_j}B_i(t)B_j(t)\right]\mathrm{d}t$$
$$+\left[\sum_{i=1}^{m}\frac{\partial F(t,\boldsymbol{X}(t))}{\partial x_i}B_i(t)\right]\mathrm{d}W(t). \tag{6.30}$$

**例 6.3.4** (二元 Itô 公式) 设 $\boldsymbol{X}(t)=(X_1(t),X_2(t))$ 满足

$$\begin{bmatrix}\mathrm{d}X_1(t)\\ \mathrm{d}X_2(t)\end{bmatrix}=\begin{bmatrix}A_1(t)\\ 0\end{bmatrix}\mathrm{d}t+\begin{bmatrix}B_1(t) & 0\\ 0 & B_2(t)\end{bmatrix}\begin{bmatrix}\mathrm{d}W(t)\\ \mathrm{d}W(t)\end{bmatrix}.$$

令 $F(t,\boldsymbol{x})=tx_1x_2, Y(t)=tX_1(t)X_2(t)$, 则由多元 Itô 公式有

$$\begin{aligned}\mathrm{d}Y(t)=&[X_1(t)X_2(t)+tA_1(t)X_2(t)+tB_1(t)B_2(t)]\mathrm{d}t\\ &+[tB_1(t)X_2(t)+tB_2(t)X_1(t)]\mathrm{d}W(t).\end{aligned}$$

## 6.4 随机常微分方程

由于实际中几乎一切可观察现象都具有随机性, 因此随机微分方程作为研究随机现象的重要的数学工具, 在科学研究与工程技术中占有重要地位.

### 6.4.1 随机微分方程的均方理论

考虑如下的随机方程组

$$\frac{\mathrm{d}\boldsymbol{X}(t)}{\mathrm{d}t}=f(t,\boldsymbol{X}(t)),\quad \boldsymbol{X}(t_0)=\boldsymbol{X}_0, \tag{6.31}$$

其中 $\boldsymbol{X}(t)=(X_1(t),\cdots,X_n(t))$ 是 $n$ 个二阶矩存在的随机变量组成的 $n$ 维向量, $f=(f_1,\cdots,f_n)$, $\boldsymbol{X}_0=(X_1(t_0),\cdots,X_n(t_0))$.

容易证明所有的 $n$ 个二阶矩存在的随机变量组成的 $n$ 维向量 $\boldsymbol{X}(t)=(X_1(t),\cdots,X_n(t))$ 构成的集合是一个线性空间, 在该线性空间上定义如下的范数

$$\|\boldsymbol{X}\|_n=\max_{1\leqslant j\leqslant n}\|X_j\|,$$

这样得到的赋范空间记为 $H_n$. 则由于 $H$ 是完备的, $H_n$ 也是完备的, 因此 $H_n$ 是一个 Banach 空间.

在 $\|\cdot\|_n$ 范数下, 可以类似地定义 $H_n$ 中的均方连续、均方可导和均方积分. 例如, 如果

$$\lim_{h\to 0}\|\boldsymbol{X}(t+h)-\boldsymbol{X}(t)\|_n=0,$$

则称随机过程 $X(t)$ 在 $t$ 处均方连续. 由此可见, 随机向量 $\boldsymbol{X}(t)$ 在 $t\in T$ 均方连续, 当且仅当 $\boldsymbol{X}(t)$ 的每一个分量在 $t\in T$ 均方连续.

同样可以类似地定义 $\boldsymbol{X}(t)$ 的均方可微性与均方可积性, 这些留给读者自己定义.

**定义 6.4.1**　在方程 (6.32) 中, 设 $f:T\times H_n\to H_n$ 连续, 且 $\boldsymbol{X}_0\in H_n$. 如果 $\boldsymbol{X}(t):T\to H_n$ 满足

(1) 在 $T$ 上均方连续;

(2) $\boldsymbol{X}(t_0)=\boldsymbol{X}_0$;

(3) $\boldsymbol{X}(t)$ 在 $t$ 上均方可导,

则称 $\boldsymbol{X}(t)$ 是方程 (6.32) 的一个**均方解**(mean square solution).

**定理 6.4.1**　$\boldsymbol{X}(t)$ 是方程 (6.32) 的一个均方解的充要条件是

$$\boldsymbol{X}(t)=\boldsymbol{X}(0)+\int_{t_0}^{t}f(t,\boldsymbol{X}(t))\mathrm{d}t,\quad t\in T. \tag{6.32}$$

**证**　充分性由定理 6.2.7(3) 可得; 必要性由定理 6.2.9 两边积分易得.

用 $H_n$ 中的 $\|\cdot\|_n$ 代替 $\mathbb{R}^n$ 中的模, 可以类似地得到如下的随机微分方程解的存在性定理.

**定理 6.4.2**　设任给 $\boldsymbol{X}(t),\boldsymbol{Y}(t)\in H_n$, $f:T\times H_n\to H_n$ 满足均方 Lipschitz 条件

$$\|f(t,\boldsymbol{X}(t))-f(t,\boldsymbol{Y}(t))\|_n\leqslant k(t)\|\boldsymbol{X}-\boldsymbol{Y}\|_n, \tag{6.33}$$

其中 $k(t)$ 满足 $\int_{t_0}^{b}k(t)\mathrm{d}t<\infty$, 则对任意的 $\boldsymbol{X}_0\in H_n$, 方程 (6.32) 存在唯一均方解.

**注**　由于该定理中的 Lipschitz 条件过于严格, 所以在解决实际问题时很难直接应用. 随机微分方程的研究目前还限于研究一些特殊的方程. 虽然一般的随机微分方程难于求解, 但有一部分简单的方程, 是不难求出显式解的.

**例 6.4.1**　考虑一阶线性随机微分方程

$$\begin{cases} X'(t)=\alpha(t)X(t)+Y(t),\\ X(t_0)=X_0,\end{cases} \tag{6.34}$$

其中 $\alpha(t)$ 是非随机函数, $Y(t)$ 是二阶矩过程, $X_0\in H$.

我们知道如下形式的非随机微分方程

$$X'(t) = \alpha(t)X(t) + Y(t), \quad X(t_0) = X_0,$$

在 $\alpha(t)$ 和 $Y(t)$ 连续的情况下可用常数变异法求得其解为

$$X(t) = X_0 \exp\left\{\int_{t_0}^{t} \alpha(u)\mathrm{d}u\right\} + \int_{t_0}^{t} Y(s) \exp\left\{\int_{s}^{t} \alpha(u)\mathrm{d}u\right\} \mathrm{d}s.$$

对于随机微分方程 (6.34), 若 $\alpha(t)$ 连续, $Y(t)$ 均方连续, 则 (6.34) 有如下解

$$X(t) = X_0 \exp\left\{\int_{t_0}^{t} \alpha(u)\mathrm{d}u\right\} + \int_{t_0}^{t} Y(s) \exp\left\{\int_{s}^{t} \alpha(u)\mathrm{d}u\right\} \mathrm{d}s. \tag{6.35}$$

事实上, 上式第一项的均方导数为 $\alpha(t)X_0 \exp\left\{\int_{t_0}^{t} \alpha(u)\mathrm{d}u\right\}$, 第二项的均方导数为

$$Y(t) + \alpha(t)\int_{t_0}^{t} Y(s) \exp\left\{\int_{s}^{t} \alpha(u)\mathrm{d}u\right\} \mathrm{d}s,$$

所以,

$$\begin{aligned} X'(t) =& \alpha(t)X_0 \exp\left\{\int_{t_0}^{t} \alpha(u)\mathrm{d}u\right\} + Y(t) + \alpha(t)\int_{t_0}^{t} Y(s) \exp\left\{\int_{s}^{t} \alpha(u)\mathrm{d}u\right\} \mathrm{d}s \\ =& \alpha(t)X(t) + Y(t), \end{aligned}$$

这说明式 (6.35) 是方程 (6.34) 的解.

### 6.4.2 Itô 随机微分方程

设 $\{W(t), t \in T\}$ 是标准的 Brown 运动, 则在 Itô 积分基础上建立的随机微分方程

$$\begin{cases} \mathrm{d}X(t) = f(t, X(t)) + g(t, X(t))\mathrm{d}W(t), \\ X(t_0) = X_0 \end{cases} \tag{6.36}$$

称为 Itô 随机微分方程.

(6.36) 实际上是如下的随机积分的微分形式

$$X(t) = X_0 + \int_{t_0}^{t} f(s, X(s))\mathrm{d}s + \int_{t_0}^{t} g(s, X(s))\mathrm{d}W(t). \tag{6.37}$$

**定理 6.4.3** (Itô 方程解的存在唯一性) 设定义在 $T \times \mathbb{R}$ 上的实函数 $f(t,x)$, $g(t,x)$ 满足

(1) $f(t,x)$, $g(t,x)$ 二元可测, 且 $f(t,x)$ 可积, $|g(t,x)|$ 平方可积;

(2) **线性增长条件**(linear growth condition): 存在常数 $K>0$, 使得任给 $t\in[0,T]$,

$$|f(t,x)|+|g(t,x)|\leqslant K(1+|x|);$$

(3) Lipschitz 条件: 存在常数 $L>0$, 使得

$$|f(t,X_1)-f(t,X_2)|+|g(t,X_1)-g(t,X_2)|\leqslant L|X_2-X_1|;$$

(4) 初始条件: 随机变量 $X(t_0)$ 关于 $\mathcal{F}_{t_0}$ 可测, 且 $E[X(t_0)^2]<\infty$, 则方程 (6.36) 或 (6.37) 存在唯一解.

证明略, 参见文献 [10].

**例 6.4.2** (人口增长模型)　设 $N(t)$ 表示 $t$ 时刻的人口数, 且 $\{N(t),t\geqslant 0\}$ 满足

$$\begin{cases} \mathrm{d}N(t)=\alpha N(t)\mathrm{d}t+\beta N(t)\mathrm{d}W(t), \\ N(0)=N_0, \end{cases}$$

其中 $\alpha,\beta$ 为常数. 试用 Itô 公式求 $N(t)$ 的表达式.

**解**　设 $f(t,x)=\ln x, Y(t)=\ln N(t)$, 则 $\dfrac{\partial f(t,x)}{\partial t}=0, \dfrac{\partial f(t,x)}{\partial x}=\dfrac{1}{x}, \dfrac{\partial^2 f(t,x)}{\partial x^2}=-\dfrac{1}{x^2}$. 所以由 Itô 公式得

$$\mathrm{d}Y(t)=\mathrm{d}\ln N(t)=\left(\alpha-\frac{1}{2}\beta^2\right)\mathrm{d}t+\beta\mathrm{d}W(t).$$

上式两边积分得

$$\int_0^t \mathrm{d}\ln N(s)=\int_0^t\left(\alpha-\frac{1}{2}\beta^2\right)\mathrm{d}s+\int_0^t\beta\mathrm{d}W(s),$$

即

$$\ln\frac{N(t)}{N(0)}=\left(\alpha-\frac{1}{2}\beta^2\right)t+\beta[W(t)-W(0)],$$

所以

$$N(t)=N_0\mathrm{e}^{\left(\alpha-\frac{1}{2}\beta^2\right)t+\beta[W(t)-W(0)]}.$$

## 习　题　6

1. 设 $\{X_n\}$ 是一随机变量序列, $X$ 是随机变量, 若 $\forall\varepsilon>0$, 当 $n\to\infty$ 时, $X_n$ 满足

$$P\{|X_n-X|>\varepsilon\}\to 0,$$

则称 $X_n$ 依概率收敛于 $X$. 证明, 如果 $\underset{n\to\infty}{\text{l.i.m.}}\, X_n = X$, 则有 $X_n$ 依概率收敛于 $X$.

2. 设 $\{X_n\}$ 是独立同分布随机变量序列, $E[X_i]=\mu$, $\text{Var}[X_i]=\sigma^2$, 令 $S_n=\dfrac{1}{n}\sum\limits_{k=1}^{n}X_k$, 试证明, $\underset{n\to\infty}{\text{l.i.m.}}\, S_n=\mu$.

3. 设 $\{X_n, n=1,2,\cdots\}\subset H$, $X\in H$, 且 $\underset{n\to\infty}{\text{l.i.m.}}\, X_n = X$, $f(u)$ 是一个满足 Lipschitz 条件的确定函数, 即存在常数 $M>0$,

$$|f(u)-f(v)|\leqslant M|u-v|.$$

又设 $\{f(X_n), n=1,2,\cdots\}\subset H$, $f(X)\in H$, 证明: $\underset{n\to\infty}{\text{l.i.m.}}\, f(X_n)=f(X)$.

4. $\underset{n\to\infty}{\text{l.i.m.}}\, X_n = X$, 证明 $X_n$ 的特征函数收敛于 $X$ 的特征函数.

5. 证明: $n$ 维实正态随机变量序列的均方极限仍然是正态随机变量.

6. 设 $X(t)=At^2+Bt+C$, 其中 $A,B,C$ 是相互独立同分布的标准正态变量. 试讨论随机过程 $\{X(t), t\in\mathbb{R}\}$ 在区间 $[a,b]$ 的均方连续性、均方可积性和均方可导性.

7. 设 $X(t)=\mathrm{e}^{tX}$, $t\in\left(0,\dfrac{\lambda}{2}\right)$, $\lambda>0$, 其中 $X$ 服从参数为 $\lambda$ 的指数分布, 证明 $X'(t)=X\mathrm{e}^{tX}$.

8. 若平稳过程 $\{X(t), t\in T\}$ 是均方可微的, 证明 $\{X'(t), t\in T\}$ 也是平稳过程, 且

$$E[X'(t)]=0,$$
$$R_{X'}(\tau)=-R''_X(\tau).$$

9. 设 $\{N(t), t\geqslant 0\}$ 是强度为 $\lambda$ 的 Poisson 过程,

(1) 证明 $\int_0^t N(s)\mathrm{d}s$ 存在;

(2) 设 $M(t)=\dfrac{1}{t}\int_0^t N(s)\mathrm{d}s$, 求 $\{M(t), t\geqslant 0\}$ 的均值函数和方差函数.

10. 设 $\{W(t), t\geqslant 0\}$ 是参数为 $\sigma^2$ 的 Wiener 过程, 令 $X(t)=\dfrac{1}{t}\int_0^t W(s)\mathrm{d}s$, 求: $\{X(t), t\geqslant 0\}$ 的均值函数和协方差函数.

11. 设 $\{X(t), t\in[a,b]\}$ 是一个正态过程, 若 $X(t)$ 在 $[a,b]$ 上均方可积,

(1) 证明: $\int_a^b X(t)\mathrm{d}t$ 是正态随机变量;

(2) 令 $Y(t)=\int_a^t X(s)\mathrm{d}s$, 证明: $\{Y(t), t\in[a,b]\}$ 是正态随机过程.

12. 证明定理 6.2.8, 如果 $X(t)$ 在 $[a,b]$ 上均方可微, $X'(t)$ 均方连续, 则有

$$X(b)-X(a)=\int_a^b X'(t)\mathrm{d}t. \tag{6.38}$$

13. 求随机微分 $\mathrm{d}[t^3W(t)^2]$.

14. 求

$$\begin{cases} X'(t) = Y(t), \quad t \in [a,b], \\ X(a) = X_0 \end{cases}$$

的解，并求其均值函数、相关函数. 其中 $Y(t)$ 是一个已知的零均值的二阶矩过程，协方差函数可积；$X_0$ 是已知二阶矩实值随机变量，且与 $Y$ 独立.

15. 设有如下随机微分方程

$$\begin{cases} Y'(t) + 2Y(t) = X(t), \quad t \geqslant 0, \\ Y(0) = 0, \end{cases}$$

其中 $X(t)$ 的均值函数 $m_X(t) = c \neq \pm 2$，相关函数 $R_X(s,t) = \mathrm{e}^{-c|t-s|}$，$t, s \geqslant 0$，求 $Y(t)$ 的均值函数 $m_Y(t)$ 及相关函数 $R_Y(s,t)$.

16. 随机微分方程

$$\begin{cases} \mathrm{d}X(t) = X(t)\mathrm{d}t + X(t)\mathrm{d}W(t), \\ X(0) = 1, \end{cases}$$

求解 $X(t)$.

17. 设 $\{X_n, n \geqslant 1\}$ 是 Poisson 随机变量序列，证明：该序列的均方极限服从 Poisson 过程.

18. 研究下列随机过程的均方可导性.

(1) $X(t) = At + B$，其中 $A, B$ 是相互独立的二阶矩随机变量，均值分别为 $a, b$，方差分别为 $\sigma_1^2, \sigma_2^2$；

(2) $X(t) = At^2 + Bt + C$，其中 $A, B, C$ 是相互独立的二阶矩随机变量，均值分别为 $a, b, c$，方差分别为 $\sigma_1^2, \sigma_2^2, \sigma_3^2$；

(3) $\{N(t), t \geqslant 0\}$ 是 Poisson 过程；

(4) $\{W(t), t \geqslant 0\}$ 是 Wiener 过程.

19. 求一阶线性随机微分方程

$$\begin{cases} X'(t) + aX(t) = 0, \quad t \geqslant 0, a > 0, \\ X(0) = X_0 \end{cases}$$

的解及解的均值函数、相关函数及一维概率密度函数，其中 $X_0$ 是均值为 0，方差为 $\sigma^2$ 的正态随机变量.

20. 均值函数 $m_X(t) = 5\mathrm{e}^{3t}\cos(2t)$，相关函数 $R_X(s,t) = 26\mathrm{e}^{3(s+t)}\cos(2s)\cos(2t)$ 的随机过程 $\{X(t), t \geqslant 0\}$ 输入积分器，其输出为 $Y(t) = \int_0^t X(s)\mathrm{d}s$，$t \geqslant 0$，试求：$\{Y(t), t \geqslant 0\}$ 的均值函数和相关函数.

# 第7章 平 稳 过 程

目前国内外对随机信号的研究主要限于宽平稳过程. 平稳随机过程是二阶矩过程的一个重要子类, 有独特属性, 可以借助其自相关函数及其谱进行深入研究.

## 7.1 平稳过程的概念及性质

宽平稳过程是二阶矩过程的一个重要子类, 在工程中有广泛的应用背景. 例如, 在电路分析中, 由于自由电子本身的热运动, 导致某些物理量 (如电压、电流、电感) 的变化中会产生热扰动. 但它的统计特性可以视为不随时间推移而改变. 这种热扰动就是宽平稳过程. 它是一种电路噪声.

**定义 7.1.1** 若 $\{X(t), t \in T\}$ 是二阶矩过程, 满足:

(1) $E[X(t)] = m$(常数);

(2) $E[X(t)\overline{X(s)}] = R(s,t) = R(t-s)$,

则称 $\{X(t), t \in T\}$ 是**宽平稳过程**, 简称为平稳过程. $r(\tau) = \dfrac{R(\tau)}{R(0)}$ 称为**标准化相关函数**(standard correlation function).

定义 7.1.1 中条件 (1) 表明平稳过程的均值不随时间的推移而改变; 条件 (2) 表明平稳过程在前后两个任意时刻的线性相关程度只依赖于这两个时刻之间的间隔 $\tau$, 而与它们所在的位置无关. 宽平稳过程反映了一个系统处于稳态工作条件下的统计性质, 这里的稳态并不是指固定不变, 因为此时系统的工作状态仍具有随机性.

若 $T$ 是**整数集**(set of integers), 或等距采样点 $T = \{n\Delta t, n = 0, 1, 2, \cdots\}$, 称 $\{X(n\Delta t), n = 0, 1, 2, \cdots\}$ 为宽平稳时间序列. 如股票每天的收盘价、国际市场上小麦逐年平均价格等. 不失一般性, 后面我们总假定平稳过程的均值 $m = 0$, 这时平稳过程的协方差函数与相关函数相等.

**例 7.1.1** (白噪声序列 (white noise series)) $X_T = \{X_n, n = 0, \pm 1, \pm 2, \cdots\}$ 为实的互不相关的随机序列, 且 $E(X_n) = 0, D(X_n) = \sigma^2 > 0$, 则该随机序列是一个平稳序列. 因为该序列的相关函数为

$$R(k) = E[X_{n+k}X_n] = \begin{cases} \sigma^2, & k = 0, \\ 0, & k \neq 0, \end{cases}$$

其中 $k$ 是整数.

**例 7.1.2** (随机简谐振动的叠加) 设 $\{A_n, 1 \leqslant n \leqslant N\}, \{B_n, 1 \leqslant n \leqslant N\}$ 是两个实随机序列, 且满足

$$E[A_n] = E[B_n] = 0, \quad E[A_m A_n] = E[B_m B_n] = \sigma_m^2 \delta_{m,n}, \quad E[A_m B_n] = 0,$$

其中 $m, n$ 是正整数, 且 $\delta_{m,n} = \begin{cases} 1, & m = n, \\ 0, & m \neq n. \end{cases}$

设 $\omega_1, \cdots, \omega_n$ 为 $n$ 个正实数,

$$X(t) = \sum_{k=1}^{n} [A_k \cos(t\omega_k) + B_k \sin(t\omega_k)], \quad t \in \mathbb{R},$$

则 $\{X(t), t \in \mathbb{R}\}$ 是平稳过程.

**证** 因为

$$E[X(t)] = \sum_{k=1}^{n} [\cos(t\omega_k) E[A_k] + \sin(t\omega_k) E[B_k]] = 0,$$

$$\begin{aligned}
&E[X(t+\tau)X(t)] \\
&= E\left\{ \sum_{k=1}^{n} [A_k \cos((t+\tau)\omega_k) + B_k \sin((t+\tau)\omega_k)] \cdot \sum_{j=1}^{n} [A_j \cos(t\omega_j) + B_j \sin(t\omega_j)] \right\} \\
&= \sum_{k=1}^{n} \sum_{j=1}^{n} [E[A_k A_j] \cos((t+\tau)\omega_k) \cos(t\omega_j) + E[B_k B_j] \sin((t+\tau)\omega_k) \sin(t\omega_j)]. \\
&= \sum_{k=1}^{n} \sigma_k^2 \cos(\tau\omega_k),
\end{aligned}$$

所以 $\{X(t), t \in \mathbb{R}\}$ 是平稳过程.

**例 7.1.3** 设 $\{Z_n, n = 0, \pm 1, \pm 2, \cdots\}$ 是一复随机序列, $E(Z_n) = 0, E[Z_m \overline{Z_n}] = \sigma_n^2 \delta_{m,n}$, 其中

$$\delta_{m,n} = \begin{cases} 1, & m = n, \\ 0, & m \neq n, \end{cases} \qquad \sum_{n=-\infty}^{\infty} \sigma_n^2 < \infty.$$

设 $W(t) = \sum\limits_{n=-\infty}^{\infty} Z_n \mathrm{e}^{\mathrm{i}t\omega_n}$, 其中 $\{\omega_n\}$ 是任一实数列, 试证明 $\{W(t), t \in \mathbb{R}\}$ 是平稳过程.

**证** 令 $W^{(N)}(t) = \sum\limits_{n=-N}^{N} Z_n \mathrm{e}^{\mathrm{i}t\omega_n}$, 则当 $N > M$ 时, 有

$$E|W^{(N)}(t) - W^{(M)}(t)|^2 = E\left| \sum_{M<|n|\leqslant N} Z_n \mathrm{e}^{\mathrm{i}t\omega_n} \right|^2 = \sum_{M<|n|\leqslant N} \sigma_n^2 \to 0 \quad (M, N \to 0),$$

因此 $\{W^{(N)}(t)\}$ 均方收敛. 由定理 6.1.1 知, 必存在随机变量 $W(t)$ 使得

$$\lim_{N\to\infty} W^{(N)}(t) = W(t),$$

所以级数 $\sum\limits_{n=-\infty}^{\infty} Z_n \mathrm{e}^{\mathrm{i}t\omega_n}$ 是均方收敛的, 故 $W(t)$ 的定义是合理的.

又因为

$$E[W(t)] = \lim_{N\to\infty} \sum_{|n|\leqslant N} \mathrm{e}^{\mathrm{i}t\omega_n} E(Z_n) = 0,$$

$$\begin{aligned} E[W(t)\overline{W(s)}] &= E\left\{\left[\sum_{m=-\infty}^{\infty} Z_m \mathrm{e}^{\mathrm{i}t\omega_m}\right]\overline{\left[\sum_{n=-\infty}^{\infty} Z_n \mathrm{e}^{\mathrm{i}t\omega_n}\right]}\right\} \\ &= \sum_{n=-\infty}^{\infty} \sigma_n^2 \mathrm{e}^{\mathrm{i}(t-s)\omega_n} = R(t-s), \end{aligned}$$

所以 $\{W(t), t\in\mathbb{R}\}$ 是平稳过程.

例 7.1.2 和例 7.1.3 都十分重要, 因为 $\cos(t\omega_k), \sin(t\omega_k), \mathrm{e}^{\mathrm{i}t\omega_n}$ 都是描述简谐振动的, $A_k\cos(t\omega_k), B_k\sin(t\omega_k), Z_n\mathrm{e}^{\mathrm{i}t\omega_n}$ 可视为具有随机振幅的简谐振动. 这两个例子表明:

(1) 当简谐振动的不同频率的随机振动的振幅互不相关时, 这种简谐振动的有限项甚至是无限项的叠加只要是均方收敛的, 则都是平稳过程;

(2) 两个例子中的相关函数分别和它们的平稳过程有类似的分解, 即可表示为与随机振动有相同频率成分的简谐振动之和.

**定义 7.1.2** 设 $\{X(t), t\in T\}$ 是随机过程, 若对于任意的正整数 $n$, $t_1,\cdots,t_n$ 及任意 $\tau, t_i+\tau\in T, i=1,\cdots,n$, 随机向量 $(X_{t_1},\cdots,X_{t_n})$ 与 $(X_{t_1+\tau},\cdots,X_{t_n+\tau})$ 有相同的分布函数, 即

$$F(t_1,\cdots,t_n;x_1,\cdots,x_n) = F(t_1+\tau,\cdots,t_n+\tau;x_1,\cdots,x_n),$$

其中 $(x_1,\cdots,x_n)\in\mathbb{R}^n$, 则称 $\{X(t), t\in T\}$ 为**严平稳过程**(strictly stationary processes).

比较定义 7.1.1 和定义 7.1.2 可以看出: 宽平稳过程对时间推移的不变性是表现在统计平均的一阶矩、二阶矩上; 而严平稳过程对时间推移的不变性表现在概率分布上. 这两者的要求是不同的. 一般来讲, 严平稳过程要求的条件比宽平稳过程要求的条件要严得多, 但需注意以下四点:

(1) 严平稳过程不一定存在二阶矩, 因此严平稳过程不一定是宽平稳过程;

(2) 宽平稳过程一般不是严平稳过程, 因为过程的二阶矩存在, 还不足以确定过程的有限维分布;

(3) 严平稳过程若具有二阶矩, 则一定是宽平稳过程;

(4) 对正态随机过程, 宽平稳与严平稳等价.

**平稳过程的性质**

宽平稳过程作为特殊的二阶矩过程, 具有二阶矩过程的所有的性质. 此外, 它还具有以下性质.

**定理 7.1.1**　若 $R(\tau)$ 是复值宽平稳过程 $\{X(t), t \in T\}$ 的相关函数, 则

(1) $R(0) \geqslant 0$;

(2) $R(-\tau) = \overline{R(\tau)}$;

(3) $|R(\tau)| \leqslant R(0)$;

(4) $R(\tau)$ 是非负定的, 即对任意整数 $n, \alpha_i \in C, T_i \in T$, $i = 1, 2, \cdots, n$, 都有

$$\sum_{j,k=1}^{n} R(t_j - t_k)\alpha_j \overline{\alpha_k} \geqslant 0. \tag{7.1}$$

**证**　(1) $R(0) = E[X(t)\overline{X(t)}] = E|X(t)|^2 \geqslant 0$.

(2) $R(-\tau) = E[X(t)\overline{X(t+\tau)}] = \overline{E[X(t+\tau)\overline{X(t)}]} = \overline{R(\tau)}$.

(3) $|R(\tau)|^2 = |E[X(t+\tau)\overline{X(t)}]|^2 \leqslant E|X(t+\tau)|^2 \cdot E|X(t)|^2 = [R(0)]^2$, 故 $|R(\tau)| \leqslant R(0)$.

$$(4) \sum_{j,k=1}^{n} R(t_j - t_k)\alpha_j \overline{\alpha_k} = \sum_{j,k=1}^{n} E[X(t_j)\overline{X(t_k)}]\alpha_j \overline{\alpha_k} \tag{7.2}$$

$$=E\left\{\left[\sum_{j=1}^{n} \alpha_j X(t_j)\right] \overline{\left[\sum_{k=1}^{n} \alpha_k X(t_k)\right]}\right\} = E\left|\sum_{j=1}^{n} \alpha_j X(t_j)\right|^2 \geqslant 0. \tag{7.3}$$

**定理 7.1.2**　若 $R(\tau)$ 是复值宽平稳过程 $\{X(t), t \in \mathbb{R}\}$ 的相关函数, 则以下四条件等价:

(1) $\{X(t), t \in T\}$ 在 $T = \mathbb{R}$ 中均方连续;

(2) $\{X(t), t \in T\}$ 在 $t = 0$ 点均方连续;

(3) $R(\tau)$ 在 $\mathbb{R}$ 上连续;

(4) $R(\tau)$ 在 $\tau = 0$ 点连续.

**证**　因为 $\forall \tau \in \mathbb{R}$, 有

$$\begin{aligned}
&E[|X(t+\tau) - X(t)|^2] \\
=&E[(X(t+\tau) - X(t))\overline{(X(t+\tau) - X(t))}] \\
=&E[X(t+\tau)\overline{X(t+\tau)}] - E[X(t)\overline{X(t+\tau)}] - E[X(t+\tau)\overline{X(t)}] + E[X(t)\overline{X(t)}]
\end{aligned}$$

$$
\begin{aligned}
&= E[X(\tau)\overline{X(\tau)}] - E[X(0)\overline{X(\tau)}] - E[X(\tau)\overline{X(0)}] + E[X(0)\overline{X(0)}] \\
&= E[(X(\tau) - X(0))\overline{(X(\tau) - X(0))}] \\
&= E[|X(\tau) - X(0)|^2],
\end{aligned}
$$

因此 (1) 与 (2) 等价. 由

$$
\begin{aligned}
|R(t+\tau) - R(t)| &= |E[X(t+\tau)\overline{X(0)}] - E[X(t)\overline{X(0)}]| \\
&= |E[(X(t+\tau) - X(t))\overline{X(0)}]| \\
&\leqslant \{E[|X(t+\tau) - X(t)|^2]E[|X(0)|^2]\}^{\frac{1}{2}} \\
&= \{E[|X(t+\tau) - X(t)|^2]R(0)\}^{\frac{1}{2}},
\end{aligned}
$$

可知 (1)⇒(3).

(3)⇒(4) 显然. 又因为

$$
\begin{aligned}
&E[|X(t+\tau) - X(t)|^2] \\
=& E[(X(t+\tau) - X(t))\overline{(X(t+\tau) - X(t))}] \\
=& E[X(\tau)\overline{X(\tau)}] - E[X(0)\overline{X(\tau)}] - E[X(\tau)\overline{X(0)}] + E[X(0)\overline{X(0)}] \\
=& 2R(0) - [R(\tau) + \overline{R(\tau)}],
\end{aligned}
$$

故得 (4)⇒(1).

**定理 7.1.3** 设 $R(t)$ 是零均值平稳过程 $X_T = \{X(t), t \in T\}$ 的相关函数, 则

(1) 若 $X_T$ 在 $t = 0$ 均方可导, 则 $X_T$ 在 $T$ 上均方可导.

(2) 若 $X_T$ 在 $T$ 上均方可导, 则 $R(t)$ 二次可导.

**证** (1) 若 $X_T$ 在 $t = 0$ 均方可导, 则由均方可导准则, 对平稳过程 $X_T$ 有

$$
\begin{aligned}
&\lim_{\substack{h \to 0 \\ h' \to 0}} \frac{R(h, h') - R(h, 0) - R(0, h') + R(0, 0)}{hh'} \\
=& \lim_{\substack{h \to 0 \\ h' \to 0}} \frac{R(h - h') - R(h) - R(-h') + R(0)}{hh'} \\
=& \lim_{\substack{h \to 0 \\ h' \to 0}} \frac{R(t+h, t+h') - R(t+h, t) - R(t, t+h') + R(t, t)}{hh'}
\end{aligned}
$$

存在, 最后一个极限等式表明 $X_T$ 的相关函数 $R(s, t)$ 在任一点 $(t, t)$ 的广义二阶导数存在, 因此再用一次均方可导准则, 即可得在任一点 $t \in T$ 上 $X_T$ 均方可导.

(2) 由 $X_T$ 在 $T$ 上均方可导, 取 $t = 0$, 则由均方导数定义, 有

$$
\lim_{h \to 0} \frac{X(h) - X(0)}{h} = X'(0).
$$

令 $Y(h)=\dfrac{X(h)-X(0)}{h}$, 则有

$$\lim_{h\to 0}E[X(\tau)\overline{Y(h)}]=E[X(\tau)\overline{X'(0)}],$$

即

$$\lim_{h\to 0}\frac{R(\tau-h)-R(\tau)}{h}=E[X(\tau)\overline{X'(0)}].$$

因此对一切 $\tau\in T$, 导数 $R'(\tau)$ 存在, 且

$$R'(\tau)=-E[X(\tau)\overline{X'(0)}].$$

又由 $t=\tau$ 处 $X(t)$ 均方可导知

$$\lim_{h'\to 0}\frac{X(\tau+h')-X(\tau)}{h'}=X'(\tau),$$

故令 $Z(h')=\dfrac{X(\tau+h')-X(\tau)}{h'}$, 则有

$$\lim_{h'\to 0}E[Z(h')\overline{X'(0)}]=E[X'(\tau)\overline{X'(0)}],$$

即有

$$\lim_{h'\to 0}\frac{-R'(\tau+h')+R'(\tau)}{h'}=E[X'(\tau)\overline{X'(0)}].$$

所以对一切 $\tau\in T$, $R(\tau)$ 的二阶导数 $R''(\tau)$ 存在, 且

$$R''(\tau)=-E[X'(\tau)\overline{X'(0)}].$$

由定理 6.2.5 和定理 6.2.6 易得下面的结论.

**定理 7.1.4**　设 $R(t)$ 是平稳过程 $X_T=\{X(t),t\in\mathbb{R}\}$ 的协方差函数, $f(t)$ 是普通函数, 则

(1) $f(t)X(t)$ 在 $\mathbb{R}$ 上均方可积的充要条件是二重积分

$$\int_{-\infty}^{\infty}\int_{-\infty}^{\infty}f(s)\overline{f(t)}R(s-t)\mathrm{d}s\mathrm{d}t \tag{7.4}$$

存在.

(2) 若 $f(t)X(t)$ 在 $\mathbb{R}$ 上均方可积, 则

$$E\left\{\left[\int_{-\infty}^{\infty}f(s)X(s)\mathrm{d}s\right]\overline{\left[\int_{-\infty}^{\infty}f(t)X(t)\mathrm{d}t\right]}\right\}=\int_{-\infty}^{\infty}\int_{-\infty}^{\infty}f(s)\overline{f(t)}R(s-t)\mathrm{d}s\mathrm{d}t. \tag{7.5}$$

**定理 7.1.5** 设 $\{X(t), t\in T\}$ 是均方连续的平稳过程, $f(t)$ 是分段连续函数, 则在任何有限区间上均方积分

$$\int_a^b f(t)X(t)\mathrm{d}t$$

存在, 且对任意一分段连续函数 $g(t)$ 和 $Y\in H$, 有

$$E\left[\int_a^b f(t)X(t)\mathrm{d}t\cdot\overline{Y}\right]=\int_a^b f(t)E[X(t)\overline{Y}]\mathrm{d}t; \tag{7.6}$$

$$E\left[\int_a^b f(t)X(t)\mathrm{d}t\right]=\int_a^b f(t)E[X(t)]\mathrm{d}t=m\int_a^b f(t)\mathrm{d}t; \tag{7.7}$$

$$\mathrm{cov}\left(\int_a^b f(t)X(t)\mathrm{d}t,\overline{\int_a^b g(t)X(s)\mathrm{d}s}\right)=\int_a^b\int_a^b R(t-s)f(t)\overline{g(s)}\mathrm{d}s\mathrm{d}t, \tag{7.8}$$

其中 $E[X(t)]=m$.

**定理 7.1.6** 若 $\{X(t), t\in T\}$ 是均方可导的实宽平稳过程, 则

$$E[X(t)X'(t)]=0. \tag{7.9}$$

## 7.2 平稳过程和相关函数的谱分解

### 7.2.1 相关函数的谱分解

从例 7.1.2 和例 7.1.3 中, 我们看到平稳过程的协方差函数是一个确定函数, 保留了相应随机过程的一切频率成分, 且在例 7.1.3 中原来的随机振幅 $Z_n$ 在相关函数中变成了 $E|Z_n|^2=\sigma_n^2$, 这在一定意义上说明振幅在相关函数中也得到了相应的保存. 这启发我们对随机过程进行频谱分析时, 可先从研究相关函数入手, 为此我们给出如下的相关函数的**谱分解定理**(spectrum decomposition theorem).

**定理 7.2.1** (Wiener-Khintchine 定理) 设 $R(t)$ 是均方连续的平稳过程 $X_T=\{X(t), t\in\mathbb{R}\}$ 的相关函数, 则

$$R(t)=\frac{1}{2\pi}\int_{-\infty}^{\infty}\mathrm{e}^{\mathrm{i}t\lambda}\mathrm{d}F(\lambda), \tag{7.10}$$

其中 $F(\lambda)$ 是 $\mathbb{R}$ 上非负、单调不减、右连续的有界函数, 且由 $R(\tau)$ 唯一确定 (不计常数之差).

**证** 因为 $R(t)$ 是均方连续平稳过程 $\{X(t), t\in\mathbb{R}\}$ 的相关函数, 所以 $R(t)$ 连续且非负定. 令

$$r(t)=\frac{R(t)}{R(0)},$$

即 $r(t)$ 为标准化的相关函数, 则 $r(t)$ 连续、非负定且 $r(0)=1$, 由 Bochner-Khintchine 定理知, $r(t)$ 一定是某一随机变量的特征函数, 从而存在分布函数 $G(\lambda)$, 使得

$$r(t)=\frac{R(t)}{R(0)}=\int_{-\infty}^{\infty}\mathrm{e}^{\mathrm{i}t\lambda}\mathrm{d}G(\lambda),$$

即有

$$R(t)=\frac{1}{2\pi}\int_{-\infty}^{\infty}2\pi R(0)\mathrm{e}^{\mathrm{i}t\lambda}\mathrm{d}G(\lambda)=\frac{1}{2\pi}\int_{-\infty}^{\infty}\mathrm{e}^{\mathrm{i}t\lambda}\mathrm{d}F(\lambda),$$

其中 $F(\lambda)=2\pi R(0)G(\lambda)$.

显然, 由分布函数的性质知, $F(\lambda)$ 是非负、单调不减、右连续的有界函数. 又因对任意常数 $\mathrm{d}[F(\lambda)+c]=\mathrm{d}F(\lambda)$, 故若不计常数之差, $F(\lambda)$ 由 $R(\tau)$ 唯一确定.

**推论 7.2.1**　若 $R(\tau)$ 是均方连续的实平稳过程 $\{X(t),t\in\mathbb{R}\}$ 的相关函数, 则下式成立:

$$R(t)=\frac{1}{\pi}\int_{0}^{\infty}\cos(t\lambda)\mathrm{d}F(\lambda),\tag{7.11}$$

其中 $F(\lambda)$ 是 $\mathbb{R}$ 上非负、单调不减、右连续的有界函数.

事实上, 由于 $\{X(t),t\in\mathbb{R}\}$ 是实平稳过程, 则 $R(t)$ 也是实的, 故 $R(t)=R(-t)$, 即

$$\frac{1}{2\pi}\int_{-\infty}^{\infty}\mathrm{e}^{\mathrm{i}t\lambda}\mathrm{d}F(\lambda)=\frac{1}{2\pi}\int_{-\infty}^{\infty}\mathrm{e}^{-\mathrm{i}t\lambda}\mathrm{d}F(\lambda)=-\frac{1}{2\pi}\int_{-\infty}^{\infty}\mathrm{e}^{\mathrm{i}t\lambda}\mathrm{d}F(-\lambda),$$

所以 $F(\lambda)=-F(-\lambda)+c$, 其中 $c$ 是任意常数. 故有

$$\begin{aligned}R(t)&=\frac{1}{2}[R(t)+R(-t)]=\frac{1}{2}\left[\frac{1}{2\pi}\int_{-\infty}^{\infty}\mathrm{e}^{\mathrm{i}t\lambda}\mathrm{d}F(\lambda)+\frac{1}{2\pi}\int_{-\infty}^{\infty}\mathrm{e}^{-\mathrm{i}t\lambda}\mathrm{d}F(\lambda)\right]\\&=\frac{1}{2\pi}\int_{-\infty}^{\infty}\cos(t\lambda)\mathrm{d}F(\lambda)=\frac{1}{2\pi}\left[\int_{-\infty}^{0}\cos(t\lambda)\mathrm{d}F(\lambda)+\int_{0}^{\infty}\cos(t\lambda)\mathrm{d}F(\lambda)\right]\\&=\frac{1}{\pi}\int_{0}^{\infty}\cos(t\lambda)\mathrm{d}F(\lambda).\end{aligned}$$

**定理 7.2.2**　设 $R(n)$ 是平稳序列 $\{X_n,n=0,\pm1,\pm2,\cdots\}$ 的相关函数, 则有

$$R(n)=\frac{1}{2\pi}\int_{-\pi}^{\pi}\mathrm{e}^{\mathrm{i}n\lambda}\mathrm{d}F(\lambda),\quad n=0,\pm1,\pm2,\cdots,\tag{7.12}$$

其中 $F(\lambda)$ 是 $[-\pi,\pi]$ 上非负、单调不减、右连续的有界函数, 且由 $R(\tau)$ 唯一确定 (不计常数之差).

证明略, 参见文献 [4].

**推论 7.2.2**　若 $R(\tau)$ 是实平稳序列 $\{X_n,n=0,\pm1,\pm2,\cdots\}$ 的相关函数, 则下式成立:

$$R(n)=\frac{1}{\pi}\int_{0}^{\pi}\cos(n\lambda)\mathrm{d}F(\lambda),\tag{7.13}$$

其中 $F(\lambda)$ 是 $[0,\pi]$ 上非负、单调不减、右连续的有界函数.

定理 7.2.1 和定理 7.2.2 分别称为平稳过程和平稳序列的**相关函数的谱分解定理**, 其中的 $F(\lambda)$ 称为平稳过程 (或序列) 的**谱函数**(spectral function). 特别地, 当 $F(\lambda)$ 绝对连续时, 即存在非负函数 $f(t)$ 使得

$$F(\lambda)=\int_{-\infty}^{\lambda}f(t)\mathrm{d}t+c,\quad -\infty<\lambda<\infty, \tag{7.14}$$

则称 $f(\lambda)$ 为平稳过程的**谱密度**(spectral density). 进一步, 如果平稳过程 $X_T$ 的相关函数满足

$$\int_{-\infty}^{\infty}|R(t)|\mathrm{d}t<\infty,$$

则由特征函数的性质知必存在连续谱密度 $f(\lambda)$, 使得

$$f(\lambda)=\int_{-\infty}^{\infty}\mathrm{e}^{-\mathrm{i}t\lambda}R(t)\mathrm{d}t. \tag{7.15}$$

在实平稳过程的情形下, 有

$$f(\lambda)=2\int_{0}^{\infty}R(t)\cos(\mathrm{i}t\lambda)\mathrm{d}t. \tag{7.16}$$

这样谱密度 $f(\lambda)$ 是自相关函数 $R(t)$ 的 Fourier 变换, 而自相关函数 $R(t)=\dfrac{1}{2\pi}\cdot\displaystyle\int_{-\infty}^{+\infty}\mathrm{e}^{\mathrm{i}\lambda t}f(\lambda)\mathrm{d}\lambda$, 正是谱密度函数 $f(\lambda)$ 的 Fourier 逆变换.

类似地, 对于平稳序列 $\{X_n,n=0,\pm1,\pm2,\cdots\}$, 当 $\sum\limits_{n=-\infty}^{\infty}|R(n)|<\infty$ 时, 有

$$f(\lambda)=\sum_{n=-\infty}^{\infty}R(n)\mathrm{e}^{-\mathrm{i}n\lambda}, \tag{7.17}$$

对于实平稳序列, 则有

$$f(\lambda)=\sum_{n=-\infty}^{\infty}R(n)\cos(n\lambda). \tag{7.18}$$

对平稳过程, 除了均值函数 (常数) 外, 相关函数 (协方差函数) 是最重要的统计特征. 而定理 7.2.1 和定理 7.2.2 表明了相关函数与谱函数 (谱密度) 是相互唯一确定的, 且构成一组 Fourier 变换对. 因此给定了平稳过程的均值函数和谱函数 (或谱密度) 也就完整地给出了该平稳过程的统计特征, 故后面关于平稳过程的许多讨论都将问题的条件和结论与谱函数 (或谱密度) 联系起来.

**例 7.2.1** 求例 7.1.1 中的白噪声序列的谱密度 $f(\lambda)$ 和谱函数 $F(\lambda)$.

**解**　由例 7.1.1 知相关函数

$$R(n)=\begin{cases}\sigma^2, & n=0,\\ 0, & n\neq 0,\end{cases}$$

故显然 $\sum\limits_{n=-\infty}^{\infty}|R(n)|=\sigma^2<\infty$, 从而 $X_T$ 存在谱密度 $f(\lambda)$, 且由式 (7.17) 有

$$f(\lambda)=\sum_{n=-\infty}^{\infty}R(n)\mathrm{e}^{-\mathrm{i}n\lambda}=\sigma^2,\quad -\pi\leqslant\lambda\leqslant\pi.$$

谱函数

$$F(\lambda)=\int_{-\pi}^{\lambda}f(t)\mathrm{d}t=\int_{-\pi}^{\lambda}\sigma^2\mathrm{d}t=(\lambda+\pi)\sigma^2.$$

**例 7.2.2**　已知平稳过程 $X_T=\{x(t),t\in\mathbb{R}\}$ 的谱密度为

$$f(\lambda)=\frac{\lambda^2+4}{\lambda^4+10\lambda^2+9},$$

求 $X_T$ 的相关函数.

**解**　由式 (7.10) 和 (7.14) 得

$$R(t)=\frac{1}{2\pi}\int_{-\infty}^{\infty}\mathrm{e}^{\mathrm{i}t\lambda}f(\lambda)\,\mathrm{d}\lambda=\frac{1}{2\pi}\int_{-\infty}^{\infty}\mathrm{e}^{\mathrm{i}t\lambda}\frac{\lambda^2+4}{\lambda^4+10\lambda^2+9}\,\mathrm{d}\lambda.$$

因为由留数理论有

$$\begin{aligned}\int_{-\infty}^{\infty}\mathrm{e}^{\mathrm{i}t\lambda}\frac{\lambda^2+4}{\lambda^4+10\lambda^2+9}\,\mathrm{d}\lambda&=2\pi\mathrm{i}\left\{\mathrm{e}^{\mathrm{i}tz}\frac{z^2+4}{z^4+10z^2+9}\text{ 在 }z=\mathrm{i},3\mathrm{i}\text{ 处的留数之和}\right\}\\&=\frac{\pi}{24}\left(9\mathrm{e}^{-|t|}+5\mathrm{e}^{-3|t|}\right),\end{aligned}$$

所以

$$R(t)=\frac{1}{48}\left(9\mathrm{e}^{-|t|}+5\mathrm{e}^{-3|t|}\right).$$

**例 7.2.3** (随机信号的传送)　在信号传输中, 信号是由不同的电流符号表示的, 电流的发送时间具有随机的持续时间. 设 $X(t)$ 表示 $t$ 时刻的电流, 且满足 $P\{X(t)=-1\}=P\{X(t)=1\}=\dfrac{1}{2}$, $X(t)$ 在任一区间 $(t,t+h]$ 内发生跳变的次数 $N(t)$ 服从参数为 $\mu(>0)$ 的 Poisson 过程, 即任给 $t>0,h\geqslant 0$, 有

$$P\{N(t+h)-N(t)=k\}=\frac{(\mu h)^k}{k!}\mathrm{e}^{-\mu h},\quad k=0,1,2,\cdots.$$

因为

$$\{X(t+\tau)X(t)=-1\}=\bigcup_{k=0}^{\infty}\{N(t+\tau)-N(t)=2k+1\},$$

$$\{X(t+\tau)X(t)=1\}=\bigcup_{k=0}^{\infty}\{N(t+\tau)-N(t)=2k\},$$

所以任给 $\tau>0$, 有

$$R(\tau)=E[X(t+\tau)X(t)]=-1\times\sum_{k=0}^{\infty}\frac{(\mu\tau)^{2k+1}}{(2k+1)!}\mathrm{e}^{-\mu\tau}+1\times\sum_{k=0}^{\infty}\frac{(\mu\tau)^{2k}}{(2k)!}\mathrm{e}^{-\mu\tau}=\mathrm{e}^{-2\mu\tau}.$$

由于 $x(t)$ 是实随机变量, 故 $R(-\tau)=R(\tau)$, 即 $R(\tau)=\mathrm{e}^{-2\mu\tau}$, $t\in\mathbb{R}$. 又因为任给 $t>0$,

$$E[X(t)]=-1\times P\{X(t)=-1\}+1\times P\{X(t)=1\}=0,$$

所以 $\{x(t),t\in\mathbb{R}\}$ 是平稳过程. 由于

$$\int_{-\infty}^{\infty}|R(\tau)|\,\mathrm{d}\tau=\frac{1}{\mu}<\infty,$$

因此

$$f(\lambda)=\frac{1}{2\pi}\int_{-\infty}^{\infty}\mathrm{e}^{-\mathrm{i}\tau\lambda}R(\tau)\,\mathrm{d}\tau=\frac{2\mu}{\pi(\lambda^2+4\mu^2)}.$$

### 7.2.2 平稳过程的谱分解

在 Fourier 分析中, 一个时间函数 $f(t)$(周期或非周期的) 可看成有限个或无限个简谐振动的叠加. 对于一个随机过程 $\{X(t),t\in T\}$ 来说, 由例 7.1.2 和例 7.1.3 可知, 具有互不相关随机振幅的简谐振动的叠加一般是一个平稳过程, 那么对任一平稳过程是否都可以分解为随机的简谐振动的叠加呢？我们将在本节对该问题做出回答. 这一节在前面相关函数的谱分解的基础上, 讨论实平稳过程 $\{X(t),t\in\mathbb{R}\}$ 的谱分解, 为此引入如下的正交增量过程的定义.

**定义 7.2.1** 若 $\{Z(t),t\in T\}$ 是零均值均方右连续的平稳过程, 且对任意 $a\leqslant t_1\leqslant t_2\leqslant t_3\leqslant t_4\leqslant b$ 满足

$$E[(Z(t_2)-Z(t_1))\overline{(Z(t_4)-Z(t_3))}]=0, \tag{7.19}$$

则称 $\{Z(t),t\in T\}$ 是零均值右连续的**正交增量过程**(orthogonal increment process).

**定理 7.2.3** (1) 设 $\{X(t),t\in\mathbb{R}\}$ 是零均值的均方连续平稳过程, 则 $X(t)$ 可表示为

$$X(t)=\int_{-\infty}^{\infty}\mathrm{e}^{\mathrm{i}t\lambda}\mathrm{d}Z(\lambda), \tag{7.20}$$

其中 $\{Z(\lambda),\lambda\in\mathbb{R}\}$ 为零均值右连续正交增量过程, 且满足

$$E|Z(\lambda_2)-Z(\lambda_1)|^2=\frac{1}{2\pi}\left[F(\lambda_2)-F(\lambda_1)\right],\quad -\infty<\lambda_1<\lambda_2<\infty, \tag{7.21}$$

这里 $F(\lambda)$ 为 $\{X(t),t\in\mathbb{R}\}$ 的谱函数.

(2) 设 $\{X_n,n=0,\pm1,\pm2,\cdots\}$ 是零均值的平稳序列, 则 $X(t)$ 可表示为

$$X_n=\int_{-\pi}^{\pi}\mathrm{e}^{in\lambda}\mathrm{d}Z(\lambda), \tag{7.22}$$

其中 $\{Z(\lambda),\lambda\in\mathbb{R}\}$ 为零均值右连续正交增量过程, 且满足

$$E|Z(\lambda_2)-Z(\lambda_1)|^2=\frac{1}{2\pi}\left[F(\lambda_2)-F(\lambda_1)\right],\quad -\pi<\lambda_1<\lambda_2<\pi, \tag{7.23}$$

这里 $F(\lambda)$ 为 $\{X(t),n=0,\pm1,\pm2,\cdots\}$ 的谱函数.

定理 7.2.1 的证明需要较多的数学知识, 故从略, 参见文献 [8].

对于实平稳过程和实平稳序列, 有如下更进一步的结果.

**定理 7.2.4**　(1) 设 $X_T=\{X(t),t\in\mathbb{R}\}$ 是零均值的均方连续实平稳过程, 则 $X(t)$ 可表示为

$$X(t)=\int_0^{\infty}\cos(t\lambda)\mathrm{d}U(\lambda)+\int_0^{\infty}\sin(t\lambda)\mathrm{d}V(\lambda), \tag{7.24}$$

其中 $\{U(\lambda),\lambda\in\mathbb{R}\},\{V(\lambda),\lambda\in\mathbb{R}\}$ 为零均值右连续正交增量过程, 且满足如下条件:

(i) $E[(U(\lambda_2)-U(\lambda_1))(V(\lambda_4)-V(\lambda_3))]=0$;

(ii) 对任意的 $0<\lambda_1\leqslant\lambda_2\leqslant\lambda_3\leqslant\lambda_4$, 有

$$E[U(\lambda_2)-U(\lambda_1)]^2=E[V(\lambda_2)-V(\lambda_1)]^2=\frac{1}{\pi}[F(\lambda_2)-F(\lambda_1)],$$

这里 $F(\lambda)$ 是 $X_T$ 的相关函数 $R(t)$ 谱分解中的谱函数, 即有

$$R(t)=\int_0^{\infty}\cos(t\lambda)\mathrm{d}F(\lambda).$$

(2) 设 $\{X_n,n=0,\pm1,\pm2,\cdots\}$ 是零均值的均方连续实平稳过程, 则 $X_n$ 可表示为

$$X_n=\int_0^{\pi}\cos(n\lambda)\mathrm{d}U(\lambda)+\int_0^{\pi}\sin(n\lambda)\mathrm{d}V(\lambda), \tag{7.25}$$

其中 $\{U(\lambda),\lambda\in\mathbb{R}\},\{V(\lambda),\lambda\in\mathbb{R}\}$ 为零均值右连续正交增量过程, 且满足如下条件:

(i) $E[(U(\lambda_2)-U(\lambda_1))(V(\lambda_4)-V(\lambda_3))]=0$;

(ii) 对任意的 $0<\lambda_1\leqslant\lambda_2\leqslant\lambda_3\leqslant\lambda_4$, 有

$$E[U(\lambda_2)-U(\lambda_1)]^2=E[V(\lambda_2)-V(\lambda_1)]^2=\frac{1}{\pi}[F(\lambda_2)-F(\lambda_1)],$$

这里 $F(\lambda)$ 是 $\{X_n,n=0,\pm1,\pm2,\cdots\}$ 的相关函数 $R(n)$ 谱分解中的谱函数, 即有

$$R(n)=\int_0^{\pi}\cos(n\lambda)\,\mathrm{d}F(\lambda).$$

上述两个定理都是把平稳过程 (或平稳序列) 表示为正交增量过程的随机积分, 式 (7.20), (7.22), (7.24), (7.25) 都称为**随机过程的谱分解**, 其中 $Z(\lambda)$, $U(\lambda)$, $V(\lambda)$ 都称为随机过程的**随机谱函数**(stochastic spectrum function).

由 $X(t)$ 的谱分解式 $X(t)=\int_{-\infty}^{\infty}\mathrm{e}^{\mathrm{i}t\lambda}\mathrm{d}Z(\lambda)$ 可知, $X(t)$ 为下述和式

$$Y_t^{(n)}=\sum_{j=1}^{n}\mathrm{e}^{\mathrm{i}t\lambda_j}[Z(\lambda_j)-Z(\lambda_{j-1})]$$

的均方极限. 又 $Y_t^{(n)}$ 的表达式表明 $Y_t^{(n)}$ 是频率为 $\lambda_j$ 的具有随机振幅 $Z(\lambda_j)-Z(\lambda_{j-1})$ 的随机简谐振动的叠加 ($Z(\lambda)$ 是正交增量过程), 所以 $Y_t^{(n)}$ 中各随机振幅是互不相关的, 且对 $T$ 的分割加密得到 $Y_t^{(n)}$ 均方收敛于 $X(t)$. 这一事实表明, 对一般的平稳过程, 应把它看成无限个各种不同频率随机振动的叠加, 随机积分就是这种叠加的数学描述. 对连续参数的平稳过程其频率在 $(-\infty,\infty)$ 上变化, 而离散参数的平稳过程其频率仅在 $(-\pi,\pi)$ 上变化; 在实平稳过程的情况下, 只考虑频率为正的情况, 正交增量过程 $Z(\lambda)$ 在频率区间 $[\lambda_1,\lambda_2]$ 上的增量 $Z(\lambda_2)-Z(\lambda_1)$ 就是频率在 $[\lambda_1,\lambda_2]$ 上各随机振动振幅的叠加. 因此由式

$$E|Z(\lambda_2)-Z(\lambda_1)|^2=\frac{1}{2\pi}[F(\lambda_2)-F(\lambda_1)]=\frac{1}{2\pi}\int_{\lambda_1}^{\lambda_2}\mathrm{d}F(\lambda)$$

可知, 它是频率在 $[\lambda_1,\lambda_2]$ 上各随机振动的功率, 而 $E|X(t)|^2=R(0)=\frac{1}{2\pi}\int_{-\infty}^{\infty}\mathrm{d}F(\lambda)$ 则表明随机过程总功率 $E|X(t)|^2$ 是其在各频率上功率 $\mathrm{d}F(\lambda)$ 的总和. 这就是谱分解定理的物理解释. 正因为如此, 平稳随机过程的频域处理方法就成为重要信号处理工具, 平稳过程的谱分解定理为分析平稳过程开辟了道路.

## 7.3 线性系统中的平稳过程

在工程技术和科学实验中所遇到的随机过程往往与某一“系统”有关. 这里所谓的“**系统**(system)”是指各种“**输入**( input)”(激励), 按一定的规则 $L$ 产生输出

(响应) 的装置. 例如在通信技术中, 需要研究一个通信系统输入的随机信号的统计特性与该系统输出的随机信号的统计特性之间的关系. 如果输入的是一个平稳过程, 则其输出也是随机过程. 这时很自然的会有如下问题:

(1) 若输入是平稳过程, 则输出是否也是平稳过程?

(2) 若已知输入的统计特征, 如何求出输出的统计特征?

(3) 输入与输出的统计特性关系如何?

本节将针对这些问题具体展开讨论.

一般系统的输入与输出之间的数量关系可以表示为

$$y(t) = L[x(t)],$$

其中 $x(t)$ 表示输入, $y(t)$ 表示输出; $L$ 表示系统对输入的作用, $L$ 的性质取决于系统的性质, 所以也用 $L$ 表示系统本身. 在数学上, 将 $L$ 称为一个**算子**(operator), 它作用在函数 $x(t)$ 上的结果是 $y(t)$.

### 7.3.1　线性时不变系统

实际问题遇到的各类系统中, 较简单而又重要的是如下定义的线性时不变系统.

**定义 7.3.1**　设对系统 $L$ 有: $y_1(t) = L[x_1(t)], y_2(t) = L[x_2(t)]$, 且对任意常数 $\alpha, \beta$ 都有

$$L[\alpha x_1(t) + \beta x_2(t)] = \alpha L[x_1(t)] + \beta L[x_2(t)], \tag{7.26}$$

则称系统 $L$ 是**线性系统**(linear system). 如果系统 $L$ 对任意的 $\tau$ 都有

$$L[x(t+\tau)] = y(t+\tau), \tag{7.27}$$

则称系统 $L$ 是**时不变的**(time-invariant). 同时满足式 (7.26) 和 (7.27) 的系统成为**线性时不变系统**(linear time-invariant system).

**例 7.3.1**　如果系统的输入 $x(t)$ 与输出 $y(t)$ 之间的关系为

$$y(t) = L[x(t)] = \int_{-\infty}^{t} x(s)\,\mathrm{d}s,$$

试验证该系统是线性时不变系统.

**证**　因为对任意常数 $\alpha, \beta, \tau$ 有

$$L[\alpha x_1(t) + \beta x_2(t)] = \int_{-\infty}^{t} [\alpha x_1(s) + \beta x_2(s)]\,\mathrm{d}s$$

$$
\begin{aligned}
&= \alpha \int_{-\infty}^{t} x_1(s)\,\mathrm{d}s + \beta \int_{-\infty}^{t} x_2(s)\,\mathrm{d}s \\
&= \alpha L[x_1(t)] + \beta L[x_2(t)], \\
L[x(t+\tau)] &= \int_{-\infty}^{t} x(s+\tau)\,\mathrm{d}s = \int_{-\infty}^{t} x(s+\tau)\,\mathrm{d}(s+\tau) \\
&= \int_{-\infty}^{t+\tau} x(u)\,\mathrm{d}u = y(t+\tau),
\end{aligned}
$$

所以该系统 (积分算子) 为线性时不变系统.

**例 7.3.2** 设 $y(t) = L[x(t)] = [x(t)]^2$, 则 $L$ 是非线性系统.

**证** 因为

$$
L[\alpha x_1(t)+\beta x_2(t)] = [\alpha x_1(t)+\beta x_2(t)]^2 \neq \alpha[x_1(t)]^2+\beta[x_2(t)]^2 = \alpha L[x_1(t)]+\beta L[x_2(t)],
$$

所以 $L$ 不是线性系统.

**定义 7.3.2** 设系统 $L$, 有 $y_n(t) = L[x_n(t)], n = 1, 2, \cdots$, 且满足

$$
\lim_{n\to\infty} L[x_n(t)] = L[\lim_{n\to\infty} x_n(t)],
$$

则称系统 $L$ 具有**连续性**.

以下我们主要针对具有连续性的线性时不变系统讨论输入与输出之间的关系.

### 7.3.2 频率响应函数与脉冲响应函数

**定理 7.3.1** 设 $L$ 是线性时不变系统, 若输入 $x(t) = \mathrm{e}^{\mathrm{i}t\omega}$, 则输出为

$$
y(t) = \varPhi(\omega)\mathrm{e}^{\mathrm{i}t\omega}, \tag{7.28}
$$

其中 $\varPhi(\omega) = L(\mathrm{e}^{\mathrm{i}t\omega})|_{t=0}$.

**证** 由 $L$ 是线性时不变系统知, 对任意的 $\tau$, 有

$$
\begin{aligned}
&L[\mathrm{e}^{\mathrm{i}\omega(t+\tau)}] = L[\mathrm{e}^{\mathrm{i}\omega\tau}\cdot\mathrm{e}^{\mathrm{i}t\omega}] = \mathrm{e}^{\mathrm{i}\omega\tau}L(\mathrm{e}^{\mathrm{i}t\omega}) = \mathrm{e}^{\mathrm{i}\omega\tau}y(t), \\
&L[\mathrm{e}^{\mathrm{i}\omega(t+\tau)}] = y(t+\tau),
\end{aligned}
$$

所以 $y(t+\tau) = \mathrm{e}^{\mathrm{i}\omega\tau}y(t)$. 令 $t = 0$, 得

$$
y(\tau) = y(0)\mathrm{e}^{\mathrm{i}\omega\tau}.
$$

记 $y(0) = L(\mathrm{e}^{\mathrm{i}t\omega})|_{t=0} = \varPhi(\omega)$, 则有

$$
y(\tau) = \varPhi(\omega)\mathrm{e}^{\mathrm{i}\omega\tau},
$$

由 $\tau$ 的任意性, 即得式 (7.28) 成立.

上述定理表明, 若 $L$ 是线性时不变系统, 输入为 $\mathrm{e}^{\mathrm{i}t\omega}$, 则输出仍为同一频率的函数, 但振幅与相位有一定的修正, 所以式 (7.28) 中的 $\varPhi(\omega)$ 称为系统 $L$ 的**频率响应**(frequency response)(或**频率特性**(frequency characteristic)), 它一般是一个复数, 可表示为

$$\varPhi(\omega) = A(\omega)\mathrm{e}^{\mathrm{i}\theta(\omega)},$$

其中 $A(\omega) = |\varPhi(\omega)|$ 称为 $L$ 的**振幅特性** (amplitude characteristic), $\theta(\omega)$ 称为系统的**相位特性** (phase characteristic). 所以线性时不变系统 $L$ 对复正弦波 $\mathrm{e}^{\mathrm{i}t\omega}$ 输入, 其输出的振幅衰减了一个因子 $A(\omega)$, 相位相差了 $\theta(\omega)$.

当输入信号是平方可积函数时, 即

$$\int_{-\infty}^{\infty} |x(t)|^2 \mathrm{d}t < \infty,$$

则由 Fourier 分析理论,

$$x(t) = \frac{1}{2\pi}\int_{-\infty}^{\infty} \mathrm{e}^{\mathrm{i}t\omega} X(\omega)\,\mathrm{d}\omega, \tag{7.29}$$

其中 $X(\omega) = \displaystyle\int_{-\infty}^{\infty} x(t)\mathrm{e}^{-\mathrm{i}t\omega}\mathrm{d}t$ 是 $x(t)$ 的 Fourier 变换, 也称为 $x(t)$ 的**频谱**(spectrum).

式 (7.29) 中的积分也可认为是和式

$$x_n(t) = \frac{1}{2\pi}\sum_j X(\omega_j)\Delta\omega_j \mathrm{e}^{\mathrm{i}t\omega_j}$$

的极限, 故 $x_n(t)$ 也可视为 $\mathrm{e}^{\mathrm{i}t\omega_j}$ 的线性组合, 所以

$$y_n(t) = L[x_n(t)] = \frac{1}{2\pi}\sum_j X(\omega_j)\Delta\omega_j L(\mathrm{e}^{\mathrm{i}t\omega_j}) = \frac{1}{2\pi}\sum_j X(\omega_j)\Delta\omega_j \varPhi(\omega_j)\mathrm{e}^{\mathrm{i}t\omega_j}.$$

如果 $L$ 还保持连续性, 则有

$$\begin{aligned} y(t) =& L[x(t)] = L[\lim_{n\to\infty} x_n(t)] = \lim_{n\to\infty} L[x_n(t)] \\ =& \lim_{n\to\infty}\frac{1}{2\pi}\sum_j X(\omega_j)\Delta\omega_j\varPhi(\omega_j)\mathrm{e}^{\mathrm{i}t\omega_j} \\ =& \frac{1}{2\pi}\int_{-\infty}^{\infty}\varPhi(\omega)X(\omega)\mathrm{e}^{\mathrm{i}t\omega}\,\mathrm{d}\omega. \end{aligned} \tag{7.30}$$

如果输出 $y(t)$ 也是平方可积函数时, 则

$$y(t) = \frac{1}{2\pi}\int_{-\infty}^{\infty} Y(\omega)\mathrm{e}^{\mathrm{i}t\omega}\,\mathrm{d}\omega. \tag{7.31}$$

比较式 (7.30) 和 (7.31) 可得 $y(t)$ 的频谱 $Y(\omega)$ 为

$$Y(\omega) = X(\omega)\Phi(\omega). \tag{7.32}$$

由于 $X(\omega)$ 和 $Y(\omega)$ 完全表征了 $x(t)$ 和 $y(t)$, 所以式 (7.32) 表明 $L$ 的频率特性 $\Phi(\omega)$ 就完全确定了系统的输入和输出之间的关系, 也就是说, 线性时不变系统 $L$ 可由它的频率特性完全确定. 这种从频率特性出发来研究系统种种特性的方法, 称为**系统的频域分析**(frequency domain analysis of system).

当然从式 (7.32) 出发也可对 $x(t)$ 和 $y(t)$ 作时间域上的分析即**时域分析**(time domain analysis). 此时若 $\Phi(\omega)$ 本身是平方可积的, 即

$$\int_{-\infty}^{\infty} |\Phi(\omega)|^2 \, \mathrm{d}\omega < \infty,$$

可设 $\Phi(\omega)$ 是时间函数 $h(t)$ 的 Fourier 变换, 即

$$h(t) = \frac{1}{2\pi}\int_{-\infty}^{\infty} \Phi(\omega)\mathrm{e}^{\mathrm{i}t\omega}\, \mathrm{d}\omega, \tag{7.33}$$

$$\Phi(\omega) = \int_{-\infty}^{\infty} h(t)\mathrm{e}^{-\mathrm{i}t\omega}\, \mathrm{d}t. \tag{7.34}$$

将式 (7.32) 代入 (7.31) 并利用**卷积定理**(convolution theorem) 得

$$y(t) = \frac{1}{2\pi}\int_{-\infty}^{\infty} \Phi(\omega)X(\omega)\mathrm{e}^{\mathrm{i}t\omega}\, \mathrm{d}\omega = \int_{-\infty}^{\infty} h(t-\tau)x(\tau)\mathrm{d}\tau, \tag{7.35}$$

式 (7.35) 就是从时间域上联系输入 $x(t)$ 与输出 $y(t)$ 的关系式, 用卷积记号可表示为

$$y(t) = h(t) * x(t),$$

这说明在时间域上, 线性时不变系统 $L$ 由 $h(t)$ 的特征完全确定. 由式 (7.33)—(7.34) 知, $h(t)$ 和 $\Phi(\omega)$ 相互单值确定. 又若在式 (7.35) 中令 $x(t) = \delta(t)$, 得

$$y(t) = \int_{-\infty}^{\infty} h(t-\tau)\delta(\tau)\mathrm{d}\tau = h(t),$$

所以 $h(t)$ 就是输入单位脉冲 ($\delta$ 函数) 时, 系统 $L$ 的输出, 我们称 $h(t)$ 为系统 $L$ 的**脉冲响应**(impulse response). 由式 (7.33) 和 (7.34) 可见, 系统的频率响应和脉冲响应构成一对 Fourier 变换. 式 (7.32) 和 (7.35) 则表明, 系统的频率响应和脉冲响应都能完全确定系统的输入与输出之间的依赖关系. 在实际问题中我们可依据问题的条件和不同的要求分别采用式 (7.32) 在频率域中做频域分析, 或采用式 (7.35) 在时间域中作时域分析, 以最终解决问题.

**例 7.3.3** 设 $y(t)=L[x(t)]=\dfrac{\mathrm{d}}{\mathrm{d}t}x(t)$, 这里 $L=\dfrac{\mathrm{d}}{\mathrm{d}t}$ 是微分算子, 易验证它是时不变的, 由式 (7.28) 可知

$$\Phi(\omega)=y(0)=L(\mathrm{e}^{\mathrm{i}t\omega})|_{t=0}=\mathrm{i}\omega,$$

这时, 由于 $\Phi(\omega)$ 不是平方可积的, 在普通函数中找不到使式 (7.35) 成立的 $h(t)$, 所以不便于在频域中分析该系统的各种特性.

**例 7.3.4** 设系统 $L$ 的输入与输出以下面的常系数微分方程相联系

$$\sum_{j=0}^{n}a_j y^{(n-j)}(t)=\sum_{k=0}^{m}b_k x^{(m-k)}(t),$$

则在初始条件

$$y^{(j)}(t_0)=0,\quad 0\leqslant j\leqslant n-1$$

之下, $L$ 是线性时不变系统, 代入 $x(t)=\mathrm{e}^{\mathrm{i}t\omega}, y(t)=\Phi(\omega)\mathrm{e}^{\mathrm{i}t\omega}$ 得

$$\Phi(\omega)=\frac{\sum\limits_{k=0}^{m}b_k(\mathrm{i}\omega)^{m-k}}{\sum\limits_{j=0}^{n}a_j(\mathrm{i}\omega)^{n-j}}.$$

当输入为时间序列 $x(n)$ 时, 也可类似地规定 $L$ 的线性时不变性及 $L$ 的频率响应 $\Phi(\omega)$ 和脉冲响应 $h(n)$, 并可得到与式 (7.32), (7.34)—(7.35) 相类似的如下公式:

$$Y(\omega)=\Phi(\omega)X(\omega), \tag{7.36}$$

$$\Phi(\omega)=\sum_{n=-\infty}^{\infty}h(n)\mathrm{e}^{-\mathrm{i}n\omega}, \tag{7.37}$$

$$y(n)=\sum_{j=-\infty}^{\infty}h(n-j)x(j), \tag{7.38}$$

其中 $X(\omega)=\sum\limits_{n=-\infty}^{\infty}x(n)\mathrm{e}^{-\mathrm{i}n\omega}$. $X(\omega)$ 和 $Y(\omega)$ 分别称为 $X(n)$ 和 $Y(n)$ 的频谱.

### 7.3.3 线性时不变系统对随机输入的响应

由前面的讨论我们知道: 对线性时不变系统, 可通过频率响应 $\Phi(\omega)$ 或脉冲响应 $h(t)$ 来研究系统的输入为确定性函数时的响应. 现在我们接着讨论系统的输入是平稳过程的情形, 该系统的输出是否仍为平稳过程; 如果是平稳过程, 其相关函数及谱密度如何确定等问题.

**注** 线性时不变系统, 如果输入是平稳过程, 那么系统的连续性概念相应地改为均方极限意义下的连续性.

**定理 7.3.2** 设线性时不变系统 $L$ 的脉冲响应 $h(t)$ 平方可积, 即

$$\int_{-\infty}^{\infty} |h(t)|^2 \,\mathrm{d}t < \infty,$$

输入是实均方连续平稳过程 $X_T = \{X(t), t \in \mathbb{R}\}$, 则输出

$$Y(t) = \int_{-\infty}^{\infty} h(t-\tau)X(\tau)\,\mathrm{d}\tau$$

是实平稳过程, 且

$$E[Y(t)] = m_X \int_{-\infty}^{\infty} h(u)\,\mathrm{d}u, \tag{7.39}$$

$$R_Y(\tau) = \int_{-\infty}^{\infty}\int_{-\infty}^{\infty} R_X(v-u-\tau)h(v)h(u)\,\mathrm{d}u\mathrm{d}v, \tag{7.40}$$

其中 $m_X$ 是 $X(t)$ 的均值, $R_X(t)$ 是 $X(t)$ 的相关函数, $R_Y(t)$ 是 $Y(t)$ 的相关函数.

**证** 由均方可积的性质可得

$$\begin{aligned}
E[Y(t)] =& E\left[\int_{-\infty}^{\infty} h(t-\tau)X(\tau)\,\mathrm{d}\tau\right] \\
=& \int_{-\infty}^{\infty} h(t-\tau)E[X(\tau)]\,\mathrm{d}\tau = m_X \int_{-\infty}^{\infty} h(u)\,\mathrm{d}u, \\
R_Y(\tau) =& E\left[\int_{-\infty}^{\infty} h(t+\tau-r)X(r)\,\mathrm{d}r \cdot \int_{-\infty}^{\infty} h(t-s)X(s)\,\mathrm{d}s\right] \\
=& \int_{-\infty}^{\infty}\int_{-\infty}^{\infty} h(t+\tau-r)h(t-s)E[X(r)X(s)]\,\mathrm{d}r\mathrm{d}s \\
=& \int_{-\infty}^{\infty}\int_{-\infty}^{\infty} h(u)h(v)R_X(v-u-\tau)\mathrm{d}u\mathrm{d}v.
\end{aligned}$$

由于数学期望与相关函数都与 $t$ 无关, 故 $\{Y(t), t \in \mathbb{R}\}$ 是平稳过程, 且式 (7.39) 和 (7.40) 成立.

关于频率域上的讨论, 则有以下结论.

**定理 7.3.3** 设线性时不变系统 $L$ 的频率响应 $\Phi(\lambda)$ 满足

$$\int_{-\infty}^{\infty} |\Phi(\lambda)|^2 \mathrm{d}F_X(\lambda) < \infty,$$

其中 $F_X(\lambda)$ 为输入过程的谱函数, 则

(1) $X(t)$ 为均方连续过程时, 输出 $Y(t)$ 也是平稳过程, 且其谱函数

$$F_Y(\lambda) = \int_{-\infty}^{\lambda} |\Phi(u)|^2 \mathrm{d}F_X(u) + C, \tag{7.41}$$

当 $X(t)$ 存在谱密度 $f_X(\lambda)$ 时, $Y(t)$ 也存在谱密度 $f_Y(\lambda)$, 且

$$f_Y(\lambda) = |\Phi(\lambda)|^2 f_X(\lambda); \tag{7.42}$$

(2) 当输入 $X(t)$ 是平稳正态过程时, 输出也是平稳正态过程.

**证** (1) 由 $X(t)$ 的谱分解知

$$X(t) = \int_{-\infty}^{\infty} \mathrm{e}^{\mathrm{i}t\lambda}\, \mathrm{d}Z_X(\lambda),$$

这时 $X(t)$ 可看成随机振动之和

$$X_n(t) = \sum_j [Z_X(\lambda_j) - Z_X(\lambda_{j-1})]\mathrm{e}^{\mathrm{i}t\lambda_j}$$

的均方极限, 其中 $Z_X(\lambda)$ 是 $X(t)$ 的随机谱函数. 由 $L$ 的线性性质 (2) 知

$$\begin{aligned} Y_n(t) =& L[X_n(t)] = \sum_j [Z_X(\lambda_j) - Z_X(\lambda_{j-1})] L(\mathrm{e}^{\mathrm{i}t\lambda_j}) \\ =& \sum_j [Z_X(\lambda_j) - Z_X(\lambda_{j-1})]\Phi(\lambda_j)\mathrm{e}^{\mathrm{i}t\lambda_j}, \end{aligned}$$

因此 $Y_n(t)$ 是平稳过程. 当 $\{X_n(t)\}$ 均方收敛于 $X(t)$ 时, 由 $L$ 的连续性条件可得

$$\begin{aligned} Y(t) =& L[X(t)] = L[\lim_{n\to\infty} X_n(t)] = \lim_{n\to\infty} L[X_n(t)] \\ &= \lim_{n\to\infty} \sum_j [Z_X(\lambda_j) - Z_X(\lambda_{j-1})]\Phi(\lambda_j)\mathrm{e}^{\mathrm{i}t\lambda_j} \\ &= \int_{-\infty}^{\infty} \Phi(\lambda)\mathrm{e}^{\mathrm{i}t\lambda}\mathrm{d}Z_X(\lambda). \end{aligned}$$

显然 $Y(t)$ 也是一个平稳过程, 由随机过程的谱分解定理, 可取 $Y(t)$ 的随机谱函数为

$$Z_Y(\lambda) = \int_{-\infty}^{\lambda} \Phi(u)\mathrm{d}Z_X(u), \tag{7.43}$$

而 $Y(t)$ 的谱函数 $F_Y(\lambda)$ 与 $X(t)$ 的谱函数 $F_X(\lambda)$ 之间必满足

$$F_Y(\lambda) = \int_{-\infty}^{\lambda} |\Phi(u)|^2 \mathrm{d}F_X(u) + C,$$

所以当 $X(t)$ 存在谱密度 $f_X(\lambda)$ 时, $Y(t)$ 也存在谱密度 $f_Y(\lambda)$, 且式 (7.42) 成立.

(2) 当 $X(t)$ 是平稳正态过程时, 则 $Z_X(\lambda)$ 必是正态的, 再由式 (7.43) 知 $Y(t)$ 也必是正态的.

**例 7.3.5** 在波形信号的计算机处理中, 经常要进行如下的计算:

$$y(n)=-\sum_{j=1}^{p}a_jy(n-j)+\sum_{j=0}^{q}b_jx(n-j), \tag{7.44}$$

其中被处理的信号 $\{x(n)\}$ 作为输入, 处理后的信号 $\{y(n)\}$ 作为输出, $a_j,b_j$ 为已知常数.

上式作为常系数差分方程确定了一个线性时不变系统. 在一定的条件下, 例如保证 $A(Z)=Z^p+\sum\limits_{j=1}^{p}a_jZ^{p-j}$ 的零点全在单位圆 $|Z|\leqslant 1$ 内的条件下, 这就是所谓递归滤波. 由于计算机存放每个数据的字长有限, 所以对输入及中间结果都要进行舍入, 只保留有限位, 这样实际输出为

$$\hat{y}(n)=-\sum_{j=1}^{p}a_j\hat{y}(n-j)+\sum_{j=0}^{q}b_jx(n-j)+\varepsilon(n),$$

其中 $\varepsilon(n)$ 是舍入误差. 由此可知输出误差

$$\tilde{y}(n)=\hat{y}(n)-y(n)=-\sum_{j=1}^{p}a_j\tilde{y}(n-j)+\varepsilon(n). \tag{7.45}$$

考虑定点运算, 于是 $\{\varepsilon(n)\}$ 是独立同分布的随机变量序列, 每个 $\varepsilon(n)$ 都服从 $[-c2^{-b}, c2^{-b}]$ 上的均匀分布, $b$ 是定点运算的字长, $c$ 是给定的常数.

现在研究输出误差的统计特性, 可考虑式 (7.45) 的稳态情况, 这时以 $\varepsilon(n)$ 作为输入, $\tilde{y}(n)$ 作为输出, 式 (7.45) 作为线性时不变系统的频率响应是

$$\Phi(\lambda)=\frac{1}{1+\sum\limits_{j=1}^{p}a_j\mathrm{e}^{-\mathrm{i}j\lambda}}.$$

由于 $\{\varepsilon(n)\}$ 是噪声,

$$E[\varepsilon(n)]=0,\quad D[\varepsilon(n)]=\frac{c^2}{3}2^{-2b},$$

所以由式 (7.42) 得

$$f_Y(\lambda)=\frac{1}{3\left|1+\sum\limits_{j=1}^{p}a_j\mathrm{e}^{-\mathrm{i}j\lambda}\right|^2}c^22^{-2b},$$

输出误差的方差为

$$D[\tilde{y}(n)] = \frac{c^2 2^{-2b}}{6\pi} \int_{-\pi}^{\pi} \frac{1}{\left|1 + \sum_{j=1}^{p} a_j \mathrm{e}^{-\mathrm{i}j\lambda}\right|^2} \mathrm{d}\lambda.$$

注意在科学研究和工程技术中常要求系统 $L$ 在 $t$ 时刻以前输入完全能确定 $t$ 时刻的响应 $y(t)$, 而 $t$ 时刻以后的输入对 $t$ 时刻的响应不起作用, 即相当于要求脉冲响应函数满足条件

$$h(t) = 0, \quad t < 0.$$

满足上述条件的系统 $L$ 称为物理可实现系统, 此时有

$$y(t) = \int_0^{\infty} x(t-\tau)h(\tau)\,\mathrm{d}\tau. \tag{7.46}$$

此外还要求系统是稳定的, 即对每个有界的输入必产生有界的输出. 由式 (7.46), 当

$$\int_0^{\infty} |h(t)|\,\mathrm{d}t < \infty$$

时, 物理可实现系统是稳定的.

### 7.3.4　平稳相关过程与互谱密度

当我们讨论系统的随机输入与输出时, 就要同时考虑两个随机过程, 对于两个或两个以上的随机过程, 除了研究这些过程本身之外, 还需要研究它们之间的相互关系. 比如研究平稳过程时, 平稳性的概念除要求每个过程是平稳的之外, 还要求它们之间的统计关系是平稳的.

**定义 7.3.3**　设两个平稳过程 $X_T = \{X(t), t \in \mathbb{R}\}$ 和 $Y_T = \{Y(t), t \in \mathbb{R}\}$ 满足: 对任意的 $h$ 有

$$E[X(s+h)\overline{Y(t+h)}] = E[X(s)\overline{Y(t)}], \tag{7.47}$$

则称 $X_T$ 与 $Y_T$ 是**平稳相关的**(stationary correlated), 也称为 $X_T$ 与 $Y_T$ 是**联合平稳的**(joint stationary).

当 $X_T$ 与 $Y_T$ 平稳相关时, 由式 (7.47) 知, 互相关函数

$$E[X(s)\overline{Y(t)}] = E[X(s-t)\overline{Y(t-t)}] = E[X(s-t)\overline{Y(0)}]$$

只依赖于 $s-t$, 称

$$R_{XY}(\tau) = E[X(t+\tau)\overline{Y(t)}]$$

为 $X_T$ 与 $Y_T$ 的**互相关函数**.

**定义 7.3.4**　设 $R_{XY}(\tau)$ 是平稳过程 $\{X(t), t \in \mathbb{R}\}$ 与 $\{Y(t), t \in \mathbb{R}\}$ 的互相关函数, 若

$$\int_{-\infty}^{\infty} |R_{XY}(\tau)| \,\mathrm{d}\tau < \infty,$$

则 $R_{XY}(\tau)$ 的 Fourier 变换

$$f_{XY}(\lambda) = \int_{-\infty}^{\infty} R_{XY}(t)\mathrm{e}^{-\mathrm{i}t\lambda}\mathrm{d}t \tag{7.48}$$

称为 $X_T$ 与 $Y_T$ 的**互谱密度**(cross-spectral density).

互相关函数 $R_{XY}(t)$ 是在时域上描述平稳过程 $X_T$ 与 $Y_T$ 的相互关系, 互谱密度则是在频域上描述平稳过程 $X_T$ 与 $Y_T$ 的相互关系.

根据定义容易证明互谱密度的如下性质.

(1) $f_{XY}(\lambda) = \overline{f_{YX}(\lambda)}$;　(7.49)

(2) $f_{XY}(\lambda)$ 与 $R_{XY}(t)$ 构成 Fourier 变换对, 即

$$\begin{aligned} f_{XY}(\lambda) &= \int_{-\infty}^{\infty} R_{XY}(t)\mathrm{e}^{-\mathrm{i}t\lambda}\mathrm{d}t, \qquad & -\infty < \lambda < \infty, \\ R_{XY}(t) &= \frac{1}{2\pi}\int_{-\infty}^{\infty} f_{XY}(\lambda)\mathrm{e}^{\mathrm{i}t\lambda}\mathrm{d}\lambda, \qquad & -\infty < t < \infty; \end{aligned} \tag{7.50}$$

(3) 如果 $X_T$ 与 $Y_T$ 是实平稳过程, 则 $f_{XY}(\lambda)$ 的实部 $\mathrm{Re}[f_{XY}(\lambda)]$ 是偶函数, 虚部 $\mathrm{Im}[f_{XY}(\lambda)]$ 是奇函数;

(4) $|f_{XY}(\lambda)|^2 \leqslant |f_X(\lambda)| \cdot |f_Y(\lambda)|$, 其中 $f_X(\lambda)$ 与 $f_Y(\lambda)$ 分别为平稳过程 $X_T$ 与 $Y_T$ 的谱密度.

**定理 7.3.4**　设线性时不变系统 $L$ 的输入 $X_T = \{X(t), t \in \mathbb{R}\}$ 和输出 $Y_T = \{Y(t), t \in \mathbb{R}\}$ 都是平稳过程, $X_T$ 的谱密度为 $f_X(\lambda)$, 则 $Y_T$ 与 $X_T$ 平稳相关, 且它们的互谱密度函数为

$$f_{XY}(\lambda) = \varPhi(\lambda) f_X(\lambda),$$

其中 $\varPhi(\lambda)$ 为系统 $L$ 的频率响应.

**证**　设系统 $L$ 的脉冲响应为 $h(t)$, 则有

$$Y(t) = \int_{-\infty}^{\infty} h(t-\tau)X(\tau)\,\mathrm{d}\tau,$$

于是

$$R_{YX}(\tau) = E[Y(t+\tau)\overline{X(t)}] = E\left\{\left[\int_{-\infty}^{\infty} h(t+\tau-s)X(s)\,\mathrm{d}s\right]\overline{X(t)}\right\}$$

$$
\begin{aligned}
&= \int_{-\infty}^{\infty} h(t+\tau-s) E[X(s)\overline{X(t)}] \, \mathrm{d}s \\
&= \int_{-\infty}^{\infty} h(\tau-(s-t)) R_X(s-t) \, \mathrm{d}s \\
&= \int_{-\infty}^{\infty} h(\tau-u) R_X(u) \, \mathrm{d}u = h(\tau) * R_X(\tau)
\end{aligned}
$$

与 $t$ 无关, 所以 $Y_T$ 与 $X_T$ 是平稳相关的.

又由卷积定理

$$
f_{YX}(\lambda) = \mathcal{F}[R_{YX}(\tau)] = \mathcal{F}[h(\tau) * R_X(\tau)] = \Phi(\lambda) f_X(\lambda).
$$

**例 7.3.6**　如果输入电压是实平稳过程 $X_T = \{X(t), t \in \mathbb{R}\}$, 其均值为零, 相关函数 $R_X(\tau) = \sigma^2 \mathrm{e}^{-\beta|\tau|}$, $\beta > 0$ 且 $\beta \neq \alpha$, 令 $Y_T = \{Y(t), t \in \mathbb{R}\}$ 表示输出电压, 它们之间的关系由以下的随机微分方程

$$
Y'(t) + \alpha Y(t) = \alpha X(t)
$$

给出, 求: (1) 输出过程 $Y_T = \{Y(t), t \in \mathbb{R}\}$; (2) 求输入过程与输出过程的互相关函数和互谱密度.

**解**　(1) 将 $X(t) = \mathrm{e}^{\mathrm{i}t\lambda}$ 代入方程

$$
Y'(t) + \alpha Y(t) = \alpha X(t)
$$

得频率响应函数

$$
\Phi(\lambda) = \frac{\alpha}{\alpha + \mathrm{i}\lambda},
$$

从而脉冲响应函数为

$$
h(t) = \frac{1}{2\pi} \int_{-\infty}^{\infty} \frac{\alpha}{\alpha + \mathrm{i}\lambda} \mathrm{e}^{\mathrm{i}t\lambda} \, \mathrm{d}\lambda = \mathcal{F}^{-1}\left(\frac{\alpha}{\alpha + \mathrm{i}\lambda}\right) = \alpha \mathrm{e}^{-\alpha t} \cdot I(t),
$$

$$
I(t) = \begin{cases} 1, & t \geqslant 0, \\ 0, & t < 0. \end{cases}
$$

因此,

$$
y(t) = \int_{-\infty}^{\infty} h(t-s) X(s) \, \mathrm{d}s = \int_{-\infty}^{t} \alpha \mathrm{e}^{-\alpha(t-s)} X(s) \, \mathrm{d}s = \alpha \mathrm{e}^{-\alpha t} \int_{-\infty}^{t} \mathrm{e}^{\alpha s} X(s) \, \mathrm{d}s, \ t \geqslant 0.
$$

(2) 由于输入过程的谱密度为

$$
f_X(\lambda) = \mathcal{F}[R_X(\tau)] = \mathcal{F}(\sigma^2 \mathrm{e}^{-\beta|\tau|}) = \frac{2\beta\sigma^2}{\beta^2 + \lambda^2},
$$

故输出过程的谱密度为

$$f_Y(\lambda) = |\varPhi(\lambda)|^2 f_X(\lambda) = \frac{2\beta(\alpha\sigma)^2}{(\alpha^2+\lambda^2)(\beta^2+\lambda^2)}.$$

又因为

$$\frac{1}{(\alpha^2+\lambda^2)(\beta^2+\lambda^2)} = \frac{1}{\alpha^2-\beta^2}\left(\frac{1}{\beta^2+\lambda^2} - \frac{1}{\alpha^2+\lambda^2}\right),$$

所以输出过程的相关函数为

$$R_Y(\tau) = \mathcal{F}[f_Y(\lambda)] = \frac{\alpha\sigma^2}{\alpha^2-\beta^2}\left(\alpha e^{-\beta|\tau|} - \beta e^{-\alpha|\tau|}\right).$$

当 $\tau \geqslant 0$ 时, 互相关函数 $R_{XY}(\tau)$ 为

$$\begin{aligned} R_{YX}(\tau) &= \int_{-\infty}^{\infty} h(s)R_X(\tau-s)\,\mathrm{d}s = \int_0^{\infty} \alpha e^{-\alpha s}\sigma^2 e^{-\beta|\tau-s|}\mathrm{d}s \\ &= \alpha\sigma^2 \int_0^{\infty} e^{-\alpha s-\beta|\tau-s|}\,\mathrm{d}s = \frac{\alpha\sigma^2}{\alpha^2-\beta^2}[(\alpha+\beta)e^{-\beta\tau} - 2\beta e^{-\alpha\tau}]. \end{aligned}$$

当 $\tau < 0$ 时,

$$R_{YX}(\tau) = \alpha\sigma^2 \int_0^{\infty} e^{-\alpha s-\beta(s-\tau)}\,\mathrm{d}s = \frac{\alpha\sigma^2 e^{\beta\tau}}{\alpha+\beta}.$$

所以

$$R_{YX}(\tau) = \begin{cases} \dfrac{\alpha\sigma^2}{\alpha^2-\beta^2}[(\alpha+\beta)e^{-\beta\tau} - 2\beta e^{-\alpha\tau}], & \tau \geqslant 0, \\ \dfrac{\alpha\sigma^2}{\alpha+\beta}e^{\beta\tau}, & \tau < 0. \end{cases}$$

又因为

$$f_{YX}(\lambda) = \varPhi(\lambda)f_X(\lambda) = \frac{\alpha}{\alpha+\mathrm{i}\lambda}\cdot\frac{2\beta\sigma^2}{\beta^2+\lambda^2},$$

所以输入过程与输出过程的互谱密度为

$$f_{XY}(\lambda) = \overline{f_{YX}(\lambda)} = \frac{\alpha}{\alpha-\mathrm{i}\lambda}\cdot\frac{2\beta\sigma^2}{\beta^2+\lambda^2}.$$

## 7.4 平稳过程的均方遍历性

### 7.4.1 均方遍历性

在概率论中, 我们知道强大数定律表明, 对于独立同分布的随机变量序列, 只需要进行一次较长时间的观测, 再对所得的观测值求其算术平均值, 即可用它来代

替在固定时刻该序列取值的统计平均; 也就是说对随机过程, 只要进行观测的时间足够长, 它的每个样本都能经历随机过程的各种可能的状态, 随机过程的这种性质称为遍历性, 或称为**各态历经性**(ergodicity). 随机过程具有这一性质的前提是: 不同时刻的统计平均是相等的, 因此我们主要针对平稳过程考虑其遍历性.

大数定理有强弱之分, 平稳过程的遍历性定理按不同的收敛概念也有两种, 一种是平稳过程按均方收敛意义下的均方遍历性定理; 另一种是对平稳过程以概率 1 收敛意义下的 (强) 遍历性定理. 本节仅介绍平稳过程的均方遍历性定理.

**定义 7.4.1**　设 $X_T=\{X(t),-\infty<t<\infty\}$ 为一平稳过程, $E[X(t)]=m$, $E\{X(t+\tau)\overline{X(t)}\}=R(\tau)$, 若

$$\lim_{T\to\infty}\frac{1}{2T}\int_{-T}^{T}X(t)\mathrm{d}t=m, \tag{7.51}$$

则称 $X_T$ 的**均值具有遍历性**; 若

$$\lim_{T\to\infty}\frac{1}{2T}\int_{-T}^{T}[X(t+\tau)\overline{X(t)}]\mathrm{d}t=R(\tau), \tag{7.52}$$

则称 $X_T$ 的**相关函数具有遍历性**.

**定义 7.4.2**　设 $X_T=\{X_n,n=0,\pm1,\pm2,\cdots\}$ 为一平稳过程, $E(X_n)=m$, $E\{X_{n+k}\overline{X_n}\}=R(k)$, 若

$$\lim_{N\to\infty}\frac{1}{2N+1}\sum_{n=-N}^{N}X_n=m, \tag{7.53}$$

则称 $X_T$ 的**均值具有遍历性**; 若

$$\lim_{N\to\infty}\frac{1}{2N+1}\sum_{n=-N}^{N}X_{n+k}\overline{X_n}=R(k), \tag{7.54}$$

则称 $X_T$ 的**相关函数具有遍历性**.

如果平稳随机过程 (或平稳序列) 的均值和相关函数都有遍历性, 则称此平稳过程具有**遍历性**. 当 $t$ 只取非负实数或非负整数时, 则相应的遍历性定义式 (7.51)—(7.54) 改为

$$\lim_{T\to\infty}\frac{1}{T}\int_{0}^{T}X(t)\mathrm{d}t=m, \tag{7.55}$$

$$\lim_{T\to\infty}\frac{1}{T}\int_{0}^{T}[X(t+\tau)\overline{X(t)}]\mathrm{d}t=R(\tau), \tag{7.56}$$

$$\lim_{N\to\infty}\frac{1}{N+1}\sum_{n=0}^{N}X_n=m, \tag{7.57}$$

$$\lim_{N\to\infty}\frac{1}{N+1}\sum_{n=0}^{N}X_{n+k}\overline{X_n}=R(k). \tag{7.58}$$

**例 7.4.1** 设 $X(t)=a\cos(\omega t+\varphi)$, $t\in\mathbb{R}$, $a,\omega$ 是实常数, $\varphi$ 服从区间 $[0,2\pi]$ 上的均匀分布, 试讨论随机过程 $X_T=\{X(t),t\in\mathbb{R}\}$ 的遍历性.

**解** 因为 $E[X(t)]=E[a\cos(\omega t+\varphi)]=\int_0^{2\pi}\frac{a\cos(\omega t+\varphi)}{2\pi}\,\mathrm{d}\varphi=0.$

$$\begin{aligned}&E[X(t+\tau)X(t)]\\=&E[a^2\cos(\omega(t+\tau)+\varphi)\cdot\cos(\omega t+\varphi)]\\=&\int_0^{2\pi}a^2\cos(\omega(t+\tau)+\varphi)\cos(\omega t+\varphi)\frac{1}{2\pi}\,\mathrm{d}\varphi\\=&\frac{a^2}{2}\cos(\omega\tau),\end{aligned}$$

$$\begin{aligned}&\lim_{T\to\infty}\frac{1}{2T}\int_{-T}^{T}a\cos(\omega t+\varphi)\,\mathrm{d}t\\=&\lim_{T\to\infty}\frac{a}{2T}\frac{\sin(\omega T+\varphi)-\sin(-\omega T+\varphi)}{\omega}=0,\\&\lim_{T\to\infty}\frac{1}{2T}\int_{-T}^{T}a^2\cos(\omega(t+\tau)+\varphi)\cdot\cos(\omega t+\varphi)\,\mathrm{d}t\\=&\lim_{T\to\infty}\frac{a^2}{4T}\int_{-T}^{T}[\cos(2\omega t+\omega\tau+2\varphi)+\cos(\omega t)]\,\mathrm{d}t\\=&\frac{a^2}{2}\cos(\omega\tau),\end{aligned}$$

所以 $X_T$ 是平稳过程, 且

$$\lim_{T\to\infty}\frac{1}{2T}\int_{-T}^{T}X(t)\mathrm{d}t=E[X(t)],$$

$$\lim_{T\to\infty}\frac{1}{2T}\int_{-T}^{T}X(t+\tau)X(t)\mathrm{d}t=E[X(t+\tau)X(t)],$$

即 $X_T$ 的均值函数和相关函数都具有遍历性.

**例 7.4.2** 设 $X(t)=Y$, $t\in\mathbb{R}$, $Y$ 服从标准正态分布, 则 $X_T=\{X(t),t\in\mathbb{R}\}$ 是一平稳过程, 且其均值函数 $E[X(t)]=E(Y)=0$, 但均方极限

$$\lim_{T\to\infty}\frac{1}{2T}\int_{-T}^{T}X(t)\,\mathrm{d}t=Y$$

与 $E[X(t)]$ 并不相等, 所以 $X_T$ 的均值并不具有遍历性.

下面我们给出一个平稳过程的均值及相关函数具有遍历性的条件. 先考虑均值函数的遍历性.

**定理 7.4.1**　设 $X_T=\{X(t),-\infty<t<\infty\}$ 是均方连续的平稳过程, $E[X(t)]=m$, 则

$$\lim_{T\to\infty} E\left|\frac{1}{2T}\int_{-T}^{T} X(t)\mathrm{d}t-m\right|^2=0 \tag{7.59}$$

成立的充要条件是 $X_T$ 的谱函数 $F(\lambda)$ 在 $\lambda=0$ 处连续或等价地有 $X_T$ 的协方差函数 $R(t)$ 满足

$$\lim_{T\to\infty}\frac{1}{2T}\int_{-T}^{T} R(t)\mathrm{d}t=0. \tag{7.60}$$

**证**　不妨设 $m=0$, 否则可令 $Y(t)=X(t)-m$, 改为考虑 $Y_T=\{Y(t),-\infty<t<\infty\}$ 即可. 当 $m=0$ 时, 式 (7.59) 为

$$\lim_{T\to\infty} E\left|\frac{1}{2T}\int_{-T}^{T} X(t)\mathrm{d}t\right|^2=0.$$

因为 $X_T$ 是均方连续的平稳过程, 故 $X(t)$ 有谱分解式

$$X(t)=\int_{-\infty}^{\infty}\mathrm{e}^{\mathrm{i}t\lambda}\mathrm{d}Z(\lambda).$$

对 $X(t)$ 取均方积分有

$$\begin{aligned}\frac{1}{2T}\int_{-T}^{T} X(t)\mathrm{d}t &=\frac{1}{2T}\int_{-T}^{T}\left[\int_{-\infty}^{\infty}\mathrm{e}^{\mathrm{i}t\lambda}\mathrm{d}Z(\lambda)\right]\mathrm{d}t\\ &=\int_{-\infty}^{\infty}\left[\frac{1}{2T}\int_{-T}^{T}\mathrm{e}^{\mathrm{i}t\lambda}\mathrm{d}t\right]\mathrm{d}Z(\lambda)\\ &=\int_{-\infty}^{\infty}\phi_T(\lambda)\mathrm{d}Z(\lambda),\end{aligned}$$

其中

$$\phi_T(\lambda)=\frac{1}{2T}\int_{-T}^{T}\mathrm{e}^{\mathrm{i}t\lambda}\mathrm{d}t=\begin{cases}\dfrac{\sin(\lambda T)}{\lambda T}, & \lambda\neq 0,\\ 1, & \lambda=0.\end{cases}$$

由定理 7.2.3 可得

$$E\left|\frac{1}{2T}\int_{-T}^{T} X(t)\mathrm{d}t\right|^2 =E\left|\int_{-\infty}^{\infty}\phi_T(\lambda)\mathrm{d}Z(\lambda)\right|^2$$

$$=\int_{-\infty}^{\infty}|\phi_T(\lambda)|^2\mathrm{d}F(\lambda).$$

又因为

$$\lim_{T\to\infty}\phi_T(\lambda)=\begin{cases}1, & \lambda=0,\\ 0, & \lambda\neq 0,\end{cases}$$

从而

$$\lim_{T\to\infty}E\left|\frac{1}{2T}\int_{-T}^{T}X(t)\mathrm{d}t\right|^2=\lim_{T\to\infty}\int_{-\infty}^{\infty}[\phi_T(\lambda)]^2\mathrm{d}F(\lambda)=F(0)-F(0-0)=0,$$

因此式 (7.59) 成立的充要条件是 $F(\lambda)$ 在 $\lambda=0$ 处连续.

另外, 由相关函数的谱分解式, 有

$$\begin{aligned}\frac{1}{2T}\int_{-T}^{T}R(t)\,\mathrm{d}t&=\frac{1}{2T}\int_{-T}^{T}\left[\frac{1}{2\pi}\int_{-\infty}^{\infty}\mathrm{e}^{\mathrm{i}t\lambda}\,\mathrm{d}F(\lambda)\right]\,\mathrm{d}t\\&=\frac{1}{2\pi}\int_{-\infty}^{\infty}\left[\frac{1}{2T}\int_{-T}^{T}\mathrm{e}^{\mathrm{i}t\lambda}\,\mathrm{d}t\right]\,\mathrm{d}F(\lambda)\\&=\frac{1}{2\pi}\int_{-\infty}^{\infty}\phi_T(\lambda)\,\mathrm{d}F(\lambda),\end{aligned}$$

从而有

$$\begin{aligned}\lim_{T\to\infty}\frac{1}{2T}\int_{-T}^{T}R(t)\,\mathrm{d}t&=\lim_{T\to\infty}\frac{1}{2\pi}\int_{-\infty}^{\infty}\phi_T(\lambda)\,\mathrm{d}F(\lambda)\\&=\frac{1}{2\pi}\int_{-\infty}^{\infty}\lim_{T\to\infty}\phi_T(\lambda)\,\mathrm{d}F(\lambda)\\&=\frac{1}{2\pi}[F(0)-F(0-0)],\end{aligned}$$

故式 (7.60) 成立与 $F(\lambda)$ 在 $\lambda=0$ 处连续等价.

**注** 实际应用中, 我们用 $\frac{1}{T}\int_0^T X(t)\,\mathrm{d}t$ 代替式 (7.59) 中的 $\frac{1}{2T}\int_{-T}^{T}X(t)\,\mathrm{d}t$, 定理 7.4.1 中的结论不变.

对离散参数的平稳序列情形, 有和定理 7.4.1 类似的结论.

**定理 7.4.2** 设 $X_T=\{X_n, n=0,\pm1,\pm2,\cdots\}$ 是平稳序列, $E(X_n)=m$, 则

$$\lim_{N\to\infty}E\left|\frac{1}{2N+1}\sum_{n=-N}^{N}X_n-m\right|^2=0 \tag{7.61}$$

成立的充要条件是 $X_T=\{X_n,n=0,\pm1,\cdots\}$ 的谱函数 $F(\lambda)$ 在 $\lambda=0$ 处连续或等价地有 $X_T=\{X_n,n=0,\pm1,\cdots\}$ 的相关函数 $R(n)$ 满足

$$\lim_{N\to\infty}\frac{1}{2N+1}\sum_{n=-N}^{N}R(n)=0. \tag{7.62}$$

定理 7.4.2 的证明和定理 7.4.1 的证明类似, 故从略.

下面讨论相关函数的遍历性. 不失一般性, 假设平稳过程 $X_T=\{X(t),-\infty<t<\infty\}$ 的均值函数 $E[X(t)]=0$. 对固定的 $\tau$, 定义新的随机过程 $Y_T=\{Y(t)=X(t+\tau)\overline{X(t)},t\in\mathbb{R}\}$, 因为 $E[Y(t)]=E[X(t+\tau)\overline{X(t)}]=R_X(\tau)$ 与 $t$ 无关, 故要求 $Y_T$ 是平稳过程, 只要看 $Y_T$ 的相关函数

$$R_Y(s)=E[Y(t)]=E[Y(t+s)\overline{Y(s)}]=E[X(t+s+\tau)\overline{X(t+s)}\overline{X(\tau+s)\overline{X(s)}}]$$

是否依赖于 $t$. 由于这涉及 $X_T$ 的四阶矩, 因此对二阶矩过程 $X_T$, $Y_T$ 平稳性不能由 $X_T$ 的平稳性推出, 所以将 $X_T$ 的相关函数的遍历性作为 $Y_T$ 的数学期望的平稳性处理时, 要加上 $Y_T$ 的平稳性条件.

**定理 7.4.3**　设 $X_T=\{X(t),-\infty<t<\infty\}$ 是均方连续的平稳过程, $E[X(t)]=0$, 相关函数为 $R_X(\tau)$, 若对任意的 $\tau$, $Y_T=\{Y(t)=X(t+\tau)\overline{X(t)},t\in\mathbb{R}\}$ 也是均方连续的平稳过程, 则

$$\lim_{T\to\infty}E\left|\frac{1}{2T}\int_{-T}^{T}X(t+\tau)\overline{X(t)}\mathrm{d}t-R_X(\tau)\right|^2=0 \tag{7.63}$$

成立的充要条件是 $\{Y(t)=X(t+\tau)\overline{X(t)},t\in\mathbb{R}\}$ 的谱函数 $F_Y(\lambda)$ 在 $\lambda=0$ 处连续或等价地有 $\{Y(t)=X(t+\tau)\overline{X(t)},t\in\mathbb{R}\}$ 的相关函数 $R_Y(s)$ 满足

$$\lim_{T\to\infty}\frac{1}{2T}\int_{-T}^{T}[R_Y(s)-|R_X(\tau)|^2]\mathrm{d}s=0. \tag{7.64}$$

在离散参数的情形下, 也有与定理 7.4.3 类似的如下结论.

**定理 7.4.4**　设 $X_T=\{X_n,n=0,\pm1,\pm2,\cdots\}$ 是平稳序列, $E[X(t)]=0$, 相关函数为 $R_X(k)=E[X_{n+k}\overline{X_n}]$, 若对任意的整数 $k$, $Y_T=\{Y(t)=X_{n+k}\overline{X_n},n=0,\pm1,\pm2,\cdots\}$ 也是平稳序列, 则

$$\lim_{N\to\infty}E\left|\frac{1}{2N+1}\sum_{n=-N}^{N}X_{n+k}\overline{X_n}-R_X(k)\right|^2=0 \tag{7.65}$$

成立的充要条件是 $\{Y(t)=X_{n+k}\overline{X_n},n=0,\pm1,\pm2,\cdots\}$ 的谱函数 $F_Y(\lambda)$ 在 $\lambda=0$ 处连续或等价地有 $\{Y(t)=X_{n+k}\overline{X_n},n=0,\pm1,\pm2,\cdots\}$ 的相关函数 $R_Y(l)$ 满足

$$\lim_{N\to\infty}\frac{1}{2N+1}\sum_{l=-N}^{N}R_Y(l)=|R_X(k)|^2. \tag{7.66}$$

由定理 7.4.3 和定理 7.4.4 可见, 讨论相关函数的遍历性, 由于涉及过程的四阶矩, 一般很难验证, 在应用时也很不方便. 但当 $X_T$ 是正态过程时, 由于其有限维分布可由其一二阶矩确定, 因此问题可化为只涉及前二阶矩的情形. 这时有如下的结果.

**定理 7.4.5** 设 $X_T=\{X_n,n=0,\pm1,\pm2,\cdots\}$ 是实正态平稳序列, $E(X_n)=0$, 若相关函数为 $R(k)=E(X_{n+k}X_n)$, 满足

$$\lim_{N\to\infty}\frac{1}{2N+1}\sum_{n=-N}^{N}R^2(n)=0, \tag{7.67}$$

则对一切 $l=0,\pm1,\pm2,\cdots$, 有

$$\lim_{N\to\infty}E\left|\frac{1}{2N+1}\sum_{n=-N}^{N}X_{n+l}X_n-R(l)\right|^2=0. \tag{7.68}$$

**证** 由多元正态分布的四阶矩性质, 对任意的整数 $i,j,k,l$, 有

$$E(X_iX_jX_kX_l)=E(X_iX_j)E(X_kX_l)+E(X_iX_k)E(X_jX_l)+E(X_iX_l)E(X_jX_k),$$

所以由题设可得

$$E(X_{n+k+l}X_{n+k}X_{n+l}X_n)=R^2(k)+R^2(l)+R(k+l)R(l-k). \tag{7.69}$$

令 $Y_n=X_{n+k}X_n$, 则有

$$E(Y_n^2)=E(X_{n+k}X_n)^2<\infty$$

且 $E(Y_n)=R(k)$ 及 $E(Y_{n+l}Y_n)=E(X_{n+k+l}X_{n+k}X_{n+l}X_n)$ 与 $n$ 无关, 因此 $\{Y_n=X_{n+k}X_n,n=0,\pm1,\pm2,\cdots\}$ 是平稳序列, 于是由定理 7.4.4, 为证式 (7.68) 成立, 只需由式 (7.67) 推出式 (7.66) 即可.

设式 (7.67) 成立, 则对任意整数 $l$ 有

$$\lim_{N\to\infty}\frac{1}{2N+1}\sum_{k=-N}^{N}R^2(k+l)=\lim_{N\to\infty}\frac{1}{2N+1}\sum_{k=-N}^{N}R^2(l-k)=0. \tag{7.70}$$

由于对任意的实数 $a,b$ 都有 $|ab|\leqslant a^2+b^2$, 所以

$$|R(k+l)R(l-k)|\leqslant R^2(k+l)+R^2(l-k). \tag{7.71}$$

由式 (7.69)—(7.71) 得

$$\frac{1}{2N+1}\sum_{l=-N}^{N}E(Y_{n+l}Y_n)=\frac{1}{2N+1}\sum_{l=-N}^{N}[R^2(k)+R^2(l)+R(k+l)R(l-k)]$$

$$
\begin{aligned}
&= R^2(k) + \frac{1}{2N+1}\sum_{l=-N}^{N}[R^2(l) + R(k+l)R(l-k)] \\
&\to R^2(k), \quad N \to \infty,
\end{aligned}
$$

即式 (7.66) 成立.

**注**　对零均值实正态平稳序列 $X_T = \{X_n, n = 0, \pm 1, \pm 2, \cdots\}$, 可以证明, 若 $X_T$ 的谱函数连续, 则式 (7.67) 一定成立, 这就是说谱函数连续的零均值实正态平稳序列的相关函数具有均方遍历性.

## 7.5　平稳过程的采样定理

采样定理是现代脉冲编码调制通信系统的理论基础, 也是信号处理中最常用的基本工具之一, 所以多年来一直成为国际上比较活跃的一个研究领域. 划时代的工作是经典的 Shannon 采样定理 (1949 年发表), 采样理论成为数学家和信息处理专家共同关注的问题.

信息论之父 Shannon 在 1949 年得到的主要结果是任何能量有限的信号可以由采样值完全重构, 采样频率与信号的 Fourier 变换的支集有关, 从而引起了信号处理领域的一场革命. 实际上这一发现早在 1915 年就被数学家 Whittaker 认识到, 他称之为基数函数 (cardinal function), 也就是今天讲的频带有限 (band-limited). 采样定理相关理论 1920 年还曾被 Kotelnikov 引入信息领域, Kotelnikov 首次使用了信号的频带有限这一专有词汇. 一个世纪以来, 上百位数学家和信号处理专家在不同方向发展了这一理论.

Shannon 的结果在 1956 年曾引起著名概率专家 Kolmogorov(1903—1987) 的极大关注, Kolmogorov 于 1956 年在会议 *Symposium on Information Theory on MIT* 结束之时将 Shannon 采样定理介绍到欧洲. 很快, 在 1957 年 Balakrishnan 便给出宽平稳过程均方收敛的相应 Shannon 采样定理.

**定理 7.5.1**　若复值宽平稳过程 $\{X(t), t \in \mathbb{R}\}$ 的谱密度函数 $f(\lambda) = 0(|\lambda| > \Omega)$, 即 $\{X(t)\}$ 的自相关函数 $R(t)$ 在 $[-\Omega, \Omega]$ 上频谱有限, 则下式成立:

$$
\lim_{N\to\infty} E\left(\left|X(t,\omega) - \sum_{k=-N}^{N} X\left(\frac{k\pi}{\Omega},\omega\right)\sin(\Omega t - k\pi)\right|^2\right) = 0, \tag{7.72}
$$

即按均方收敛, 简记为

$$
X(t,\omega) = \sum_{k=-\infty}^{\infty} X\left(\frac{k\pi}{\Omega},\omega\right)\sin(\Omega t - k\pi). \tag{7.73}
$$

这是 Shannon 采样定理推广到复值随机过程的第一个结果. 随后 Kolmogorov 立即指导自己的博士生 Belyaev 从事这一方面的研究工作, Belyaev 于 1959 年用不同方法将 Shannon 采样定理推广到复值随机过程, 同时给出了解析随机过程的若干结果.

**定理 7.5.2** 令 $\{X(t), -\infty < t < +\infty\}$为频带有限的随机过程, 其自相关函数有如下形式

$$R(\tau) = \int_{-\pi\Omega}^{\pi\Omega} \mathrm{e}^{\mathrm{i}\tau\lambda}\mathrm{d}F(\lambda), \tag{7.74}$$

其中 $F(\lambda)$ 是 $X(t)$ 的谱函数. 则对几乎所有的采样函数, 下式

$$X(t,\omega) = \sum_{k=-\infty}^{\infty} X\left(\frac{k}{\bar{\Omega}},\omega\right)\mathrm{d}t\cdot\sin(\bar{\Omega}t-k) \tag{7.75}$$

成立, 其中 $\bar{\Omega} > \Omega$ 是任意固定常数.

1959 年 Lloyd 从数学角度又对宽平稳过程的采样问题进行了深入研究. 在此基础上, Zakai 在 1965 年以及 Gulyas 在 1967 年又分别给出了随机过程的采样定理的一些结果, 而 Gulyas 在 1986 年又进一步研究了相关问题. 另外, Wong 于 1971 年在他的著作《信息与动力系统》中也从应用角度讨论了随机过程的采样问题. 比较出色的工作是 Butzer 和他的博士研究生 Splettstösser, 他们在 1981 年前后发表了一系列文章比较完整地解决了宽平稳过程的采样问题.

另一方面, 现代数字信号处理几乎都是基于所获得的原始信号的一组离散采样值. 但是在实际处理中, 比如由于测量仪器的惯性或信号逼近空间的要求, 所得到的采样值并不是时间变量 $t_k$ 点的精确值 $f(t_k)$, 而是 $t_k$ 点附近的局部平均值. 这种局部平均所选择的均值函数支集为对称区间. 1992 年, 小波分析专家 Grochenig 首先将这种局部平均用于研究小波框架采样问题, 从而从数学理论上部分推广了小波分析专家 Daubechies 得到的关于小波的系列结果. 随后, 1998 年至 2000 年国际著名理论信号处理领域专家 Butzer 和 Lei 将局部平均定义为一个连续线性泛函序列对频带有限的连续信号作用的结果, 并利用连续模对确定性信号的逼近和误差估计方面进行了深入的研究工作. 著名小波分析专家 Aldroubi、南开大学孙文昌教授和周性伟教授等都在 2000 年至 2003 年对确定性信号局部平均采样框架问题做了深入研究, 得到了一系列有意义的结果. 下面介绍随机积分局部平均采样定理最新结果.

在介绍这些结果之前, 先来介绍一些记号, 以便扩大研究范围. $L^p$ 表示在 $\mathbb{R}$ 上的可测函数空间, 满足 $\|f\|_p < +\infty$, 其中的范数定义为

$$\|f\|_p := \left(\int_{-\infty}^{+\infty} |f(u)|^p\mathrm{d}u\right)^{1/p}, \quad 1 \leqslant p < \infty,$$

$$\|f\|_\infty := \operatorname{ess}\sup_{u\in\mathbb{R}} |f(u)|, \quad p=\infty.$$

$B_\Omega^p$ 表示限制在实数范围内 $L^p(\mathbb{R})$ 上的具有指数型参数为 $\Omega$ 的函数 $f$ 的全体. 由 Paley-Wiener 定理, 一个平方可积函数 $f$ 是在 $[-\Omega,\Omega]$ 上频谱有限的当且仅当 $f\in B_\Omega^2$.

若宽平稳过程 $X(t)$ 的自相关函数 $R_X\in B_\Omega^p(1\leqslant p\leqslant\infty)$, 则称 $X(t)$ 是在 $[-\Omega,\Omega]$ 上频谱有限的, 记作 $X(t)\in\mathcal{L}$.

Splettstösser 在 1981 年得到了频谱有限的宽平稳过程的相关结果.

**定理 7.5.3**　若宽平稳过程 $X(t)$ 的自相关函数 $R_X\in B_\Omega^p$, 其中 $1\leqslant p\leqslant 2$, $\Omega>0$, 则式 (7.76) 成立

$$\lim_{N\to\infty} E\left(\left|X(t,\omega)-\sum_{k=-N}^{N} X\left(\frac{k\pi}{\Omega},\omega\right)\sin c(\Omega t-k\pi)\right|^2\right)=0. \tag{7.76}$$

**定理 7.5.4**　若宽平稳过程 $X(t)$ 的自相关函数 $R_X\in B_\Omega^p$, 其中 $1\leqslant p\leqslant\infty$, $\Omega>0$, 且自相关函数 $R_X$ 对某个 $\gamma>0$ 满足

$$|R_X(t)|=O(|t|^{-\gamma}) \quad (|t|\to\infty), \tag{7.77}$$

则宽平稳过程 $X(t)$ 的 Shannon 采样级数展开式 (7.76) 成立.

Splettstösser 的上述相关结果可以推广到局部平均采样.

对于一个随机过程 $X(t)$, 在实际处理中, 同样存在得到的采样值并不是时间变量 $t_k(k=0,1,2,\cdots)$ 点的 $X(t)$ 的精确随机变量, 而是 $t_k$ 点附近的局部均方积分平均值, 是新的随机变量. 因为没有时间段, 不可能认识一个随机变量的分布函数. 类似的这种 $X(t_k)$ 局部均方积分平均值定义为

$$\langle f,u_k\rangle=\int X(t)u_k(t)\mathrm{d}t, \tag{7.78}$$

其中所选择的均值函数 $u_k(t), k\in\mathbb{Z}$, 满足:

(1) $\sup\ u_k\subset[t_k-\sigma_k',t_k+\sigma_k'']$, 其中 $\sigma/4\leqslant\sigma_k',\sigma_k''\leqslant\sigma/2,\sigma$ 是正常数;

(2) $u_k(t)\geqslant 0, \int u_k(t)\mathrm{d}t=1.$　　(7.79)

在实际测量中, 权函数 $u_k$ 一般是连续凸函数. $\langle X(t),u_k\rangle$ 一般并不是实宽平稳过程 $X(t)$ 在 $t_k$ 附近对应的随机变量, 而是另一个实宽平稳过程 $Y(t)$ 在 $t_k$ 附近对应的随机变量. 另外, 由于实宽平稳过程 $X(t)$ 自相关函数 $R_X(t)$ 是关于 $Y$ 轴对称

的实函数, 且在 0 时刻取最大值 $R_X(0)$, 所以用到的自相关函数 $R_X(t)$ 的衰减性条件改为

$$|R_X(t)| \leqslant R_X(0)(1+|t|)^{-\gamma}, \quad 其中 \quad 0<\gamma\leqslant 1 \tag{7.80}$$

更合适.

下面是在此条件下得到的主要结果.

**定理 7.5.5** 若实宽平稳过程 $X(t)$ 的自相关函数 $R_X \in B_{\Omega}^p$, 其中 $1\leqslant p\leqslant\infty$, $\Omega>0$, 且自相关函数 $R_X$ 还满足式 (7.80) 以及 $R_X''(t)\in C(\mathbb{R})$, 则

$$\begin{aligned}&\lim_{N\to\infty} E\left[\left|X(t,\omega)-\sum_{k=-N}^{N}\langle X(t),u_k\rangle\cdot\sin(\Omega t-k\pi)\right|^2\right]\\&\leqslant M[\delta\ln(1/\delta)]^2,\end{aligned} \tag{7.81}$$

其中 $\{u_k(t)\}$ 是满足式 (7.79) 的连续函数列, $\delta_k',\delta_k''\leqslant\delta/2\leqslant\min\{\pi/\Omega,\mathrm{e}^{-1}\}/2$, $M=\dfrac{36}{\gamma^2}\left[0.91\|R''\|_\infty+5.04R_X(0)\right]$.

上述结果的证明以及进一步关于小波框架的相关结果可参见文献 [13]—[26].

# 习 题 7

1. 设二阶矩过程 $\{X(t),t\in\mathbb{R}\}$ 有均值函数 $E[X(t)]=\alpha+\beta t$, 协方差函数 $\Gamma(s,t)=\mathrm{e}^{-\lambda|t-s|}$, 令

$$Y(t)=X(t+1)-X(t),$$

试证明随机过程 $\{Y(t),t\in\mathbb{R}\}$ 为平稳过程.

2. 设 $\{X(t),t\in T\}$ 是一均方可导的实宽平稳过程, 令 $Y(t)=X'(t)$, 试证明 $\{Y(t),t\in T\}$ 是实宽平稳过程.

3. 设随机过程 $X(t)=\sin ut$, $t\in T$, 其中 $u$ 是均匀分布于 $[0,2\pi]$ 上的随机变量, 试证明

(1) 若 $T=\{0,1,2,\cdots\}$ 时, $\{X(t),t\in T\}$ 是平稳过程;

(2) 若 $T=[0,\infty)$ 时, $\{X(t),t\in T\}$ 不是平稳过程.

4. 设实平稳过程 $X_T,Y_T,Z_T$, 且 $Z(t)=X(t)Y(t)$, $X(t)$ 与 $Y(t)$ 相互独立,

(1) 证明 $R_Z(\tau)=R_X(\tau)R_Y(\tau)$;

(2) 若 $P(t)=X(t)-\mu_X$, $Q_(t)=Y(t)-\mu_Y$, $R_P(\tau)=\mathrm{e}^{-a|\tau|}$, $R_Q(\tau)=\mathrm{e}^{-b|\tau|}$, $a,b$ 均为实数, $\mu_X,\mu_Y$ 为 $X(t),Y(t)$ 的均值, 求 $R_Z(\tau)$.

5. 已知平稳过程 $\{X(t),t\in\mathbb{R}\}$ 的相关函数

$$R_X(t)=\mathrm{e}^{-\alpha|t|}\cos(\omega t),$$

其中 $\alpha,\omega$ 为常数, 求 $\{X(t),t\in\mathbb{R}\}$ 的谱密度.

6. 设平稳过程 $X_T$ 的相关函数为 $R_X(\tau)=\sigma^2\cos(a\tau)$, 求其谱密度函数.

7. 设平稳过程 $X_T$ 的相关函数为 $R_X(\tau)=5+2\mathrm{e}^{-3|\tau|}\cos^2(2\tau)$, 求其谱密度函数.

8. 某系统的输入 $x(t)$ 与输出 $y(t)$ 之间有关系式

$$y(t)=\int_{-\infty}^{t}\mathrm{e}^{-\beta(t-s)}x(s)\mathrm{d}s,\quad \beta>0,$$

求系统的脉冲响应函数 $h(t)$.

9. 对定常线性系统输入一个白噪声, 即 $R_X(\tau)=f_0\delta(\tau)$, 或 $f_X(\lambda)=f_0$, $f_0>0$ 是常数. 试求输入与输出的互相关函数和互谱密度.

10. 设线性时不变系统的频率响应 $\varPhi(\omega)=\dfrac{\mathrm{i}\omega-\alpha}{\mathrm{i}\omega+\beta}$, 输入平稳过程 $X(t)$ 的相关函数 $R_X(\tau)=\mathrm{e}^{-a|\tau|}$. 求互相关函数 $R_{YX}(\tau)$.

11. 在线性系统中, 若输入为平稳过程 $X(t)$, 输出为 $Y(t)=X(t)+X(t-T)$, 求证 $Y(t)$ 的谱密度为 $f_Y(\lambda)=2f_X(\lambda)(1+\cos(\lambda T))$.

12. 设有一个线性时不变且在均方收敛意义下的连续系统, 如果输入是一个零均值的实平稳过程 $\{X(t),t\in[0,\infty)\}$, 已知 $R_X(\tau)=\delta(\tau)$, 设 $Y(t)$ 是相应的输出, 如果系统的脉冲响应给定为 $h(t)=I_{\{t>0\}}t\mathrm{e}^{-2t}$, 试求 $Y$ 的相关函数, 谱密度和 $X,Y$ 的互谱密度.

13. 设随机过程 $\{X(t)=A\sin t+B\cos t,t\in\mathbb{R}\}$, 其中 $A,B$ 是均值为 0, 互不相关的随机变量, 且满足 $E(A^2)=E(B^2)$, 试证 $X(t)$ 具有均值的均方遍历性而无自相关函数的均方遍历性.

14. 已知平稳过程 $\{X(t),t\in\mathbb{R}\}$ 的相关函数为

$$R(t)=\frac{1}{2}\mathrm{e}^{-2t}-\frac{1}{3}\mathrm{e}^{-3t},$$

试讨论其均方连续性、均方可积性和均方可导性.

15. 已知平稳过程 $\{X(t),t\in\mathbb{R}\}$ 的均值函数为 $E[X(t)]=0$, 相关函数为

$$R(t)=\begin{cases}1-|t|, & |t|\leqslant 1,\\ 0, & \text{其他},\end{cases}$$

试讨论其均方连续性、均方可积性、均方可导性及均值的均方遍历性.

16. 设 $X(t)=\sin 2\pi\alpha t$, $t=1,2,\cdots$, 其中 $\alpha$ 在区间 $(0,1)$ 上服从均匀分布, 试证明 $\{X(t),t=1,2,\cdots\}$ 是平稳过程, 但不是严平稳过程.

17. 已知平稳过程 $\{X(t),-\infty\leqslant t\leqslant+\infty\}$ 的相关函数如下, 试求 $\{X(t),-\infty\leqslant t\leqslant+\infty\}$ 的谱密度.

(1) $R_X(\tau)=\mathrm{e}^{-|\tau|}\cos(\pi\tau)+\cos(3\pi\tau)$;

(2) $R_X(\tau)=\sigma^2\mathrm{e}^{-\alpha|\tau|}\left(\cos(\beta\tau)+\dfrac{\alpha}{\beta}\sin(\beta|\tau|)\right),\alpha>0$;

(3)

$$R_X(\tau)=\begin{cases}1-\dfrac{|\tau|}{T_0}, & |\tau|\leqslant T_0,\\ 0, & |\tau|>T_0.\end{cases}$$

18. 设 $\{W(t), t \geqslant 0\}$ 是标准 Wiener 过程.

(1) 证明：$Y(t) = W(t+1) - W(t)$ 是平稳过程;

(2) 证明其均值具有遍历性;

(3) 试求 $Y(t) = W(t+1) - W(t)$ 的谱密度.

19. 设 $X(t) = A\cos(\omega t + \varPhi)$, $\infty < t < +\infty$, 其中 $A, \omega, \varPhi$ 是相互独立的随机变量, $E(A) = 2, D(A) = 4, \omega \sim U(-5,5), \varPhi \sim U(-\pi, \pi)$. 试研究 $\{X(t), -\infty < t < +\infty\}$ 的平稳性和遍历性.

20. 设 $X(t) = X \cdot f(t)$, 其中 $X$ 为实随机变量, 满足 $E(X) = 0, E(X^2) = \sigma^2$, $f(t)$ 为一个非随机的复值函数, 考虑复值过程 $\{X(t), -\infty < t < \infty\}$. 试证明 $\{X(t)\}$ 为平稳过程的充分必要条件为 $f(t) = C\mathrm{e}^{\mathrm{i}(\lambda t + \theta)}$, 其中 $\mathrm{i} = \sqrt{-1}$, $C, \lambda, \theta$ 为常数.

21. 设平稳过程 $\{X(t), t \in T\}$ 的谱函数为 $F_X(\omega)$, 若定义

$$Y(t) = \sum_{k=1}^{n} a_k X(t + s_k),$$

其中 $a_k$ 为复常数, $s_k$ 为实常数, $k = 1, 2, \cdots, n$, 试证明: $\{Y(t), t \in T\}$ 亦为平稳过程, 并求其自相关函数 $R_Y(\tau)$ 及谱函数 $F_Y(\omega)$.

22. 某 LTI 系统的脉冲响应为

$$h(t)(\tau) = \begin{cases} \mathrm{e}^{-bt}, & t \geqslant 0, \\ 0, & t < 0 \end{cases} \quad (b > 0)$$

输入 $X(t)$ 是自相关函数为 $R_X(\tau) = \sigma_X^2 \mathrm{e}^{-a|\tau|}$ $(a > 0, a \neq b)$ 的零均值平稳高斯信号, 求输出信号 $Y(t)$ 的功率谱与自相关函数.

# 参 考 文 献


[1] 李漳南, 吴荣. 随机过程教程. 北京: 高等教育出版社, 1987.

[2] 刘嘉焜, 王公恕. 应用随机过程. 2 版. 北京: 科学出版社, 2004.

[3] 王家生，刘嘉焜. 随机过程基础. 天津: 天津大学出版社, 2003.

[4] 王梓坤. 概率论基础及其应用. 北京: 科学出版社, 1976.

[5] 王梓坤. 随机过程论. 北京: 科学出版社, 1978.

[6] 张波, 张景肖. 应用随机过程. 北京: 清华大学出版社, 2004.

[7] 林元烈. 应用随机过程. 北京：清华大学出版社, 2003.

[8] 复旦大学. 概率论 [第三册], 随机过程. 北京: 人民教育出版社, 1983.

[9] Lawler G F. Introduction to Stochastic Processes. 2nd ed. 张景肖, 译. 北京: 机械工业出版社, 2010.

[10] Øksendal B. Stochastic Differential Equations: An introduction with applications. 4 th ed. Berlin: Springer-Verlag, 1995.

[11] Ross S M. Introduction to Probability Models. Ameterdam: Elsevier, 2003.

[12] Ross S M. Stochastic Stochastic. New York: John Wiley and Sons, Inc, 1996.

[13] Box G E P, Jenkins G M, Reinsel G C. Time Sereies Analysis-Forecasting and Control. Sirgapore: Pearson Education, Inc, 2005.

[14] Song Z J, Sun W C, Yang S Y, Zhu G W. Approximation of weak sense stationary stochastic processes from local averages. Science in China Series A-Mathematics, 2007, 50(4): 457-463.

[15] Song Z, Sun W, Zhou X, Hou Z. An average sampling theorem for bandlimited stochastic processes. IEEE Transactions on Information Theory, 2007, 53(12): 4798-4800.

[16] Song Z, Wang P, Xie W. Approximation of second-order moment processes from local averages. Journal of Inequalities and Applications, 2009, 2009(154632): 1-8.

[17] He G, Song Z. Approximation of WKS sampling theorem on random signals. Numerical Function Analysis and Optimization, 2011, 32(4): 397-408.

[18] Song Z, Liu B, Pang Y, Hou C, Li X. An improved Nyquist-Shannon irregular sampling theorem from local averages. IEEE Transactions on Information Theory, 2012, 58(9): 6093-6100.

[19] Song Z. Approximation of multidimensional stochastic processes from average sampling. Journal of Inequalities and Applications, 2012, 2012(246): 1-9.

[20] Ye P, Song Z. Truncation and aliasing errors for Whittaker-Kotelnikov-Shannon sampling expansion. Applied Mathematics-A Journal of Chinese Universities, 2012, 27(4):

412-418.

[21] He G, Song Z. A rate of convergence on sampling of bandlimited random signals from local averages. Chinese Journal of Electronics, 2013, 22(4): 747-750.

[22] Song Z, Ye P, Wang P, Zeng S. Uniform truncation error for shannon sampling expansion from local averages. Acta Mathematicae Applicatae Sinica, English Series, 2015, 31(1): 121-130.

[23] Pang Y, Song Z, Li X, Pan J. Truncation error analysis on reconstruction of signal from unsymmetrical local average sampling. IEEE Transactions on Cybernetics, 2015, 45(10): 2100-2104.

[24] Zhang S, Song Z, Li Y. An advanced inversion algorithm for significant wave height estimation based on random field. Ocean Engineering, 2016, 127, 15: 298-304.

[25] Lang A, Song Z, He G, Sang Y. Profile error evaluation of free-form surface using sequential quadratic programming algorithm. Precision Engineering, 2017, 47: 344-352.

[26] Zhang S, Li Y, Song Z. Approximation of homogeneous random field from local averages. Communications in Statistics-Theory and Methods, 2017, 46(8): 3864-3877.